全国财经专业(新课程标准)精品教材

现代企业管理

XIANDAI QIYE GUANLI

主 编 许志杰 朱 哲

副主编 田宝龙 苏旭峰 胡宝华

浙江工商大学出版社
ZHEJIANG GONGSHANG UNIVERSITY PRESS

图书在版编目（CIP）数据

现代企业管理/许志杰，朱哲主编．—杭州：浙江工商大学出版社，2016.7

ISBN 978-7-5178-1634-8

Ⅰ.①现… Ⅱ.①许… ②朱… Ⅲ.①企业管理—高等学校—教材 Ⅳ.①F270

中国版本图书馆CIP数据核字（2016）第096703号

现代企业管理

主　编　许志杰　朱　哲　副主编　田宝龙　苏旭峰　胡宝华

责任编辑　李相玲
封面设计　宣是设计
出版发行　浙江工商大学出版社
（杭州市教工路198号　邮政编码310012）
（E-mail：zjgsupress@163.com）
（网址：http://www.zjgsupress.com）
电话：0571-88904980，88831806（传真）
排　　版　天利排版
印　　刷　北京文良精锐印刷有限公司
开　　本　787mm×1092mm　1/16
印　　张　16.75
字　　数　429千
版 印 次　2016年7月第1版　2016年7月第1次印刷
书　　号　ISBN 978-7-5178-1634-8
定　　价　38.50元

浙江工商大学出版社营销部邮购电话　0571-88904970

前 言

管理是企业永恒的主题。在市场经济条件下，企业管理水平的高低，直接决定一个企业发展的快慢、好坏和持续性。尽管企业的内外环境以及各种具体的管理活动千差万别，不同管理方法的运用各有要求，但管理者在处理问题时，都遵循一定的规则、规律，采用一定的方法，这些基本规则、规律和方法就是本课程所要研究的对象。“现代企业管理”是一门研究企业管理活动中普遍存在的基本规律和方法的科学，是一门广泛吸收多学科知识的边缘科学，具有很强的实践性，属于应用科学的范畴。通过本课程的学习，可以使学生正确、深刻地理解和全面、系统地掌握管理科学的基本理论和方法，提高分析问题、解决问题的能力，为进一步学习其他专业课程和日后企业管理实践工作奠定基础。

随着国家宏观调控政策的深入实施和市场竞争的加剧，企业面临的发展环境和市场形势发生了深刻变化。企业只有加强内部管理、着力进行管理创新，才能适应新形势和新要求，在激烈的市场竞争中求得生存和发展。为提高中国企业的管理水平，大量的非管理专业的工程技术人员也需要了解和掌握企业管理的相关理论和方法，以便在生产经营的各个环节加强管理。为适应这一需要，我们特地编写了这本教材。

本教材主要有以下特点：突出现代企业管理的基本要求；吸纳国内外企业管理发展的新成果；在进行理论阐述的同时，更注重现代企业管理实践的方式方法，让读者具备解决企业管理实际问题的能力。

本书由塔里木大学许志杰老师、朱哲老师担任主编，田宝龙老师、苏旭峰老师、胡宝华老师担任副主编。具体编写分工如下：许志杰老师负责第四章、第七章、第八章的编写；朱哲老师负责第五章的编写；田宝龙老师负责第一章、第三章的编写；苏旭峰老师负责第六章、第九章的编写；胡宝华老师负责第二章、第十章的编写。全书由许志杰老师、朱哲老师负责统稿和修改。

由于编者水平有限，本书中难免存在错漏和不妥之处，请广大师生在使用过程中多提宝贵意见，以便我们再版时修订完善。

编 者

目　　录

第一章　现代企业管理概论

学习目标

1. 理解并掌握企业的概念、特征。
2. 了解企业的类型和企业必备的素质。
3. 理解并掌握管理的概念、性质及其职能。
4. 了解企业管理的基本原理。
5. 了解企业管理学的研究对象与方法。

第一节　现代企业及其特征

一、企业概述

（一）企业的概念

企业是从事生产、流通、服务等经济活动，为满足社会需要和获取利润，依照法定程序成立的具有法人资格，进行自主经营，享受权利和承担义务的经济组织。它集合土地、资本、劳动力、技术、信息等生产要素，并在创造利润的过程中承担风险，构成企业的要素如图 1-1 所示。企业是一个与商品生产相关联的历史概念，它经历了家庭生产时期、手工业生产时期、工厂生产时期和现代企业时期等发展阶段。

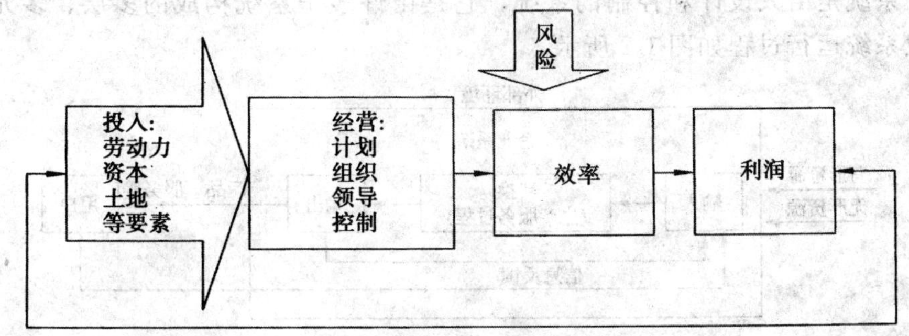

图 1-1　构成企业的要素

企业包括工业、商业等行业。工业就是将原料加工，使其变换形状或性质，进而以科学方法生产，扩展市场达到销售的目的。商业是以营利为目的，直接或间接供应货物或劳务，以满足购买者的需要。货物包括原料、半成品、产成品，劳务则指满足他人的需要所提供的一种服务。

综上所述，可将企业的含义归纳成如下几个要点。

（1）企业是个别经济单位，或为工业、或为商业，在一定时期内，自主经营、自负盈亏。

（2）从事经济活动，集合土地、资本、劳动力等生产要素，创造货物及劳务，来满足顾客需要。

（3）企业是一种营利组织，其生存的前提在于“利润的创造”。

（二）企业系统

现代企业具有明显的系统特征，具有整体性、相关性、目的性和动态环境适应性等特征。因此，也可以把企业看成一个“输入—转换—输出”的开放式循环体。其中，企业的输入就是企业从事生产经营活动所必需的一切要素资源，转换和输出就是企业合理地配置这些资源要素，运用物理的、化学的或生物的方法，按照预定的目标向消费者生产或提供新的产品或服务，实现物质变换和增值，满足社会需要，获得经济效益。

企业系统的基本资源要素主要包括人力资源、物力资源、财力资源和信息资源等。

（1）人力资源。包括机器操作人员、技术人员、管理人员和服务人员。人力资源是企业的主体和灵魂，人的素质的高低决定企业经营的成败。

（2）物力资源。包括土地资源、建筑物和各种物质要素，也就是企业生存的物质环境，主要有：机器设备、仪表、工具等劳动手段；天然资源或外购原材料、半成品或成品，属于劳动对象。企业的生产效率和质量在很大程度上取决于这些物质要素。

（3）财力资源。财力资源即资金，这是物的价值转化形态。资金周转状况，是反映企业经营好坏的晴雨表。

（4）信息资源。包括各种情报、数据、资料、图纸、指令、规章制度等，它是维持企业正常运营的神经细胞。企业信息吞吐量是企业对外适应能力的综合反映，信息的时效性可以使企业获得利润或产生损失。

企业系统是由人设计和控制的系统，它是由许多子系统构成的多层、多元的大系统，企业系统运行过程如图 1-2 所示。

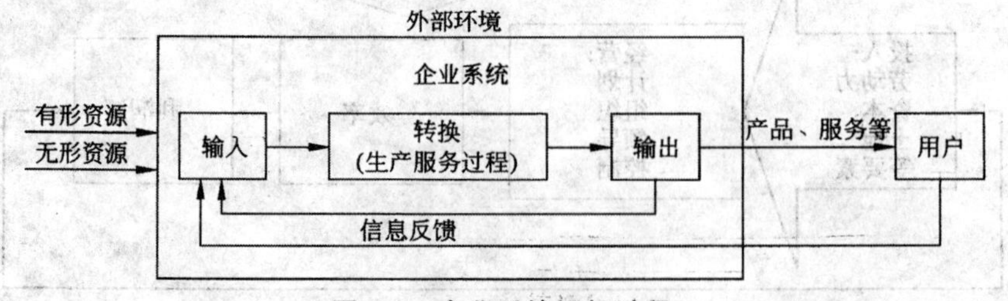

图 1-2　企业系统运行过程

(三)企业家与资本家

企业家是指集合土地、资本和劳动力等生产要素,从事生产或分配的人。企业管理也就是实际从事企业经营的人,利用其管理功能(计划、组织、领导及控制等)以提高效率,增加利润。资本家是指提供生产要素“资本”的人。资本也就是增加收入,帮助生产的蓄积之财。

企业家与资本家不能混为一谈。在近代,管理权与所有权逐渐分离,经营企业者,不一定是出资的人,而出资的资本家,不一定实际经营企业。

(四)企业应具备的条件

(1)企业要有一定的组织机构,有自己的名称、办公和经营场所、组织章程等要素。

(2)企业应自主经营,独立核算,自负盈亏,具有法人资格。必须依据国家的相关法律、法规设立,取得社会的承认,履行义务,拥有相应的权利,依法开展经营活动,受到法律的保护。

(3)企业是一个经济组织。包括物质资料的生产、流通、交换和分配等领域,铁路、民航、银行、矿山、农场、电站、轮船制造等都是企业。它区别于学校、医院、政府机构、慈善机构、教会等非经济组织。

二、现代企业的特征

现代工业又称为“大机器工业”,是在自然经济条件下的“个体手工业”和资本主义“工场手工业”的基础上发展起来的,表现出鲜明的特征,具体表现为如下几点。

(1)比较普遍地运用现代科学技术手段开展生产经营活动。采用现代机器体系和高技术含量的劳动手段开展生产经营活动,生产社会化、机械化、自动化、计算机化程度较高,并比较系统地将科学知识应用于生产经营过程。

(2)生产组织日趋严密。内部分工协作的规模和精密程度极大地提高,劳动效率呈现逐步提高的态势。

(3)经营活动的经济性和营利性。现代企业必须通过为消费者提供商品或服务,借以实现企业价值增值的目标。经济性是现代企业的显著特征。企业的基本功能就是从事商品生产、交换或提供服务,通过商品生产和交换将有限的资源转换为有用的商品和服务,以满足社会和顾客的需要。一切不具备经济性的组织不能称为现代企业。营利性是构成现代企业的根本标志。现代企业作为一个独立的追求利润的经济组织,它是为营利而开展商品生产、交换或从事服务活动。营利是企业生存和发展的基础条件,也是企业区别于其他组织的主要依据。

(4)环境适应性。现代企业同外部环境之间的关系日益密切,任何企业都不能孤立存在,企业的生存和发展离不开一定的环境条件。所以说,企业是一个开放系统,它和外部环境存在着相互交换、相互渗透、相互影响的关系。企业必须从外部环境接受人力、资金、材料、技术、信息等因素的投入,然后通过企业内部的转换系统,把这些投入转换成产品、劳务以及企业成员所需的各种形式的报酬，作为产出离开企业系统，从而完成企业与外部环境之间的交换过程。

生存环境对企业成长会产生重大的影响。企业管理者对外部环境的变化能否及时地做出反应并做出何种反应，取决定于他对外部环境的察觉和认知。这个过程实际上是对外部环境的调查、预测和决策。另外，企业的生存环境还包括企业的社会责任，如开发新产品、提供新服务等；企业的公共关系，也就是和社会利益集团即社会公众（即股东、工会、债权人、消费者、政府和社区等）建立起一种互相了解、互相信赖的关系。

（5）对员工福利和社会责任的重视，形成特有的企业精神。现代企业具有公共性和社会性，要想谋求长远发展，必须得到股东、员工、消费者及社会公众的支持，因此，利润、员工福利和社会责任构成企业存续的三个基本因素。企业的一切经营活动，尤其是生产规模的扩大，无不借资金以成之，而资金最可靠的来源，则是企业的盈余，企业的利润是企业存续的第一要素。企业是生产设备和员工组成的一种经济组织，而人是机器设备的主宰者。生产效率的高低，受人为因素的影响最大，因此，现代企业为求生存，必须尊重员工的人性，重视员工的福利，以提高士气，建立互信。企业是构成整个社会的一部分，若不重视社会大众的利益，甚或剥夺其利益，妨害社会安宁，污染环境，则必然遭到全社会的谴责和抵制，以致不能生存，因此，现代企业的管理者，无不重视社会责任。

现代企业是现代市场经济和社会生产力发展的必然产物，它较好地适应了现代市场经济和社会发展的客观要求，具有自己独有的特征。现代企业与传统企业的比较见表1-1。

表1-1　现代企业与传统企业的比较

项目	现代企业	传统企业
出资人数	较多且分散	较少且集中
出资情况	以股东出资为基础，数额较大	以个人出资为主，数额较少
企业规模	较大	较小
法律形式	企业法人	自然人
承担责任	有限责任	无限责任
产权结构	所有权与经营权分离	所有权与经营权合一
管理方式	较先进，以现代化管理为主	较落后，以家族式管理为主
企业形式	以公司制企业为主	以个体、独资和合伙企业为主
技术条件	设备先进，应用现代科技	设备落后，手工操作占较大比重
稳定情况	企业经营较稳定	企业经营不稳定

三、企业的功能及强化企业管理的意义

（一）企业的功能

企业具有如下功能。

（1）对社会慈善机构及服务机构，可以提供救济金、奖学金和各种服务基金。

（2）对政府而言，按期纳税，执行政府的相关政策，与政府共谋经济发展。

（3）对股东而言，报告企业的财务状况及经营情况，分配优厚而平稳的股息，保障股东投资安全。

（4）对职工而言，提供良好的工作环境和合理的工作报酬，提供适当的工作保障，重视工作的安全性，给予员工发表意见的机会。

（5）对顾客而言，提供价格合理的产品或服务，源源不断地提供充足而品质良好的商品。

（6）对供应商而言，创造合理的采购条件，准时支付货款。

（二）强化企业管理的意义

在宏观经济体制转变，微观管理转型的形势下，企业管理仍然处于重要的地位。

（1）企业管理是企业长寿的根基，是培育企业核心竞争力的重要途径。生产经营活动是企业的基本活动，企业的主要特征是进行商品生产或提供服务。因此，生产什么样的产品，生产多少，什么时候生产，从而满足用户和市场的需求，就成为企业经营的重要指标。企业管理就是要把处于理想状态的经营目标，通过组织产品制造过程转化为现实。

（2）市场力量对比的变化对企业管理提出更高的要求。在卖方市场条件下，企业是生产型管理。因为产品在市场上处于供不应求的状态，所以，只要产品生产出来，就能够卖出去。企业管理关心的是如何提高生产效率，增加产量。但是，在市场经济条件下，市场变成了买方市场。在这种条件下，竞争加剧，市场对商品的要求出现多元化趋势，不但要求品种多、质量高，而且要求价格便宜、服务周到、交货准时。这种对产品需求的变化，无疑对企业管理提出新的挑战。

（3）企业领导角色的转化要求强化企业管理。在现代市场经济条件下，企业的高层经理人员要集中精力，做好与企业的长期发展密切相关的经营决策。这需要有一套健全有力的企业管理系统作为保证；否则，如果企业的高层经理人员纠缠于日常管理活动，便难以做好企业的宏观决策。从这个意义上讲，企业管理属于企业发展的基础性工作。

第二节 现代企业组织类型

在现代社会里，企业在社会组织中占有相当大的比重，但具有共同属性的企业，其具体形态是多种多样的，按照不同的标志，可以把企业划分为多种不同的类型。其管理方式、方法等方面存在一定的区别。

一、按生产资料所有制的性质划分

根据生产资料所有制的性质可将企业划分为公有制企业和私有制企业。公有制企业是以公有制为基础的企业，包括国有企业、集体企业和各种公有制控股的股份制企业等。私有制企业是以私有制为基础的企业，在私人资本企业中，有独资企业、合伙企业和股份制企业。在社会主义初级阶段，我国所有制结构是以公有制为基础，国有经济为主导，多种所有制经济成分共同发展。因此，除了国有企业和集体企业这两种公有制的经济形式外，我国现阶段还有个体企业、私营企业、多元化投资的股份企业和外商投资企业。这些不同经济成分的企业还可以自愿实行多种形式的联合经营，构成各种形式的经济单位。

按生产资料所有制的性质划分企业类型，要求人们深入研究和正确对待由于社会制度和企业制度不同所制约的企业间的异同。一方面，要大胆吸收和借鉴资本主义企业管理的科学成果与先进经验；另一方面，又要充分发挥社会主义公有制的优越性，重视国情、制度和文化的差异，开辟出一条具有中国特色的社会主义企业管理的成功之路。

二、按企业规模划分

按照企业规模可将企业分为大型企业、中型企业和小型企业。规模不同的企业，其内部组织结构与运行以及在市场竞争中的优势和劣势各不相同，对市场也有不同要求。企业规模划分的标准是多样化的，这与企业发展所依赖的资源有关（见表1—2）。在劳动密集型的行业中，企业员工人数是重要的参考指标，而在资金密集型的行业中，资本数额则是重要的参考指标。

表 1-2 国家统计大中小型企业划分办法

行业名称	指标名称	计算单位	大型	中型	小型
工业企业	从业人员数	人	2 000 及以上	300～2 000 以下	300 以下
	销售额	万元	30 000 及以上	3 000～30 000 以下	3 000 以下
	资产总额	万元	40 000 及以上	4 000～40 000 以下	4 000 以下

续表

行业名称	指标名称	计算单位	大型	中型	小型
建筑业企业	从业人员数 销售额 资产总额	人 万元 万元	3 000 及以上 30 000 及以上 40 000 及以上	600～3 000 以下 3 000～30 000 以下 4 000～40 000 以下	600 以下 3 000 以下 4 000 以下
批发业企业	从业人员数 销售额	人 万元	200 及以上 30 000 及以上	100～200 以下 3 000～30 000 以下	100 以下 3 000 以下
零售业企业	从业人员数 销售额	人 万元	500 及以上 15 000 及以上	100～500 以下 1 000～15 000 以下	100 以下 1 000 以下
交通运输业企业	从业人员数 销售额	人 万元	3 000 及以上 30 000 及以上	500～3 000 以下 3 000～30 000 以下	500 以下 3 000 以下
邮政业企业	从业人员数 销售额	人 万元	1 000 及以上 30 000 及以上	400～1 000 以下 3 000～30 000 以下	400 以下 3 000 以下
住宿和餐饮业企业	从业人员数 销售额	人 万元	800 及以上 15 000 及以上	400～800 以下 3 000～15 000 以下	400 以下 3 000 以下

资料来源：国家统计局设管司。

三、按所属行业划分

行业可以从两大生产部类或三大产业开始，由粗到细划分出纵向有从属关系、横向有分工协作关系的许多行业，企业据此构成不同类型。例如，把企业分为农业企业、工业企业、房地产业、交通运输企业、商业企业、金融企业等。在工业企业中，又有原材料、能源等基础产业的企业和机电、纺织等加工制造业的企业。以行业为标志划分，企业还可分为单一经营的企业和跨行业多种经营的企业。传统的国民经济的行业分类见表 1-3。

表 1-3　国民经济行业分类

门类	类别名称	门类	类别名称
A	农、林、牧、渔业	K	房地产业
B	采矿业	L	租赁和商务服务业
C	制造业	M	科学研究、技术服务和地质勘察业
D	电力、燃气及水的生产和供应业	N	水利、环境和公共设备管理业
E	建筑业	O	居民服务和其他服务业
F	交通运输、仓储和邮政业	P	教育
C	信息传输、计算机服务和软件业	Q	卫生、社会保障和社会福利业
H	批发和零售业	R	文化、体育和娱乐业
I	住宿和餐饮业	S	公共管理和社会组织
J	金融业	T	国际组织

资料来源：国家统计局网站。

按行业划分企业类型，有利于企业明确自己的经营范围、在社会生产过程中所处位置以及同其他企业之间的分工协作关系，用以指导企业各方面的经营决策；也有利于分析不同行业的企业在外部环境和产品、资源、技术、市场、销售等诸多方面的差别，实施具有不同特色的管理。因此，这是很普遍的一种划分企业类型的方法。

四、按依赖的主要经营资源成分划分

由于企业生存所依赖的资源性质不同，企业可分为劳动密集型企业、资金密集型企业和知识技术密集型企业。使用的主要资源不同，企业发展的决定性因素便存在差别，这就要求人们明确各自的管理重点，并探索相应的一整套方法。

（一）劳动密集型企业

劳动密集型企业，主要是指生产过程需要大量劳动力的企业，也就是说，产品成本中活劳动量消耗占比重较大的企业，比如纺织业、服务企业、食品企业、日用百货等轻工企业以及服务性企业等。

劳动密集型企业的资本有机构成低，劳动者占用固定资产的数额较低，在产品成本中活劳动量消耗所占比重较大。因而，它具有投资省、单位投资能吸收较多劳动力、技术操作要求较低、资金周转快的特点。一些劳动力资源丰富，而资金短缺、技术发展水平较低的发展中国家，注重发展劳动密集型企业，有利于充分发挥劳动力的优势，弥补资金和技术力量的不足，积累建设资金，加快经济建设。

（二）资金密集型企业

资金密集型企业，主要是指单位产品所需投资较多、技术装备程度较高、用人少的企业。它是相对于劳动密集型企业而言的。通常把钢铁工业企业、重型机器制造企业、汽车制造企业、石油化工企业等划归资金密集型企业。

资金密集型企业，一般具有劳动生产率高、物资消耗省、单位产品成本低、竞争能力大等优点，但是它需要大量的资金，技术装备复杂，还要有能掌握现代技术的各类人才和相应的配套服务设施，否则就难以发挥其应有的经济效果。资金密集型企业的单位产品所需投资多，因此企业的技术装备程度也往往比较高，故又称技术密集型企业。但是，二者也有区别：企业的资金密集程度和单位产品产量或产值的投资成正比，和单位投资所需劳动力数量成反比，而企业的技术密集程度则主要和企业的机械化、自动化水平成正比，和企业中手工操作的人数成反比。

（三）知识技术密集型企业

知识技术密集型企业，主要是指综合运用先进的、现代化的科学技术成就的企业。在这类企业中，集中着较多的中高级技术人员，多数是属于需要花费较多的科研时间和产品开发费用，能生产高精尖产品的部门，如计算机工业、飞机和宇宙航空工业、大规模和超大规模集成电路工业、原子能工业、计算机软件设计、技术和管理的咨询服务企业等。

知识技术密集型企业的划分，可以用企业中高级技术人员的复杂劳动密集程度作为标志。企业的中高级技术人员占企业全体人员的比重越大，知识技术密集的程度越高。

知识技术密集型企业，一般具有需要综合运用多门学科的最新科学研究成果，技术装备比较先进、复杂，投资费用大，中高级技术人员比重大，操作人员也要求有较高的科学文化知识，使用劳动力和消耗原材料较少，对环境的污染较少等特点。

从企业发展过程来看，不仅经历了一个从劳动密集型企业向资本或资金密集型企业的过渡，而且随着现代科学技术的发展，知识技术密集型企业也有着不断扩大的趋势。

五、按企业的财产组织形式划分

从财产组织形式方面考察，企业有独资企业、合伙制企业、公司制企业。企业的财产组织形式关系到建立现代企业制度、转换企业经营机制、优化资源配置和发挥企业优势等重要问题。

（一）独资企业

独资企业，是指由一个人出资经营，归个人所有和控制的企业，又称单个业主制企业。出资者就是企业主，企业主对企业的财务、业务、人事等重大问题有决定性的控制权。他独享企业的利润，独自承担企业风险，对企业债务负无限责任。从法律上看，业主制企业不是法人，是一个自然人。

（二）合伙制企业

合伙制企业，是指由两个以上的投资人共同出资，以协议的方式联系在一起，共同经营的企业，又称多个业主制企业。合伙制企业的合伙人之间是一种契约关系，不具备法人的基本条件，不是法人。合伙人拥有参与管理和控制合伙企业的全部权利，对企业债务负无限和连带责任。

（三）公司制企业

公司制企业，是指由一定数量的股东共同出资，发起设立或通过法定程序向公众发行股票，具有法人资格的企业。国际上有关公司的概念，一般认为“公司是依法定程序设立，以营利为目的的社团法人”。因此，公司具有反映其特殊性的两个基本特征：公司具有法人资格，公司资本具有联合属性。这是公司区别于其他非公司企业的本质特征。

第三节　现代企业的系统构成

一、企业是一个有机系统

无论何种类型的企业，都具有自己的系统结构。如果抽去企业技术基础的差别和技术类型的差别，那么企业的系统结构是大同小异的。

（一）企业是一个转换系统

现代企业具有明显的系统特征。根据系统理论，可以把企业看作一个输入—转换—输出的过程。系统的输入就是从社会环境中取得企业生产经营活动所需要的一切资源要素，然后运用一定的方式，按照人们预定的目标将诸要素有机地结合起来，形成一定的产出，向社会输出，以满足社会的需要，并获得经济效益和社会效益。

1. 企业系统的主要输入要素

（1）物力。企业运行所需要的物是指生产资料，包括土地、建筑物，也就是空间条件；机电设备、仪表、工具、能源等，即劳动手段；天然资源或外购原材料、半成品或成品，属于劳动对象。这些是企业生产经营活动的物质基础，企业的生产效率在很大程度上取决于它们的素质。

（2）人力。企业运行所需要的人是具有一定素质的、一定数量的、能分别完成各项工作的操作人员、技术人员和管理人员。人是企业的根本和灵魂，人的素质将决定企业生产经营的成败。

（3）财力。企业运行所需要的财力是指企业所需要的固定资金和流动资金等。这是物的价值转化形态。它的周转情况是反映企业经营好坏的晴雨表。

（4）信息。企业运行所需要的信息是指企业所需要的技术资料、数据报表、规章制度、政策法令和企业决策等。它是人、财、物诸要素运行状态的反映，是维持企业正常运转的神经细胞。

2. 企业系统的主要输出要素

（1）人力。企业系统输出的人是经过生产实践和教育，提高了素质的企业员工。

（2）物力。企业系统输出的物既包括有形的产品，如机器、工程、成品或半成品等，也包括无形的服务，如对外咨询、设计、宾馆接待、银行服务及其他服务项目。

（3）财力。企业系统输出的财力是指企业所提供的税、利以及员工的工资、奖金等。

（4）信息。企业系统输出的信息是指企业的总结资料、各类报表、信誉、商标、品牌等。这些信息应分别反馈给系统的输入端和转换机构的有关环节。

由上述要素组成的企业系统，可以抽象地看作是一个转换机构。这个转换机构的功能是将输入转换为输出。企业系统输入原材料、能源、劳动能力、技术、资金、信息等资源，经过转换机构的加工处理，输出物质产品、增值了的资金、局部革新了的技术以及具有新作用的信息等，如图 1-3 所示。

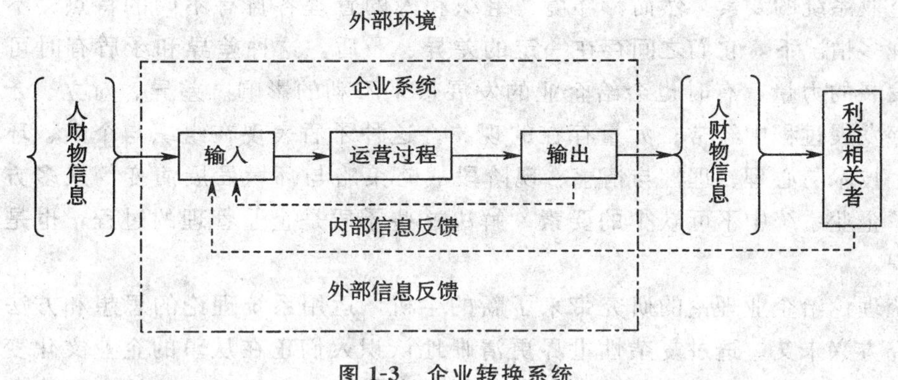

图 1-3　企业转换系统

（二）企业是一个开放系统

开放系统是任何机体有生命的必要条件。只有系统是开放的，系统之间的物质、能量以及信息才可以交流或交换。而系统间的物质交流是任何生命产生和发展的前提，企业生命有机体自然也不能例外。

企业是环境中生存发展的生命有机体。环境是企业生存的土壤，也是企业活动的空间，没有脱离环境的抽象企业，企业只有在一定的环境中才能获得生存和发展。企业经营所需的各种资源需要从属于外部环境的原料市场、能源市场、资金市场、劳动力市场中去获取。离开外部的这些市场，企业经营便会成为无源之水、无本之木。与此同时，企业出售用上述各种资源生产出来的产品或劳务也要在外部环境中实现。没有外部市场，企业就无法销售产品、得到销售收入，生产过程中的各种消耗就不能得到补偿，经营活动就无法继续，更谈不上在更大的规模上继续了。企业是社会经济的基本生产单位，社会经济的发展变化，影响、制约着企业的生产经营活动。例如，国际形势、社会变动、政府的方针政策、经济动向、市场状况等，都会对企业发生直接或间接的影响。企业必须使自己的活动与社会经济活动协调吻合，密切衔接，以适应环境的要求和变化，并对整个社会经济体系起积极的推动作用。

对企业活动有着如此重要作用的环境是在不断变化的。环境的种种变化可能给组织带来两种不同程度的影响：一种是为企业的生存和发展提供新的机会，比如新资源的利用可以帮助企业开发新的产品，执政者的变化可能导致产业政策的修订；另一种可能是环境在变化过程中对组织的生存造成某种威胁，比如技术条件或消费者偏好的变化可能使企业产品不再受欢迎。因此，企业要继续生存，要在生存的基础上不断发展，就必须及时地采取措施，积极地利用外部环境在变化中提供的有利机会，同时也要积极采取对策，努力避开这种变化可能带来的威胁。

（三）企业是一个自适应系统

企业是能够自己解决矛盾、适应变化的自适应系统。环境、组织、各种各样的人构成了企业系统的要素。然而，环境、组织和人的管理各自有不同的特点、不同的要求。在许多情况下，它们之间存在一定的差异、矛盾，这种差异和矛盾有时可以转变为企业发展的力量，有时也会给企业的发展带来不利的影响。差异、对立、矛盾，是企业生存发展过程中经常、大量存在的现象。这种矛盾表现在组织与个人、环境与战略目标、技术与心理、理性与情感、现阶段战略策略与环境发展演变等众多方面，这就构成了企业系统中不可缺少的要素。解决这些矛盾是企业管理的过程，也是企业发展的过程。

系统理论给企业理论的研究带来了新的生机，运用系统理论的思想和方法进行企业的研究方兴未艾。透过复杂性世界更清晰地认识人们正在从事的企业文化变革，有利于更好地思考未来的管理。企业只有深刻领会作为一个复杂的系统与环境之间的互动关系，才能根据外部环境因素特别是合作与竞争程度本身的动态变化来动态地调整自身与环境之间关系的策略，使自己永远立于不败之地。

二、企业系统的构成要素

企业为了从事生产或劳务，实现企业的经营目标，就必须具备实现目标的特殊功能，即必须拥有生产某种产品、提供某种劳务所需要的各类资源要素。企业系统要素包括人力资源、知识资源、技术资源、物力资源、财力资源、信息资源、管理资源和市场资源。这些都以物质形态存在于空间，构成企业物质实体的基础，也是企业生命赖以生存和发展的必要物质条件。

（一）人力资源是企业最重要的资源

人力资源主要包括设计开发人员、制造施工人员、营销服务人员、管理人员等，这些人员通过获取知识、形成技术、展现技能创造出企业和市场所需的产品。

企业是由人组成的、有组织目标的团体。企业是以集体化行为为特征，为了达到单独个人所难以达到的目标而形成的团体。这一点意味着，企业不仅仅是一个简单集合个人力量的团体，它必须把各自有不同知识、技能、特长的个人力量通过某种方式结合起来，形成集体化的行为和力量。也就是说，要实行适当程度的类型的分工协作；要形成必要的信息沟通渠道；要采用适当的激励手段，调动各类成员的积极性；要在企业内创造某种气氛，形成独特的企业文化。

（二）知识资源是知识经济时代企业的重要资产

知识经济时代，社会生产以大量整合与消耗知识为特征。知识已经成为创造财富的第一要素，知识资源已经成为企业重要的战略性资源。谁掌握了最新的知识，谁掌握了更多知识，谁发明和创造了更新的知识，谁生产了包含更多知识的使用价值，谁就能在未来的竞争中取得优势地位。由于每个领域的知识越来越高度专业化，一些小型企业无须大量资金投入，即可通过持续不断的学习形成一些规模很小但威力巨大的知识创造单位。在管理领域中，企业管理已经进入全球化和知识化的阶段。在这个阶段，持续成长成为管理的目标，知识管理成为管理的主题。现在，许多著名的公司设立了 CKO（首席知识官）职位。个人与组织知识结构的优化，组织知识的创新、传播、共享和利用，学习型组织的建立是一个企业基业常青的根本保证。

（三）技术资源是企业长期稳定发展的促进剂

知识是一个基本面，只有系统化的知识才能直接作用于生产。如果这种系统化的知识与产品有关，就形成了企业的技术。技术是产品的前提，没有技术就生产不出产品。对企业来说，技术包括两大类：一类是产品技术，主要包括产品的构成及技术指标；另一类是制造技术，主要体现在制造水平上，产品技术再先进，如果没有合适的机器、设备、厂房、工艺来制造它，还是无法实现。可见，产品技术和制造技术同样重要，缺一不可。

现代企业的发展是建立在技术领先和技术不断创新基础上的，企业技术进步与技术创新对企业其他资源的积累和利用，对企业长期的持续稳定发展具有重要作用。技术资源能够将人力资源与其他资源有机地结合起来，更有效地解放和提高生产力。

（四）物力资源是企业开展经营管理活动所需的物质基础

物力资源可分为两大类：企业产品（包括能源、原材料和半成品）和制造产品的保障设施（包括厂房、设备、通信、交通、办公场所等）。技术装备是生产力的重要因素，是企业生产经营活动的骨骼系统。企业物力资源的储备与利用、先进与落后、水平高低、创新能力和使用效率对企业整体经济效益和长期稳定发展至关重要。

（五）财力资源是企业的造血系统和循环系统

在市场经济条件下，资本扩张和资本运营对企业的长期发展、竞争优势影响深刻。企业资本结构、企业财务状况、企业负债与偿债能力都制约着企业的生存与发展。

（六）信息资源是企业的神经网络

信息资源可以将企业组织内外的各种经营管理职能和机制有效地结合起来。企业的经营管理活动都是通过信息进行的。通过信息的收集、处理和传输，企业的计划工作、组织工作、领导工作和控制工作得以顺利进行。

（七）管理资源是组织运作和其他各种资源发挥效能的手段

管理也是一种资源，管理使企业各项资源优化配置、充分利用，管理使企业资源与外部环境实现动态的协调适应，从而推动企业的不断发展。

（八）市场资源是企业核心竞争力的基础

市场资源源于企业与市场以及客户的良好互动关系，它由客户、公司声誉、渠道网络、商标品牌等组成。市场资源是市场经济条件下企业核心竞争力的基础，它使企业能够获得竞争优势，是企业的法宝。

三、企业系统的运作流程

企业系统包含四个组成部分，即四大流程。

（一）企业的产品流程

产品流程是指企业从满足用户需求出发，从产品研发、物料输入到成品输出，转移到用户手中，主要以物质资料在企业内外进行形态、性质、空间位置等变化的运动过程。

产品流程包含的主要环节有：根据市场预测和企业决策，进行产品的研究、设计和制造，生产出产品；经过销售，供用户使用和消费；在使用过程中为用户提供各种必要的服务，并了解和研究使用中的要求，进一步改进产品的设计和制造，又生产出更好的产品投入市场。

产品流程是企业系统最基本的运动过程。各部门各生产环节的运作，都是为了保证和促进产品流程的运动。对产品流程的要求是以满足用户需求为中心，加速流程运转，尽可能地消除物料滞流现象。这样才可做到缩短生产周期，减少物资储备，达到加速资金周转、提高劳动生产率、降低成本、增创利润和提高企业竞争力的目标。

（二）企业的价值流程

企业的价值流程是指企业资金的筹措、投入、运用、耗费，获得资金成果的过程。资金是企业的物资和货币的价值总和。企业的生产经营过程，既是物流运行的过程，又是资金流运行的过程。如企业在产品生产过程中，要耗费各种各样的资源，产品销售之后，要对各种耗费进行补偿，同时要获得盈利。所以，对整个产品流程要用货币形式从价值方面进行核算、监督、控制，使产品在充分利用资源和最经济的条件下生产出来。这就需要有一个价值系统来表现企业的产品流程。

企业的资金流运行包括资金筹集、资金运用和资金分配三个环节。任何企业开展生产经营活动，首先必须筹集一定数量的资金，这是企业资金流运行的起点，也是企业组织生产和流通的物质前提；在生产经营过程中，企业要合理地运用资金，实现价值增值；当生产经营活动告一段落时，企业还要分配资金，此时既要做到以收抵支，使再生产顺利进行，又要处理好各种分配关系。企业的再生产活动永续不断，企业资金的筹集、运用和分配活动也就一环扣一环，周而复始地不断进行。

（三）企业的人事流程

企业的人事流程是指企业从人员招聘、录用，到人员的教育培训、考核、晋升，直至人员调职和输出的活动过程。生产经营活动的客体是物质产品及其生产经营过程，而主体是劳动者。劳动者的录用、调配、培训、考核、工资、福利、奖惩、升迁，以及质量要求、数量控制、各类劳动者相互之间的比例关系等，都应按照企业产品流程各部分的客观要求合理安排。企业的人事流程包括人力资源规划、人员招聘与录用、人员培训、绩效管理、薪酬管理等工作。在企业系统中，通过建立科学的组织机构和合理的规章制度，协调人事行为，合理组织劳动过程，提高劳动生产率；以劳动者的数量、质量、管理方式、劳动技能、劳动者的工作积极性和劳动效率，以及劳动者的更新等，来主导产品流程正常、有效地进行。

（四）企业的信息流程

企业的信息流程是指伴随着产品流程、价值流程、人事流程的各类信息的提取、整理、判断、传递、转化、使用和反馈的过程。企业的信息分为内源信息和外源信息两部分。内源信息是指与企业生产经营活动密切相关，可通过统计报表、财务报表、生产报表及其他业务资源获取的信息。而外源信息则指外部环境中存在的与企业生产经营相关的各种信息，如经济因素、政治因素、技术因素、人与社会因素以及竞争因素等信息。

企业系统的运行都是通过信息进行的。信息流程是伴随着产品流程、价值流程、人事流程而产生的，它是后者的表现和描述。产品流程、价值流程、人事流程能否顺畅运行，在很大程度上取决于信息流程的运转正常与否。

第四节　现代企业管理的基本理论

一、管理的概念及其二重性

（一）管理的概念

人类自有文明以来，就懂得分工与合作，因此，“机构群体”便应运而生。有了“机构”，当然必须得有管理，以发挥机构的功效。例如政府、军队、教会及企业等，代表了不同的组织，解决不同方面的问题。但是，人类组织是一种由具有不同思想、主张的分子所组合而成的。一方面，它不像日月星辰等天体现象，遵循一定的轨迹运行；另一方面，它又不像蚂蚁、蜜蜂之类的生物，自然分工有条不紊。因此，仅维持组织的形式是不够的，主要的是这一组织能够密切配合，有效合作，以达成预期的目的。因此，需要有人对组织的构成要素，如人员、物料、器械、资金及工作方法等实现一致的协调，使它们密切配合，也就是一般所谓的管理。

简而言之，人类为了生存，必须分工合作，因而有机构组织的诞生；为使组织能发挥其功效，则必须有管理，管理是人类生存所必需的。

管理在大家的心目中已经是一个非常熟悉的字眼，是人类社会不可缺少的活动。但什么是管理呢？对这一问题存在着不同的理解。“科学管理之父”泰勒给出的定义是：管理是一门怎样建立目标，然后用最好的方法经过他人的努力来达到的艺术。

管理科学创始人之一的法约尔认为，“管理就是计划、组织、指挥、协调和控制”。

美国管理协会的定义是：管理是通过他人的努力来达到目标。

美国管理学教授罗宾斯在其《管理学》一书中指出，“管理是指同别人一起，或通过别人使活动完成得更有效的过程”。著名管理学家哈罗德·孔茨在其畅销几十年的教科书《管理学》中指出，“管理是设计和保持一种良好环境，使人在组织中高效达成既定目标。可以认为，管理的本质是影响员工的行为”。

而一种普遍被接受的观点是，管理是一个过程，是一个组织或个人为了实现一定的目标，所采取的最有效、最经济的行动，是对行动的计划、组织和控制。可以说，管理是为了达到组织目标而对组织内的各种资源（人、财、物等）进行合理配置的综合性活动。

（二）管理的二重性

管理，从最基本的意义来看，一是组织劳动；二是指挥、监督劳动。管理的二重性是指管理的自然属性和社会属性。一方面，管理是由许多人进行协作劳动而产生的，是有效组织共同劳动所必需的，具有同生产力和社会化大生产相联系的自然属性；另一方面，管理又体现着生产资料所有者指挥劳动、监督劳动的意志，因此，它又有同生产关系和社会制度相联系的社会属性。

管理的二重性是马克思主义关于管理问题的基本观点。它反映了管理的必要性和目的性。所谓必要性，是指管理是生产过程固有的属性，是有效的组织劳动所必需的；所谓目的性，是指管理直接或间接地同生产资料所有制有关，反映生产资料占有者组织劳动的基本目的。

1. 管理的自然属性

管理是由人类活动的特点所产生的，人类的任何社会活动都必定具有各种管理职能。如果没有管理，一切生产、交换、分配活动都不可能正常进行，社会劳动过程就要发生混乱和中断，社会文明就不能继续。这一点马克思在一百多年前就做出有力的论证，“一切规模较大的直接社会劳动或共同劳动，都或多或少地需要指挥，以协调个人的活动，并执行生产总体的运动——不同于这一总体的独立器官的运动——所产生的各种一般职能。一个单独的提琴手是自己指挥自己，一个乐队就需要一个乐队指挥”。可见，管理是人类社会活动的客观需要。

管理是由社会分工所产生的社会劳动过程的一种特殊职能。管理寓于各种社会活动之中，所以说它是一般职能。但就管理职能本身而言，由于社会的进化，人类分工的发展，早在原始社会就已经有专门从事管理职能的人从一般社会劳动过程中分离出来，就如同有人专门从事围猎，有人专门从事进攻，有人专门从事农业一样。人类社会经过几千年的演变发展，出现了许多政治家和行政官员，专门从事国家的管理；出现了许多军事家和军官，专门从事军队的管理；出现了许多社会活动家，专门从事各种社会团体的管理；出现了许多商人、厂长、企业家、银行家，专门从事商店、工厂、企业、银行的管理；还有许多人专门从事学校、医院、交通运输和人事的管理等。据保守估计，全体就业人员中，有 30％～40％的人专门从事各类管理工作，他们的职能就是协调人们的活动，而不是直接从事物质产品或精神产品的产出。因此管理职能早已成为社会劳动过程中不可缺少的一种特殊职能。

管理是生产力。任何社会、任何企业，其生产力是否发达，都取决于它所拥有的各种经济资源或各种生产要素是否得到有效的利用，取决于从事社会劳动的人的积极性是否得到充分的发挥，而这两者都有赖于管理。在同样的社会制度下，企业外部环境基本相同，有不少企业的内部条件，如资金、设备、能源、原材料、产品及人员素质和技术水平基本类似，但经营结果、所达到的生产力水平却相差悬殊，同一个企业，有时只是更换了主要领导，就可能出现新的面貌。其他社会组织也有类似情况，其原因便在于管理。由于不同的领导采用不同的管理思想、管理制度和管理方法，就会产生完全不同的效果。这样的事例不胜枚举，从而证明管理也是生产力。科学技术是生产力，但科学技术的发展本身就需要有效的管理，并且也只有通过管理，科学技术才能转化为生产力。

管理的上述性质并不以人的意志而转移，也不因社会制度、意识形态的不同而有所改变，这完全是一种客观存在，所以，将其称为管理的自然属性。

2. 管理的社会属性

管理是为了达到预期目的所进行的具有特殊职能的活动。谁的预期目的？什么样的预期目的？实质上就是“为谁管理”的问题。

在人类漫长的历史中，管理从来就是为统治阶级、为生产资料的占有者服务的。管理也是一定社会生产关系的反映。国家的管理、企业的管理，以至于各种社会组织的管理概莫能外。以资本主义企业管理为例，列宁有过十分深刻的分析：“资本家所关心的是怎样为掠夺而管理，怎样借管理来掠夺。”因此，资本主义企业管理的社会属性具有剥削性。

在我国，公有制的实现形式正向多样化方向发展，股份制、股份合作制及其他有效的资本组织形式，正在被越来越多的企业所采用，所有权和经营权分离已成为国有企业改革的目标之一。企业管理的形式正在发生急剧的变化，但管理的社会属性并未发生根本性的改变。从总体上看，在社会主义社会中，社会主义国家的企业及其他社会组织的管理都是为人民服务的，管理的目的都是使人与人之间的关系以及国家、集体和个人之间的关系更加协调。所以在社会主义条件下，管理的社会属性与资本主义社会根本不同。

二、企业管理的概念与特征

（一）企业管理的概念及目的

1. 企业管理的概念

企业包括工业及商业，是指为人类求生存所应运而生的一种“社会机构”。企业管理是对企业的生产经营活动进行计划、组织、指挥、协调和控制等一系列活动的总称，是社会化大生产的客观要求。企业管理的目的是尽可能利用企业的人力、物力、财力、信息等资源，实现“多、快、好、省”的目标，取得最大的投入产出效率。随着生产精细化的发展，分工越来越细，生产专业化程度不断提高，生产经营规模不断扩大，企业管理也就越来越重要，科学化管理成为培育企业核心竞争力、实现企业可持续发展的重要途径。

构成企业的要素，有所谓的“7M”，即人员（men）、金钱（money）、方法（methods）、机器（machines）、物料（material）、市场（market）及工作精神（morale）。企业需要管理的对象，就是这七个要素。由于性质不同，可以将管理分成八类，称为功能性管理，即人力资源管理、财务管理、生产管理、保养及安全管理、物料管理、营销管理、事务管理和企业关系管理。

各类管理的内容如下。

（1）人力资源管理。包括工作分析及职位分类，工作评价及员工待遇福利，员工的招募及甄选，员工的教育及训练，人员的考核及奖惩、升迁、任免、抚恤等。

（2）财务管理。包括资本的取得、资本的运用（投资决策）、预算及折旧、成本控制、财务分析等。

（3）生产管理。包括厂房的布置、产品的设计及研究发展、制造管理及生产控制、品质管制等。

（4）保养及安全管理。包括保养工作人员的督导管理、保养成本分析、意外危险预防及安全维护、员工的保健卫生等。

（5）物料管理。包括物料的采购、验收、储存、搬运、预算及存量控制等。

（6）营销管理。包括市场需要分析、产品策略、定价策略、配销策略等。

（7）事务管理。包括文书及档案管理、办公室管理、总务、宿舍管理、保卫及工人管理等。

（8）企业关系管理。包括劳工关系、公共关系、政府及法令等。

2. 企业管理的目的

企业管理的基本目的在于提高工作效率。所谓工作效率可以表述为

$$工作效率=工作成果\div工作标准$$

所谓工作成果是指完成某项工作的实际数量、实际品质、实际速度及实际成本；所谓工作标准是指从事某项工作前所预定的具体化目标，是将目标以数量或其他测度量表示出来。

为提高工作效率，必须提高工作成果，而要提高工作成果，则必须达成下列要求。

（1）达成预定的产品数量。事先确定一个合理的数量标准，使全体员工以此为目标，奋力实现，并要以此为依据，严格考核员工的工作效率，采取有效的矫正措施。

（2）达成预定的产品品质。依据科学方法，事先制定员工所应达成的品质标准，使员工以此为目标，努力实现。若不能达成此目标，则采取矫正措施。

（3）如期完成任务。对每件工作，事先安排进度表，使员工以此为目标，在工作

中采取一切有效措施，切实按此进度如期完成任务。

(4) 减少费用支出。为降低成本，应减少费用支出。但减少费用支出，并非仅着眼于表面数字，不可不顾实际需要，硬性核减各种支出数字，而应考虑该项数字是否有支出的必要，若有，则不应减少；若没有，则应减少或取消。

(二) 企业管理的发展

工业革命之后，企业管理突飞猛进，原因分述如下。

(1) 工业发展的结果。工业革命之后，生产技术与工作的本质发生变化，各部门的生产控制必须预先设计、计划，以减少各种浪费，并增进协调。只有这样，企业才能降低成本，增加利润，于是工商业者便致力于改进管理的方法。

(2) 交通的进步与商业的扩张。由于交通发达，物料及产品的交流数量及速度增加，人类生活的范围也日趋扩大，对于商品的需求日益繁多，促使工商业者必须以种种方式来满足人类的需要。

(3) 机械的发明及动力的改进。工业革命之后，工业生产使用机动力量，产量为之大增，生产组织更加庞大，分工更加精细复杂，材料、机械、员工、储运等均需精密的计划与控制。

企业管理在工业革命后，因为国土风情及研究途径等背景的不同，而产生了所谓的“美国的经营管理学”及“德国的经营经济学”两派之分。

美国的经营管理学成立的基础，在于大规模经营的发展。其特色表现在：一是作为培养经营管理者的学问来发展；二是以经营管理者的管理实践为内容，作为管理的科学来发展。所以，它是在大规模经营下所需要经营管理的学问，也可说是经营者的管理学。因此，美国人的研究态度，极富于实践并重视实际问题，却忽视了理论体系的研究，代表人物为弗雷德里克·温斯洛·泰勒 (F. W. Taylor)。

德国学者一向注重理论推演，他们一反美国学者的研究重点，专事理论研究，并将研究重点置于资本问题，即所谓的“费用理论”，却忽略了劳务问题的研究。

企业管理的发展，以泰勒的科学管理制度为分界点，其发展可分为四个阶段。

第一阶段：泰勒时代以前，学者皆以本身经年累月的经验，归纳成管理规则，教其他管理人员遵循实践，但这些管理规则，多缺乏理论基础。

第二阶段：泰勒时代的科学管理制度。泰勒的科学管理制度，是以工场管理为中心，以部门管理为对象，缺乏整体化及一般化。

第三阶段：由于泰勒科学管理制度的缺点，此后科学管理逐渐由生产管理发展到一般化，即后人所谓的总合管理。总合管理在美国始于 1919 年，由杜邦公司及通用汽车公司为推广的先驱，但其确立却延至 1929 年的世界经济大危机。

第四阶段：早在 1926 年，人际关系已被采用到企业管理的实践中，其开端是西屋电气公司的霍桑工厂对于劳动生产所进行的霍桑实验。而一般采用人际关系揭开企业管理的第四个发展阶段，则是第二次世界大战后的事情。这一时期，除了人际关系外，更有数量方法的引用，即一般所谓的“管理科学”，因此，“行为科学”及“数学”的引用，为这一阶段的特色。

促使科学管理发展的因素有两个方面。一是生产方法及制度的改变。18世纪后，因为工业革命的结果，大规模的生产使工厂范围日益扩大，业务日趋复杂，于是管理学家提出一些管理的原则和方法，这种新方法便是科学管理。因此科学管理是随着工业制度的发达应运而生的；二是管理学者的辈出及其研究。泰勒因创始“科学管理”，被后人尊称为“科学管理之父”。他除了研究“工作方法”，加以改良，取消不必要的步骤，用同样的力量可以获得较大的生产量外，还主张采用差别工资制度，由此奠定了科学管理的基础。亨利·劳伦斯·甘特（Henry Laurence Gantt）原本与泰勒共同工作，对泰勒的研究协助颇多，并出版《工业领袖》与《工作组织》两本书，说明管理者的责任与技术。弗兰克·吉尔布雷斯（Frank Gilbreth）与莉莲·吉尔布雷斯（Lillian Gilbreth）夫妇两人是动作与时间分析的创始人，自其《应用动作分析》一书出版后，核定工作标准的方法完全确定，更为科学管理打下牢固基础。

（三）企业管理的特征

企业管理不同于一般的管理，有其自身的特征。

1. 企业管理是一种文化现象和社会现象

这种现象的存在必须具备两个条件：两个人以上的集体活动；一致认可的目标。在人类的社会生产活动中，多人组织起来，进行分工，都会达到单独活动所不能达到的效果。只要是多人共同活动，都需要通过制订计划、确定目标等活动来达到协作的效果，这就需要管理。因此，管理活动存在于组织活动中，或者说管理的载体是组织。

组织的类型、形式和规模可能千差万别，但其内部都含有五个基本要素，即人（管理的主体和客体）、物（管理的客体、手段和条件）、信息（管理的客体、媒介和依据）、机构（反映管理上下左右分工关系和管理方式）、目的（表明为什么要有这个组织）。外部环境对组织的效果与效率有很大影响。一般认为，组织内部要素是可以控制的，组织外部要素是部分可以控制（如产品市场），部分不可以控制的（如国家政策）。

2. 企业管理的主体是管理者

既然管理是让别人和自己一道去实现既定的目标，管理者就要对管理的效果负重要责任。管理者的第一个责任是管理一个组织，第二个责任是管理管理者，第三个责任是管理工作和工人。

企业管理者在企业的生产活动中处于领导地位，具有特殊重要的作用。他们独立于企业的资本所有者，自主地从事企业经营活动，是企业的最高决策者和各项经营活动的统一领导者。

3. 现代企业管理追求多目标的经营管理，倡导自由式经营管理和动态管理

利用集体的智慧，强调创新，注重激发员工的潜在智能，在管理中引进数量分析的方法，使决策更具合理性。近代企业的生产计划，莫不走上“多目标”经营之道，其原因有四点：一是为满足顾客的需要。国民生活水准提高，顾客对产品的需要，无

不以追求多样化为目标，企业为满足顾客越来越复杂的需要，求得更多的利润，因此争相走上多目标经营之路。二是为适应激烈的竞争情况。产品的生命周期缩短，单一产品的产销，易遭淘汰的命运，因此为避免此种风险，只有走多目标经营之道。三是企业的内部经济原理。走上多目标经营之道，不但在原料的采购上得到某些方便与利益，还可以充分利用副产品与废料。四是由于近代科技不断革新，迫使企业重视研究，这种研究结果，往往导致其他产品的出现。

4. 管理的核心是处理好人际关系

人既是管理的主体又是管理的客体，管理的大多数情况是人和人打交道。管理的目的是实现多人协同完成预定目标，因此，管理者一定要处理好人际关系，不要给人一种脱离群众、高高在上的感觉。

第五节　企业管理的基本原理

企业管理的基本原理是指经营和管理企业必须遵循的一系列最基本的管理理念和规则。目前，关于企业管理基本原理的表述存在着不同的观点，可谓仁者见仁，智者见智，本书仅介绍其中的主要观点。

一、系统原理

（一）系统的概念与特点

所谓系统是由两个或两个以上相互区别又相互联系、相互作用的要素组成的，具有特定功能的有机整体。一般来说，系统具有整体性、相关性、目的性、层次性、环境适应性等特点。系统本身又是它从属的一个更大系统的组成部分。

1. 系统的基本特征

(1) 目的性。任何系统的存在，都是为了一定的目的，为达到这一目的，必有其特定的结构与功能。

(2) 整体性。任何系统都不是各个要素的简单集合，而是各个要素按照总体系统的同一目的，遵循一定规则组成的有机整体。只有依据总体要求协调各要素之间的相互联系，才能使系统整体功能达到最优。

(3) 层次性。任何系统都是由分系统构成，分系统又由子系统构成。最下层的子系统由组成该系统基础单元的各个部分组成。

(4) 独立性。任何系统都不能脱离环境而孤立存在，只能适应环境。只有既受环境影响，又不受环境左右而独立存在的系统，才是具有充分活力的系统。

(5) 开放性。管理过程中各种因素都不是固定不变的，组织本身也在不断变革。

(6) 交换性。管理过程中必须不断地与外部社会环境交换能量与信息。

（7）相互依存性。管理的各要素之间是相互依存的，而且管理活动与社会相关活动之间也是相互依存的。

（8）控制性。有效管理系统必须有畅通的信息与反馈机制，使各项工作能够及时有效地得到控制。

2. 系统的观点

系统作为一种方法，在研究、分析和解决问题时必须具备以下观点。

（1）整体观点。整体的功效应大于各个个体的功效之和。

（2）开放性与封闭性观点。若系统与外部环境交换信息与能量，则可把它看成是开放的；反之，就可把它看成是一个封闭的系统。

（3）封闭则消亡的观点。凡封闭的系统，都具有消亡的倾向。

（4）模糊分界的观点。将系统与其所处的环境分开的“分界线”往往是模糊的。

（5）保持“体内动态平衡”的观点。开放的系统要生存下去，至少必须从环境中摄取足够的投入物来补偿它的产出物和其自身在运动中所消耗的能量。

（6）信息反馈观点。系统要达到体内动态平衡，就必须有信息反馈。

（7）分级观点。每个系统都有子系统，同时它又是一个更大系统的组成部分，它们之间是等级形态。

（8）等效观点。在一个社会系统内，可以用不同的输入或不同的过程实现同一个目标，不存在唯一的最好的方式。

（二）企业管理系统的特点

企业管理系统是一个多级、多目标的大系统，是国民经济庞大系统的一个组成部分。企业管理系统具有以下主要特点。

（1）企业管理系统具有统一的生产经营目标，即生产出适应市场需要的产品，提高经济效益。

（2）企业管理系统的总体具有可分性，即将企业管理工作按照不同的业务需要可分解为若干个不同的分系统或子系统，使各个分系统、子系统互相衔接、协调，形成协同效应。

（3）企业管理系统的建立具有层次性，各层次的系统组成部分职责分明、各司其职，具有各层次功能的相对独立性和有效性，高层次功能统率其隶属的下层次功能，下层次功能为上层次功能的有效发挥起到铺垫作用。

（4）企业管理系统具有相对的独立性，任何企业管理系统都处在社会经济发展的大系统之中，因此，必须适应这个环境，但又要独立于这个环境，才能使企业管理系统处于良好的运行状态，达到企业管理系统的最终目的获利。

二、分工原理

分工原理产生于系统原理之前，其基本思想是在承认企业及企业管理是一个可分的有机系统前提下，对企业管理的各项职能与业务按照一定的标准进行适当分类，并由相应的单位或人员承担各类工作，这就是管理的分工原理。

分工是生产力发展的要求。早在17世纪机器工业开始形成时期，英国经济学家亚当·斯密（Adam Smith）就在《国富论》一书中，系统地阐述了劳动分工理论。20世纪初，泰勒又对该理论做了进一步的发展。分工的主要好处是：

(1) 分工可以提高劳动生产率。劳动分工使工人重复完成单项操作，从而提高劳动的熟练程度，带来劳动生产率的提高。

(2) 分工可以减少工作损失时间。劳动分工使工人长时间从事单一的工作项目，中间不用或减少变换工作而损失时间。

(3) 分工有利于技术革新。劳动分工可以简化劳动，使劳动者的注意力集中在一种特定的对象上，有利于劳动者创造新工具，改进设备。

(4) 分工有利于加强管理，提高管理工作效率。泰勒将管理业务从生产现场分离出来之后，随着现代科学技术和生产的不断发展，管理业务得到进一步的划分，成立了相应的职能部门，配备了有关专业人员，从而提高了管理工作效率。

分工原理适用范围广泛。从整个国民经济来说，可分为工业、农业、交通运输、邮电、商业等部门。从工业部门来说，可按产品标志进行分工，设立产品专业化车间；也可按工艺标志进行分工，设立工艺专业化车间。在工业企业内部还可按管理职能不同，将企业管理业务分解为不同的类型，分别由相应的职能部门实施和完成，从而提高管理工作效率，使企业处于正常、良好的运转状态。

分工要讲究实效，要根据实际情况进行认真分析。一般企业内部分工既要职责分明，又要团结协作，在分工协作的同时要建立必要的制约关系。分工不宜过细，界面必须清楚，才能避免推诿、扯皮现象的出现。在专业分工的前提下，按岗位要求配备相应的技术人员，是企业产品质量和工作质量得到保证的重要措施。在搞好劳动分工的同时，还要注意加强对职工的技术培训，以适应新技术、新方法不断发展的要求。

三、弹性原理

弹性原理，是指企业为了达到一定的经营目标，在企业外部环境或内部条件发生变化时有能力适应这种变化，并在管理上表现出灵活的可调节性。现代企业是国民经济巨系统中的一个子系统，它的投入与生产都离不开国民经济这个巨系统。它所需要的生产要素由国民经济的各个部门投入，它所生产的产品又需要向其他部门输出。可见，国民经济巨系统是企业系统的外部环境，是企业不可控制的因素，而企业内部条件则是企业本身可以控制的因素。当企业外部环境发生变化时，企业可以通过改变内部条件适应这种变化，以保证达到既定的经营目标。

弹性原理在企业管理中应用范围广泛。计划工作中留有余地的思想，仓储管理中保险储备量的确定，新产品开发中技术储备的构想，劳动管理中弹性工作时间的应用等，都在管理工作中得到广泛的应用，并且取得较好的效果。

近年来，在实际管理工作中，人们自觉不自觉地把弹性原理应用于产品价值领域，收到意想不到的效果，称其为产品弹性价值。产品价值由刚性价值与弹性价值两部分构成。形成产品使用价值所消耗的社会必要劳动量叫刚性价值，伴随在产品使用价值形成或实现过程中附着在产品价值中的非实物形态的精神资源，例如产品设计、制造者、销售者、商标以及企业的声誉价值，都属于产品的弹性价值，又称无形价值或精神价值，是不同产品的一种“精神级差”。这种“精神级差”是产品市场价值可调性的重要标准，是企业获得超额利润的无形源泉，在商品交换过程中呈弹性状态，是当今企业不断追求的目标之一。

四、效益原理

效益原理，是指企业通过加强管理工作，以尽量少的劳动消耗和资金占用，生产出尽可能多的符合社会需要的产品，不断提高企业的经济效益和社会效益。

提高经济效益是社会主义经济发展规律的客观要求，是每个企业的基本职责。企业在生产经营管理过程中，一方面要努力降低消耗、节约成本；另一方面要努力生产适销对路的产品，保证质量，增加附加值。从节约和增产两个方面提高经济效益，以求得企业的生存与发展。

企业在提高经济效益的同时，也要注意提高社会效益。经济效益与社会效益是一致的，但有时也会发生矛盾。一般情况下，企业应从大局出发，满足社会效益，在保证社会效益的前提下，最大限度地追求经济效益。

五、激励原理

激励原理，是指通过科学的管理方法激励人的内在潜力，使每个人都能在组织中尽其所能，展其所长，为完成组织规定的目标而自觉、努力、勤奋地工作。

人是生产力诸要素中最活跃的因素。创造团结和谐的环境，满足职工不同层次的需求，正确运用奖惩办法，实行合理的按劳分配制度，开展不同形式的劳动竞赛等，都是激励原理的具体应用，都能较好地调动人的劳动热情，激发人的工作积极性，从而达到提高工作效率的目的。

激励理论主要有需求层次理论、期望理论等。严格地说，激励有两种模式，即正激励和负激励。对工作业绩有贡献的个人实行奖励，在更大程度上调动其积极性，完成更艰巨的任务，属于正激励；对由于个人原因而使工作失误且造成一定损失的人实行惩罚，迫使其吸取经验教训，做好工作，完成任务，属于负激励。在管理实践中，按照公平、公正、公开、合理的原则，正确运用这两种激励模式，可以较好地调动人的积极性，激发人的工作热情，充分挖掘人的潜力，把工作做得更好。

六、动态原理

动态原理，是指企业管理系统随着企业内外环境的变化而不断更新自己的经营观念、经营方针和经营目标，为达到此目的，必须相应改变管理方法和手段，使其与企业的经营目标相适应。企业在发展，事业在前进，要管理跟得上，关键在更新。运动是绝对的，静止是相对的，因此企业既要随着经营环境的变化，适时地变更自己的经营方法，又要保持管理业务上的适当稳定。没有相对稳定的企业管理秩序，也就失去了高质量的管理基础。

在企业管理中与此相关的理论还有矛盾论、辩证法。好与坏、多与少、质与量、新与老、利与弊等都是一对矛盾的两个方面；在实际操作过程中，要运用辩证的方法，正确、恰当地处理矛盾，使其向有利于实现企业经营目标的方向转化。

七、创新原理

创新原理，是指企业为实现总体战略目标，在生产经营过程中，根据内外环境变化的实际，按照科学态度，不断否定自己，创造具有自身特色的新思想、新思路、新经验、新方法、新技术，并加以组织实施。

企业创新，一般包括产品创新、技术创新、市场创新、组织创新和管理方法创新等。产品创新主要是提高质量，扩大规模，创立名牌；技术创新主要是加强科学技术研究，不断开发新产品，提高设备技术水平和职工队伍素质；市场创新主要是加强市场调查研究，提高产品的市场占有率，努力开拓新市场；组织创新主要是企业组织结构的调整要切合企业发展的需要；管理方法创新主要是企业生产经营过程中的具体管理技术和管理方法的创新。

八、可持续发展原理

可持续发展原理，是指企业在整个生命周期内，要随时注意调整自己的经营战略，以适应变化了的外部环境，从而使企业始终处于兴旺发达的发展阶段。现代企业家追求的目标，不是企业一时的短期兴盛，而是长盛不衰。这就需要按可持续发展原理，从历史和未来的高度，全盘考虑企业资源的合理安排，既要保证近期利益的获取，又要保证后续事业得到蓬勃的发展。

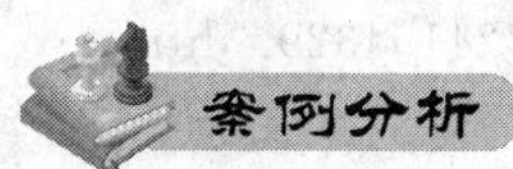

百年老医院的现代管理启蒙

北京同仁医院是一所以眼科闻名中外的百年老“店”，内忧外患迫使同仁医院下定决心引进职业经理人并实施规模扩张，希望建立一套行政与技术相分离的现代医院管理制度。

2002年初，圣新安医院管理公司对国内数十个城市的近30家医院及其数千名医院职工进行了调查访谈，得出结论：目前国内大部分医院还处于极低层次的管理启蒙状态，绝大多数医院并没有营销意识，普遍缺乏现代化经营管理常识。更为严峻的竞争现实是：医院提供的服务不属于那种单纯通过营销可以扩大市场规模的市场——医院不能指望通过市场手段刺激每年病人数量的增长。

同仁医院显然是同行中的先知先觉者。2002年，医院领导层在职代会上对同仁医院的管理做出“诊断”：行政编制过大，员工队伍超编导致流动受限；医务人员的技术价值不能得到体现；管理人员缺乏专业培训，管理方式、手段滞后，经营管理机构力量薄弱。同时他们开出药方：引进MBA人才，对医院进行大手笔改造，涉及岗位评价及岗位工资方案、医院成本核算、医院工作流程设计、经营开发等。

同仁医院在医院中引入现代市场营销观念、启动品牌战略和人事制度改革，树立“以病人为中心”的服务观念：以病人的需求为标准，简化就医流程，降低医疗成本，改善就医环境；建立长期利润观念，走质量效益型发展的道路；适应环境、发挥优势、实行整合营销；通过扩大对外宣传、开展义诊咨询活动、开设健康课堂等形式，有效扩大潜在的医疗市场。

但是一个问题接踵而来。医院所引进的MBA人才背景各异，绝大多数缺乏医科背景，他们能否胜任医院的管理工作呢？

同仁医院为解决这一问题，将他们“下放”到手术室3个月，之后都悉数调回科室，单独辟出MBA办公室，以课题组的形式，研究医院的经营模式和管理制度。对于医院引入的企业化管理，主要包含医院经营战略、医疗市场服务营销、医院服务管理、医院成本控制、医院人力资源、医疗质量管理、医院信息系统和医院企业文化等多部分内容。其中，医院成本控制研究与医院人力资源研究是当务之急。

几乎所有的中国医院都面临着成本控制的难题，如何堵住医院漏洞，进行成本标准化设计，最后达到成本、质量效益的平衡是未来中国医院成本控制研究的发展方向。另外，现有医院的薪酬制度多为“固定工资＋奖金”的模式，而由于现有体制的限制，并不能达到有效的激励效果，医生的价值并没有得到真实的体现，导致严重的回扣与红包问题。如何真正体现员工价值，并使激励制度透明化、标准化成为当前首先要解决的问题。

这一切都刚刚开始。指望几名MBA人才就能改变中国医院管理的现状是不可能的。不过，医院管理启蒙毕竟已经开始，这就是未来中国医院管理发展的大趋势。

（资料来源：http：//chinadxscy. csu. edu. cn/news/html/20090724194329. html）

案例思考：

1. 结合案例简述对企业管理的理解。
2. 北京同仁医院为什么要引进如此多的MBA人才？
3. 这些MBA人才能否胜任医院的管理工作？

第二章 企业管理思想及其发展

学习目标

1. 了解世界各国管理理论产生发展各历史阶段。
2. 了解中国古代管理思想的基本特征及精华。
3. 掌握和理解科学管理思想阶段的代表学说思想。
4. 掌握和理解行为科学理论。
5. 了解现代管理学主要学派的基本观点及代表人物。
6. 理解和掌握当代企业管理思想的创新发展。

第一节 早期管理思想的贡献

一、古代管理思想的贡献

(一) 世界各国古代管理思想的贡献

在古代，世界各国都有许多成功的管理实践，体现了人类对管理活动的渐进认识和创造性。

早在公元前 2600 年，古埃及开始建造世界上迄今最壮观的建筑之一——金字塔。其中大金字塔占地面积约 5 万平方米，用方石 230 万块，10 万人费时 20 年才建成。可以想象，在当时生产技术手段极为落后的情况下，组织这样的工程，在人员、材料和生产组织方面所需要具备的管理才能。古埃及人意识到“管理跨度”，很早就懂得了分权。法老作为“赖神之子”享有神权，而辅助法老的宰相则集最高法官、宰相、档案大臣、工部大臣等职衔于一身，掌管司法、行政以及经济事务。人们从考古中发现，在法老的陪葬品中，奴仆雕像的数量表现为“每一个监督者大约管理十名奴仆”。所以后来的希伯来人在《圣经》里提出的以十为限的管理思想即源于此。

目前有记载的关于管理思想的最早资料，是古巴比伦建国之前，在两河流域美索不达米亚人留下的关于物资管理、库房管理的记载。国王汉谟拉比建立起强大的中央集权国家，编制了《汉谟拉比法典》，作为国家行为的准绳。法典共分为三部分，全文二百八十二条，内容涉及财产、合同、证人及经济责任问题，对各种职业、各个层面上人员的责、权、利关系给予了明确的规定。

古希腊的记载并没有留下多少关于管理原理方面的见解，但是，从雅典城邦及其议会、人民法庭、执政官的存在就可以发现，那时已意识到了管理职能，从古希腊的部落管理体制里看到了议会制的某些端倪。古希腊的苏格拉底和亚里士多德都曾指出公务管理和家务管理有其共同性，从而肯定了管理存在的普遍性。古希腊学者色诺芬在公元前 370 年第一次提出了劳动分工的作用，他以制鞋为例，提出了劳动应遵循的原则：一个从事高度专业化工作的人，一定能工作得更出色。

公元 2 世纪，古罗马帝国创立了成套的管理办法，并因之延续了几个世纪的统治。处于资本主义萌芽状态的意大利，在社会经济诸多方面都对管理实践做出了有益的探索。虽然古罗马没有管理方面的专著，但是我们从奴隶主政治家、思想家、哲学家的论述中可以发现古罗马萌芽状态的管理思想，马基雅维利所著的《君主论》《谈话论》，论述了有关管理的思想，如管理应得到民众的认同，必须维护组织的团结，管理者必须具备超人的意志和品德修养等。

事实证明，一些现代的管理概念和实践，可以很容易地在古代追溯到其根源。而且，古人的实践和探索为我们指引了方向。

（二）我国古代管理思想的贡献

中国虽然在近代因闭关锁国而落后，工商企业的发展及其企业管理的理论和实践均滞后于一些西方国家，但作为世界四大文明古国之一，中华民族在悠久的历史中同样积累了丰富的管理实践和许多影响深远的管理思想、管理理论，为人类社会的进步和管理理论的发展做出了重要贡献。

我国古代的管理思想及理论框架基本形成于先秦至汉代这一时期。古代管理思想博大精深，内容丰富，影响深远，主要体现在先秦到汉代的诸子百家思想中，在许多著作中得到了记载和论述。

1. 中国古代管理思想的代表性著作

(1)《孙子兵法》阐述的“为将之道”“用兵之道”“用人之道”以及在各种极其错综复杂的环境中为取胜所采取的各种战略、策略，充满着辩证法思想，堪称人类智慧的结晶。《孙子兵法》对我们今天的各项管理工作，特别是对于处在激烈竞争环境中的企业，具有重大的现实意义。日本、美国的许多公司把《孙子兵法》作为经理培训的必读书目。

(2) 西周时期的《周礼》，对封建国家管理体制进行了理想化的设计，内容包括政治、经济、财政、教育、军事、司法和工程各个方面，特别是对封建国家的经济管理方面的论述和设计都达到了相当高的水平。该书第一次把中国官僚组织机构设计为 360 职，并规定了相应的级别和职数，层次、职责分明。

(3)《论语》《孟子》《荀子》主要体现了管理者如何处理人际关系的谋略思想；《老子》主要体现了管理者的权变谋略和在管理过程中的境界、素质及管理原则的思想；《韩非子》主要体现了管理者的统御谋略思想；北宋司马光主持编纂的编年体通史《资治通鉴》，因宋神宗“以鉴于往事，有资于治道”而得名，主要体现了管理者“用人”“理事”的基本规律和技能；《三国演义》主要体现了管理者的创造性管理思维；《红楼梦》主要体现了管理者以法治家的时效管理思想。这些都蕴含着丰富的管理学思想，成为今天政治家、外交官和企业家们的常备书目。

2. 中国儒家管理思想

中国儒家管理思想是中国传统文化的主流，是东方文化的主要渊源之一。儒家思想对中国古代管理思想乃至中国现代管理都产生了巨大影响，研究儒家管理思想的特点，紧密结合现代管理实际，兼收并蓄，扬弃发展，形成具有中国特色的管理思想与理论，具有重要的意义。

（1）中庸。中庸是孔子和儒家管理思想的基础。中庸的意思是不偏不倚、折中和调和。中庸思想体现了孔子认识事物的三分法，即“过”“中”与“不及”。孔子主张要把握住“过”和“不及”两个极端，用中庸去引导人们，启发大家认识与把握住管理中“度”的问题，用财有度，用人有度，奖罚有度，处理人际关系有度等，这一观念对管理活动是颇有启发和现实意义的。

（2）集体的人本。孔子极力主张“行仁德之政，因民之所利而利之”“使天下民归心”。春秋战国时期的政治家管仲、荀况对人本思想的内核也有许多精辟的论述。在《管子・霸言》中，管仲指出“以人为本，本理则因，本乱则国危”，这里的“本”是指基础和核心。在《荀子・王判》中，荀况则更清楚地表述人之可贵：“水火有气而无生，草木有生而无知，禽兽有知而无义。人有气有生有知亦有义，因最为天下贵也。”

儒家思想中的人本，是一种集体的人本，不同于西方文化中个体的人本：西方人本主义主张“个体本位”，主张社会生活中个人权利的不容侵犯和个体利益的满足；而儒家的人本主义又称“民本”，它主张“群体本位”，重视团体利益，而这正是当代企业文化中值得发扬的内容。

（3）人和。孔子和儒家主张“礼之用，和为贵”。“和为贵”是中国几千年来处理人际关系、民族关系、社会关系的传统原则，用求大同、存小异的方法，协调社会各部分人的利益和要求，达到整体的协调、和睦，在群体观、社会观上有积极的一面。“人和”在现代管理中，一般来看，可以理解为组织成员之间通过彼此沟通和理解，建立良好的人际关系，上下同欲，同心同德，实现组织目标。从广义上看，“和”还包括组织与外部环境之间相互协调与平衡。

（4）家族人治而非法治。与西方的个人主义传统相反，我国意识形态的传统是家庭观念，父为子纲，夫为妻纲，四代同堂，家庭和睦，这种家庭观念既包含集体感、骨肉情，又包含家长意志与服从意识。在企业里，“爱厂如家”便是主人翁精神的家庭观念的体现。在东方文化国家里，家族企业较西方国家普遍，特别是家族管理成为多数家族企业管理模式的选择。家庭观念也有消极的一面，那就是企业领导人的家长意志和员工的盲目服从意识，助长了人治，抑制了法治，不利于企业内民主管理制度的完善与落实，容易导致独断专行的后果。

（5）重义轻利。孔子说：“君子喻于义，小人喻于利。”重义轻利提倡在物质利益面前要“克己”“寡欲”“见利思义，义而后取”、不取“不义之财”，有一定的积极意义。以现代的观点看，“义”和“利”也是矛盾的统一体，彼此相互渗透、相互转化，企业管理中的义利观也是辩证统一的，应义利结合。对人的管理激励既要重视物质利益，又要重视精神因素；企业管理更要注重经济效益与社会效益的统一，大胆地追求经济利益，当然不能违法经营，捞取不义之财。

事实上，许多被人推崇的西方管理理论都与中国古代提出的管理思想相一致，世界许多成功企业都主动学习和运用中国古代的管理思想精华。只是中国漫长的封建社会制度阻碍了商品经济的发展，延误了工商企业的发展，从而抑制了中国现代企业科学管理理论的形成，中国对现代管理理论的贡献没有像古代那样辉煌。因此，我们既不能妄自菲薄，也不能妄自尊大，而应在努力学习和引进西方现代管理知识和经验的同时，充分挖掘中国古代管理思想的宝库。

二、近代管理思想的贡献

（一）西方近代管理思想的贡献

近代管理思想阶段开始于 18 世纪中叶的工业革命时期，止于 19 世纪末，其间经历了一百多年时间。蒸汽机技术导致的第一次工业革命使工厂成为资本主义工业生产的主要经营组织，大力推动了经济的发展、劳动分工和专业化的加强。生产力水平的提高和劳动方式的变化对管理提出了新的要求，从而促使人们从许多方面对管理工作进行探索。

1. 西方传统管理思想阶段的主要代表人物及其观点

亚当·斯密：英国古典经济学家亚当·斯密在他 1776 年发表的《国富论》中第一次系统论述了古典政治经济学，他的许多学说对以后的管理理论产生了重大影响。其主要观点：一是认为劳动是国民财富的源泉，只有减少非生产性的劳动，增加生产性劳动，同时提高劳动者的技能，才能增加国民财富。二是强调了劳动分工对劳动生产力提高的重要性，他列举了劳动分工的三个优点：分工使生产者的技能得到发展；节约了由于工作变化而损失的时间；有利于专门从事某项作业的劳动者改良工具和发明机械。在此基础上，他对由分工产生的管理问题进行了理论分析。三是提出了“经济人”的观点。他认为人们在经济活动中主要是为了谋求个人利益，但社会上每一个人的利益又总是受到他人利益的制约，要兼顾他人的利益，由此产生了公共利益和社会利益，因此，社会利益以个人利益为基础。亚当·斯密的这些观点后来成为资本主义管理理论的重要依据之一。

罗伯特·欧文（Robert Owen）：1850 年，英国的空想社会主义者欧文在苏格兰一座棉纺厂中尝试了一种新的工厂管理制度，即大力减轻劳动强度，改善劳动条件，为职工提供较多的福利设施。他认为，工厂是由员工组成的，把他们有效地组织起来，相互合作，就能产生最大效果。因他较早注意到企业中的人事管理问题，被后人称为“人事管理之父”。

查尔斯·巴贝奇（Charles Babbage）：查尔斯·巴贝奇是英国剑桥大学著名的数学家，曾用几年时间到英、法等国的工厂了解和研究管理问题，提出了劳动分工、用科学方法有效地使用设备和原料等问题。他在工作方法和报酬制度方面的研究卓有成效，主张通过科学研究来提高动力、材料的使用效率和工人的工作效率，采用利润分配制以谋求劳资之间的调和。

2. 西方传统管理思想阶段的主要特点

在传统管理思想阶段，现代工厂制度的管理研究引起人们广泛的重视，并且做出了许多有益的探索，其中不乏卓越的思想。但是，由于当时工厂的规模较小，缺乏足够的实践和总结，完整的管理理论难以形成。这一阶段的企业管理实践有以下几个特点：

（1）由资本家直接担任企业管理者。资本家凭借手中的资本，将劳动者、劳动资料和劳动对象集中到一起，进行商品生产。资本是生产力的组织者和驾驭者，拥有资本的资本家就是当然的企业管理者，他们的思想观念直接左右着企业的管理活动。

（2）靠个人的经验从事生产和管理。工人凭经验进行业务操作，没有统一的操作规程；产品没有统一的规格，缺乏互换性；管理者凭借个人喜好和习惯进行管理，没有统一的管理方法；工人和管理人员的培养主要采取师傅带徒弟的方法，没有统一的训练要求。这个时期的管理仍然具有很大的随意性。

（3）管理的重点是解决分工和协作问题。这一阶段的管理主要着眼于解决企业内部生产过程中如何进行分工、如何进行协调的问题，以保证生产的顺利进行；如何减少资金消耗、如何提高工人的日产量指标，以赚取更多的利润。

（二）中国近代管理思想发展的主要特点

1840年鸦片战争之前，中国实行闭关锁国的封建政策，商品经济不发展，不存在真正意义的工商企业，仅有一些处于萌芽形态的小商品经济以及尚未形成规模的封建手工业。鸦片战争之后，外国资本主义商品蜂拥而入，官僚资产阶级和民族资产阶级相继对其仿效，于19世纪60年代起，陆续兴办了一些我国早期的近代工矿企业，由此形成中国近代管理思想最早的两个主要来源：洋务派企业和民族资本企业。

洋务派企业都是典型的“官商”，虽然引进西方近代工业技术与军事装备，但是，其决策人的思想被限制在“变器不变道”的范围。洋务派“新政”的根本目的是维护专制统治，而“中学为体，西学为用”则使他们在容纳西方物质文明的同时，对西方文化与管理嗤之以鼻，在企业经营管理的引进方面也是重技术而不重管理，严重制约了企业的效益和发展。

民族资本企业的发展逐渐诞生了一个全新的社会阶层——民族实业家。早期比较著名的民族工商业集团有：荣氏申新、茂新、福新集团，张謇的大生集团，华新纱厂、耀华玻璃公司等。从1910年以后，一部分大民族工商企业逐步把西方近代管理方法引入自己的管理，开始进行传统管理的改革。中国留美出身的棉纺企业家穆藕初最早把20世纪初诞生于美国的科学管理系统地介绍到中国，并且自己也提出了管理的真知灼见。商务印书馆是中国著名印制出版企业，1897年创设于上海。1930年，中国知名学者王云五被推选为商务印书馆的总经理。王云五就任后，当年秋天去欧美研究科学管理，回国后在商务印书馆推行科学管理法，成效卓著。通过管理改革，商务印书馆建立起职能专业化的组织系统，强调“旁系之监督”便于克服职能专业化的弱点，从而能够使整个组织实现协调功能。而财务管理的标准化、人事管理的科学化，加上激励性工资制度，为整个组织综合管理的优化奠定良好的基础。后来王云五又写成《工商管理一瞥》一书，介绍科学管理的由来与特点，以及他在商务印书馆推行科学管理的经验。东亚毛呢纺织有限公司是近代以生产优质毛线而闻名的企业，企业创办人宋棐卿曾留美学商。在东亚公司内，他娴熟地运用科学管理和工业心理学的方法，在各职能管理方面十分成功。在企业外，宋棐卿建立范围广泛的销售网和信息传播反馈网，出众的营销为企业赢得了市场和声誉。

近代中国企业管理思想，一方面，受到民族传统文化中管理思想的影响，注重开发和利用“人和”的优势，善用自身优势，善用创造名牌产品，“人弃我取、避实就虚”的战略战术；另一方面，注重西方科学管理思想与自身企业实际的有机结合，更多的是效仿和引进早期西方现代管理的思想和方式。这种民族实业的管理经历的时间跨度较长，一直延续到新中国成立后1956年完成对民族资本主义工商业的社会主义改造。

第二节　科学管理思想阶段

科学管理思想阶段经历了19世纪末至20世纪三四十年代，这一阶段管理思想的发展标志着管理科学理论的建立。

一、科学管理思想阶段的主要思想

（一）泰勒和他的科学管理理论

弗雷德里克·泰勒，生于美国宾夕法尼亚州的一个工人家庭，年轻时进入工厂学徒。在钢铁公司工作时，由于刻苦学习和勤奋工作，在6年中年年晋升，从普通工人提升为工头、车间主任直至总工程师，进入管理阶层。由于泰勒长期在企业的现场工作，对企业的现场管理有着丰富的经验和切身的体会，他的许多管理理论都是以现场工作为对象，具有实践意义。1911年他发表了《科学管理原理》，这本著作奠定了科学管理理论的基础，标志着科学管理思想的正式形成，泰勒也因而被西方管理学界称为“科学管理之父”。

泰勒对管理理论的主要贡献是：认为一切管理问题都可以而且应当通过科学的方法来加以解决，从而否定了靠经验办事的传统管理思想，把管理从经验上升为理论。泰勒的管理思想可归纳为以下几个方面。

1. 明确提出管理职能和作业职能的分离

泰勒主张设立专门的管理部门，其职责是研究、计划、调查、训练、控制和指导操作者的工作，工人应服从管理人员的命令和安排，这样使业务操作和管理分开；同时，管理人员也要进行专业分工，每个管理者只承担一两种管理职能，推行职能制和直线职能制；泰勒主张在企业管理中实行“例外原则”，即高层管理者应把例行的一般日常事务授权给下级管理者去处理，自己只保留对重要事项和偶发事件的决定权和监督权。

2. 主张一切问题实行科学化

泰勒指出管理是一门真正的科学，有明确的定义、规则和原理作为它的基础；主张用科学的方法来代替经验的估计方法；强调用科学的观点分析管理中的一切问题，并制定各种标准和制度，实行标准化管理，健全组织系统，从而提高劳动生产率。

3. 提出科学管理的中心问题是提高劳动生产率

泰勒认为，科学管理的实质是要求企业的劳资双方在思想上来一次“精神革命”，要求工人和雇主相互协作，共同为提高劳动生产率而努力；双方不应该把注意力放在盈余的分配上，而应该把注意力转到增加盈余的数量上，使盈余增加到使如何分配盈余的争论成为不必要。他提出，要在动作研究的基础上制定出工人的“合理日工作量”，为了提高劳动生产率，必须使工人的能力同工作量相配合。

（二）法约尔的一般管理思想

亨利·法约尔（Henri Fayol），1860 年毕业于法国国立矿冶学院，担任过工程师和总经理，晚年担任大学的管理学教授。1916 年，法约尔发表了《工业管理与一般管理》，提出了他的管理思想。由于法约尔从早期就进入了企业高层管理，所以他的管理思想是以作为一个整体的大企业为研究对象，更多地研究组织经营问题等，对管理进行了高层领域的开创性研究，因而被称为“管理过程理论之父”。法约尔对管理理论的突出贡献是：从理论上概括出了一般管理的职能、要素和原则，把管理科学提到了一个新的高度，使管理科学不仅在工商业界受到重视，而且对其他领域也产生了重要影响。法约尔的管理思想主要体现在以下几个方面。

1. 概括了管理的基本职能

法约尔通过对企业活动的长期观察和总结，提出了企业所从事的一切活动可以归纳为六类，即技术活动、商业活动、财务活动、安全活动、会计活动及管理活动。他集中分析了管理活动，提出了管理的五项职能：计划职能，就是设计行动方案，使企业达到目标；组织职能，就是合理安排各项资源去实现目标；指挥职能，即指挥和调动组织成员为企业目标而有序地工作；协调职能，就是使组织内的资源、组织与活动能够相互配合；控制职能，就是保证实际工作与计划拟定的标准相一致。

2. 概括了管理的基本原则

法约尔根据对企业管理实践规律的总结，提出了企业管理的14项原则，这些原则是：(1) 劳动分工；(2) 权力和职责一致；(3) 纪律；(4) 统一指挥；(5) 统一领导；(6) 个人利益服从整体利益；(7) 报酬的公平合理；(8) 权力的集中与分散；(9) 组织层次与部门的协调；(10) 维护秩序；(11) 公平；(12) 人员稳定；(13) 首创精神；(14) 团结精神。

3. 提出了对管理者素质和知识的要求

法约尔认为对管理者素质的要求应包括身体的（健康、精力、风度）、智力的（理解与学习的能力、判断力、思想活跃、适应能力）、精神的（干劲、坚定、乐于负责、首创精神、忠诚、机智、庄严）、教育的（对不属于职责范围内的事情的一般了解）、经验的（由工作本身产生的）等内容。

法约尔提出的管理理论和思想，对以后管理学理论的发展产生了重大影响，很多方面直到今天仍然为管理工作者所采用。

（三）韦伯的古典组织理论

马克斯·韦伯（Max Weber）是德国著名的社会学家，担任过教授、政府顾问、编辑。马克斯·韦伯的代表性著作有《新教伦理与资本主义精神》《社会史与经济史论集》和《社会学和社会政策论文集》。他在管理学上的主要贡献是提出了理想的行政组织体系理论，其管理思想主要体现在以下几个方面。

1. 权力与权威是组织形成的基础

韦伯认为，组织中存在三种纯粹形式的权力与权威：一是法定的权力与权威，是以组织内部各级领导职位所具有的正式权力为依据的；二是传统的权力，是以古老传统的不可侵犯性和执行这种权力的人的地位的正统性为依据的；三是超凡的权力，是以对个别人的特殊的、神圣英雄主义或模范品德的崇拜为依据的。韦伯强调，组织必须以法定的权力与权威作为行政组织体系的基础。

2. 理想的行政组织体系的特点

韦伯认为，理想的行政组织体系至少要做到：

(1) 组织的成员之间有明确的任务分工；

(2) 上下层次之间有职位、责权分明的结构；

(3) 组织中人员的任用，要根据职务的要求，通过正式的教育培训，考核合格后任命；

(4) 组织成员的任用必须一视同仁，严格掌握标准；

(5) 管理与资本经营分离，管理者应成为职业工作者，而不是所有者；

(6) 组织内人员之间的关系是工作与职位的关系，不受个人感情的影响。

二、科学管理思想对企业管理的影响

科学管理理论是人类历史上第一次尝试以科学的、系统的方法探讨管理问题，它反映了当时生产力发展和资产阶级的要求，反映了社会化劳动组织的要求。

（一）资本所有者与企业管理者的分离

在传统管理阶段的企业管理中，经营者和管理者大多是由同一资本家担任的，出于资本内在的增值冲动，资本家只追求减少成本和增加利润，缺少对企业业务活动和管理活动规律的研究，采取家长式的独裁管理。随着企业生产规模的扩大和生产过程复杂化的加强，这种管理方式逐渐暴露出致命的局限性。为此，许多企业逐步进行了改革，建立了分级责任制，选拔有管理才能的人担任领导，由此开始了财产所有权和经营管理权的分离，企业中出现了一批像泰勒、法约尔等专门从事经营管理的管理者阶层。

（二）用科学管理代替单纯的经验管理

传统管理阶段的经验管理方法是与简单小生产的生产方式相适应的，随着生产社会化程度的提高，就需要用科学的方法来进行管理。而在科学管理思想阶段中，管理学家们着重要解决的问题就是促使管理者们由传统的家长式的放任管理过渡到制度化、标准化的科学管理。他们重点强调了严格分工、标准操作方法、按定额付酬、健全的组织机构和人员培训等，从而使企业管理朝着遵循客观规律、讲究科学方法的方向发展。

（三）强调组织形式而忽视了人的社会性

科学管理思想阶段的管理学家们的探索为管理发展做出了重要的贡献，提出了很多有价值的见解，对管理实践的发展也产生了巨大的推动作用。但是，该阶段的管理思想的局限性也很突出。例如，把人看作是单纯的“经济人”“活机器”，认为工人只能服从而没有主动性；在组织结构上是集权式的管理，强调组织形式而忽视了对人格的尊重；等级层次和规章制度过于僵化，缺乏灵活性；等等。随着社会和经济的发展，这一阶段的管理思想的局限性日渐突出，管理科学需要继续发展到新的阶段。

第三节 行为科学管理思想阶段

行为科学思想起源于 20 世纪 30 年代，为了克服科学管理思想阶段忽视人的社会性这一局限性，管理学家们开始从另外一个角度，即人类行为的角度，对管理活动进行研究。这些管理理论的共同特点是：力图克服科学管理理论的弱点，从社会学、心理学、人类学的角度出发，强调人的需要、人的相互关系对生产经营活动的影响。前期的行为科学理论主要是“人际关系”理论，后期的行为科学理论则围绕着对人的行为模式和团体行为、领导的行为规律的研究。

一、行为科学管理思想阶段的主要思想

（一）早期行为科学管理思想

乔治·埃尔顿·梅奥（George Elton Mayo），原籍澳大利亚，后移居美国，曾在美国哈佛大学任教，从事过哲学、医学和心理学方面的研究。1927 年，梅奥应邀参加并指导霍桑实验。经过研究，取得了一系列重要成果，他在这些实验结果的基础上发表了他的代表作《工业文明中人的问题》和《工业文明中的社会问题》，提出了人际关系理论的一系列思想。

1.“社会人”的观点

梅奥认为：工人首先是“社会人”，首先，重要的是同别人合作，而不是无组织的人群的竞争；其次，所有的人是为保护集团的地位而不是他们自我的利益而行动的；最后，人们的思想更多的是由感情而不是逻辑来引导的。梅奥认为，工人并不是仅仅追求金钱收入，他们还追求人与人之间的友情、安全感、归属感和受人尊重等，因此，必须从社会心理方面鼓励工人提高生产率，而不是单纯从技术条件着眼。

2. 关于“非正式组织”的观点

梅奥认为：企业中存在着“非正式组织”。所谓“非正式组织”，是人们在共同工作中，由于兴趣、感情或归属等因素进而构成的组织体系。非正式组织的作用是保护工人免受内部成员的疏忽所造成的损失，保护工人免受管理人员的干涉。企业中的正式组织和非正式组织都涉及每一成员，管理人员要想实施有效的管理，不仅要重视正式组织的作用，也要重视非正式组织的存在和作用。

3. 关于“人际关系”的观点

企业管理者不仅要具有解决技术、经济问题的能力，而且要具有与他人建立良好的人际关系的能力。管理者应力求了解员工行为产生的原因，认识到满足职工各种需要的重要性，必须学会与非正式组织打交道的技巧。管理主要在于通过提高员工的满意程度来激励员工。

4. 关于领导能力的观点

梅奥和行为科学的研究者们认为，企业中新的领导能力在于提高职工的满足度，以提高职工的士气从而提高劳动生产率。

梅奥的人际关系理论引起了管理学界的很大震动，推动了人际关系研究的蓬勃发展。

（二）后期行为科学管理思想

早期人际关系理论仅侧重研究人们之间的相互关系，所以被称为“人际关系学

说”。20世纪40年代以后，随着研究范围的不断扩展，人们提出了“行为科学”的概念。20世纪60年代，针对行为科学在企业中的应用，又进一步提出了“组织行为学”的概念。

1. 马斯洛及其需求层次理论

美国心理学家亚伯拉罕·马斯洛（Abraham H. Maslow）认为人类的需求是多种多样的，可以归纳为五个层次，由低级的需求开始逐级向上发展到高级需求，当一组需求得到满足时，这组需求就不再成为激励因素了。马斯洛将人的需求分为生理的需求、安全的需求、社交和感情的需求、自尊与受人尊重的需求以及自我实现的需求五个层次。在企业管理中，由于每个人的需求各不相同，因此主管人员必须用因地制宜的方法对待人们的各种需求。只有发现和满足了员工的需求，才能对员工进行激励，从而将他们的行为引导到企业目标上来。

2. 赫茨伯格的“双因素论”

美国心理学家弗雷德里克·赫茨伯格（Frederick Herzberg）联系人在企业的工作与环境，进一步研究了激励动机的问题。赫茨伯格认为，在管理中有两种因素对员工发生作用，一种是保健因素，另一种是激励因素。引起职工不满的因素主要是金钱、地位、安全、工作环境、人际关系等，这些因素的满足只能起到安抚职工情绪的作用，而对激励不大起作用，称为“保健因素”；另一种因素包括工作成就感、事业上的发展等，这些因素能直接引起劳动效率的提高，故而称为“激励因素”。

此外，还有美国心理学家维克托·弗鲁姆（Victor H. Vroom）于20世纪60年代提出的“期望理论”；美国心理学教授道格拉斯·麦格雷戈（Douglas M. Mc Gregor）提出的“X—Y理论”，以及罗伯特·布莱克（Robert Blake）和简·莫顿（Jane S. Mouton）的“管理方格图”等。

二、行为科学管理思想对企业管理的影响

科学管理理论阶段强调严格管理，认为管得严才能出效率，忽略了人的感情需求这一管理活动中最重要的元素。行为科学管理理论则强调人的行为，认为从人的行为本质中激发动力，才能提高效率，所以注重个体行为、团体行为与组织行为的研究，目的在于探索人的心理、行为等对高效率地实现组织目标的影响作用。

（一）提出以人为中心来研究管理问题

提出以人为中心来研究管理问题是管理思想的一个重大转变。行为科学管理思想阶段有众多的理论和假说，它们的一个共同特点是重视人在组织中的关键作用，认为人是组织中最重要的因素，因此，一个管理者必须学会激励和领导其他人，必须学会处理好人际关系。

（二）否定了“经济人”的观点

肯定了人的社会性和复杂性。行为科学注重吸取心理学、社会学、人类学、经

济学等多学科的研究成果，对人的行为规律进行了多方面的剖析，认为人们工作不仅仅是为了物质利益，也不仅是为了建立社会关系，人的行为动机和需要是非常复杂的，行为科学研究的重点就是人的动机、人的需求、人的行为的激励和领导方式等问题。

行为科学的各种理论从人性的角度出发来看待管理问题，对涉及管理中人的各方面进行了深入的研究，比如对个体行为的研究、群体行为的研究、领导行为的研究等等。这些深入而细致的研究，奠定了管理学进一步发展演进的基础，也为心理学、社会学等领域做出了巨大的贡献。

第四节　现代管理思想阶段

现代管理思想最早起源于第二次世界大战。一方面，由于资本主义企业不断走向垄断和国际化，管理环境和管理的重点发生了变化，从微观转向宏观，从技术转向战略，从局部转向系统，从定性化转向定量化；另一方面，现代运筹学、社会学以及系统论、信息论和控制论等科学技术的发现和推广，导致了企业生产过程自动化、连续化的程度以及生产社会化程度的空前提高；企业规模的扩大、市场竞争的激烈、市场环境的变幻莫测都对企业管理提出了更高的要求。在这种背景下，各种管理理论和管理学派如雨后春笋般涌现出来，管理学进入了繁荣发展的新时代，形成了“管理理论的丛林”，从而推动了管理科学思想的新发展。

一、现代管理思想阶段的主要思想

（一）管理过程学派

管理过程学派是继科学管理思想和行为科学管理思想之后影响最大、历史最久的一个学派。事实上，科学管理思想时期的代表人物之一法约尔就是这个学派的开山鼻祖，这个学派后来经美国管理学家哈罗德·孔茨（Harold Koontz）等人的发扬光大，成为现代管理理论的一个主流学派。

管理过程学派将管理视为一个由管理职能组成的，在时间上继起、空间上并存的不断循环发展的动态过程。其管理思想主要体现在：

（1）把管理过程和管理职能作为研究对象。管理过程学派认为，管理就是在组织中通过别人或同别人一起完成工作的过程。管理过程同管理职能是分不开的，因此研究管理必须从管理过程和管理职能上进行分析，从理性上加以概括。

（2）把管理揭示为通过别人使事情做成的各项职能。把管理工作划分为一些基本职能，包括：计划，选择目标和实现的手段；组织，设计有一定目标的权责机构；用人，选拔、考核和培训人员，以便有效承担责任；领导，采取措施激励人们的积极性；控制，对人们的活动进行估量，及时纠正偏差，以保证计划实现。

(3) 对管理职能进行研究，探求管理的基本规律。在分析基本职能的基础上对每项职能提出以下一些基本的问题：每项职能的特点和目的；每项职能的基本结构；每项职能的过程、技术、方法以及其优缺点；有效实施每项职能的障碍以及如何排除这些障碍的手段和方法。

管理过程学派无论是从理论基础还是从研究方法上都与自然科学的研究方法有些类似，因而它的科学性比较容易被人们理解和接受。因此，它在现代管理理论中占有相当重要的地位。

(二) 社会系统学派

社会系统学派的创始人是切斯特·巴纳德（Chester Barnard)。他把社会学概念应用于分析经理人员的职能和工作过程，并把研究重点放在组织结构的逻辑分析上，提出了一套协作和组织的理论体系。他发表了著名的《经理人员的职能》《组织与管理》等著作，为建立和发展现代管理学做出了重要贡献。其管理思想主要体现在：

(1) 组织是一个协作的系统。巴纳德认为，组织是有意识地协调两个以上的人的活动的一个体系。他认为这个定义适用于各种形式的组织，从公司的各个部门或子系统直到由许多系统组成的整个社会。组织系统包括物理的因素，即厂房、机器和其他物质条件；生物的因素，即组织成员；社会心理因素，即信息、热情、集体的相互作用等。巴纳德指出，正式组织的协作基础是成员相互协作的愿望、共同的目标和相对稳定的信息联系，非正式组织的协作基础是没有共同的或自觉配合的共同目标的社会相互作用；正式组织和非正式组织相互创造条件，对系统协作发挥影响。

(2) 经理的作用。经理是协作组织系统中的关键人物，在三个方面发挥重要作用：一是建立整个组织的信息系统并保持其畅通；二是发现最好的人员，并能正确任用；三是确立组织的目标和宗旨。

(3) 经理的权威。巴纳德认为，权力的使用必须同时满足下列条件才能顺利实现：一是必须使下属理解这个命令；二是必须使下属认识到这个命令是和组织的目标相一致的；三是必须使下属认识到这个命令和他们本身的利益是一致的；四是使下属认识到他们具备完成任务的能力。

(三) 决策理论学派

决策理论学派是以社会系统论为基础，吸收了行为科学、系统论的观点，运用电子计算机技术和统筹学的方法而发展起来的一种理论。决策理论学派是现代管理理论的一个重要学派。美国著名的经济学家和社会科学家赫伯特·西蒙（Herbert Simon）是决策理论学派的主要代表人物。由于在决策理论的研究方面做出了杰出贡献，他被授予 1978 年度的诺贝尔经济学奖。其管理思想主要体现在：

(1) 突出决策在管理中的地位。决策理论认为：管理的实质是决策，决策贯穿于管理的全过程，决定了整个管理活动的成败。如果决策失误，组织的资源再丰富，技术再先进，也是无济于事的。

（2）系统地阐述了决策原理。西蒙对于决策的程序、准则、类型及其决策技术等做了科学的分析，并提出用“满意标准”来代替传统决策理论的“最优化标准”，研究了决策过程中冲突的解决方法。

（3）强调了决策者的作用。该理论认为，组织是决策者个人所组成的系统，因此强调不仅要注意在决策中应用定量方法、计算技术等新的科学方法，而且要重视心理因素、人际关系等社会因素在决策中的作用。

决策理论的一个重要特点，是把各种具体的组织观念加以抽象，重点分析组织活动的一般特征，指出决策是贯穿于组织活动全部过程的核心内容。因此，决策理论不仅适用于企业，而且适用于其他各种组织的管理，具有普遍的适用性。

（四）系统管理学派

系统管理理论源于一般系统论和控制论，侧重于用系统的观念来考察组织结构和管理的基本职能。其主要代表人物有美国的理查德·约翰逊（Richard A. Johnson）和弗里蒙特·卡斯特（Fremont Kast）。系统管理学派是运用系统科学的理论、范畴及一般原理，全面分析组织管理活动。其对管理的定义是，用系统论的观点对组织或企业进行系统分析、进行系统管理的过程。其管理思想主要体现在：

（1）组织本身是一个以人为主体的系统。系统管理学派从系统观点出发，认为工商企业是一个由相互联系而共同工作的各个要素（子系统）所组成的以便达到一定目标（既有组织的目标，又有其成员的个人目标）的系统。组织系统中任何子系统的变化都会影响其他子系统的变化，系统的运行效果是通过各个子系统相互作用的效果决定的。

（2）组织是社会系统中的一个分系统。组织不是一个封闭的人造系统，而是开放的社会技术系统，是更大的社会系统中的一个分系统。它同周围环境（顾客、竞争者、工会、供货者、政府等）之间存在着动态的相互作用，并具有内部和外部的信息反馈网络，能够不断地自动调节，以适应环境和自身的需要。

（3）管理必须建立在系统的基础上。管理要善于将各种资源要素集合起来，在同一目标下形成一个整体。管理人员必须从组织的整体出发，研究组织各组成部分之间的关系，研究组织与外部环境的关系，以利于做出正确的决策和进行组织与协调。

系统管理学派盛行于 20 世纪 60 年代。当时系统科学的兴起，对管理学派的发展和演变产生了巨大的影响。

（五）权变管理理论学派

权变管理理论学派是 20 世纪 60 年代末 70 年代初发展起来的管理理论。其代表人物是美国管理学家弗雷德·卢桑斯（Fred Luthans）以及英国学者琼·伍德沃德（Joan Woodward）等人。权变管理理论的核心思想是认为不存在一成不变的、无条件适用于一切组织的最好的管理方法，强调在管理中要根据组织所处的内外环境的变化而随机应变，针对不同情况寻找不同的方案和方法。其管理思想主要体现在：

（1）传统理论存在认识上的缺陷。这个学派以系统观点为理论依据，从系统观点来考虑问题，认为以往的理论有两个方面的缺陷，一是忽视了外部环境的影响，主要侧重于研究加强企业内部的组织管理；二是以往的管理理论大都带有普遍真理的色彩，追求理论的普遍适用性和最合理的原则、最优化的模式，但是真正在解决企业的具体问题时，却常常显得无能为力。

(2) 环境变量与管理变量之间存在着函数关系。这里所说的环境变量既包括组织的外部环境，也包括组织的内部环境。在一般情况下环境是自变量，管理观念和技术是因变量。因此，如果环境条件一定，为了更快地达到目标，必须采用与之相适应的管理原理、方法和技术。

(3) 管理应该权宜变通。认为管理模式不是一成不变的，要根据不断变化的环境进行改变，要根据组织的实际情况来选择最适宜的管理模式。

权变管理理论在提出以后的几十年内，其理论价值和应用价值日益为管理实践所证明，故而得到了越来越多的人的支持，成为具有重大影响的管理学派之一。

(六) 经验主义学派

经验主义学派又称为经理主义学派，著名代表人物有彼得·德鲁克（Peter F. Drucker)，主要著作有《管理实践》《管理——任务、责任、实践》等。经验主义学派认为，管理学就是研究管理经验，认为通过对管理人员在个别情况下成功的和失败的经验教训的研究，人们会懂得在将来相应的情况下如何运用有效的方法解决管理问题。因此，这个学派的学者把对管理理论的研究放在对实际管理工作者的管理经验教训的研究上，强调从企业管理的实际经验而不是从一般原理出发来进行研究，强调用比较的方法来研究和概括管理经验。其管理思想主要体现在：

(1) 管理的性质。经验主义学派认为管理是对人进行管制的一种技巧，是一个特殊的独立的活动，同时也是一个独立的知识领域。管理学如同医学、法律学和工程学一样，是一种应用学科，而不是纯知识的学科。但管理又不是单纯的常识、领导能力或财务技巧的应用，管理的实际应用是以知识和责任为依据的。管理应侧重于实际应用，而不是纯粹理论的研究。

(2) 管理的任务。管理的任务主要有三项：一是取得经济成果，这在企业机构中是合理的并且本身就是它的目的；二是使企业具有生产性，并使工作人员有成就感；三是妥善处理企业对社会的影响和企业承担对社会的责任的问题。

(3) 管理的职责。作为企业的经理，有两项职责是别人不能替代的。第一个职责是他必须造成一个生产的统一体，这个生产统一体的生产力要比它的各个组成部分的生产力的总和更大。从这个意义上讲，经理要造成生产统一体就要克服企业中的所有的弱点，并使各种资源（特别是人力资源）得到充分发挥。经理的第二个职责是在做出每一次决策或采取每一个行动时，要把当前利益和长远利益协调起来。

经验主义学派从企业管理实际出发，特别是以大企业管理经验为主要研究对象，加以抽象和概括，然后传授给管理人员。也就是说，他们认为管理学就是研究管理的经验。把实践放在第一位，以适用为主要目的，是经验主义学派的主要特点。

（七）管理科学学派

管理科学学派也称数量管理科学学派、数量学派，是第二次世界大战以后发展起来的管理学派。其注重定量模型的研究和应用，以求得管理的程序化和最优化。他们认为管理就是制定和运用数学模式与程序的系统，就是用数学的符号和公式来表示计划、组织、控制、决策等合乎逻辑的程序，求出最优的解答，以达到组织的目标。管理科学学派推动了运筹学在管理中的广泛应用，使管理从以往定性的描述走向了定量的预测阶段。其管理思想主要体现在：

（1）借助数学模型。在管理决策中利用数学工具建立数量模型研究各因素之间的相互关系，决策的过程就是建立和运用数学模型的过程。依靠建立一套决策程序和数学模型以增加决策的科学性，力求减少决策的个人意志成分。

（2）强调用数字说话。寻求将众多方案中的各种变数或因素加以数量化，用数量表示最优化的答案，各种可行方案要以经济效果作为评价的依据。

（3）广泛使用电子计算机。现代组织管理涉及的信息量的不断加大，使处理信息的工作量加大。充分利用现代科学技术可使决策建立在准确、及时和充分的信息基础之上。

管理科学学派把现代科学技术方法运用到管理领域中，为现代管理决策提供了科学的方法。它使管理理论研究从定性到定量，在科学的轨道上前进了一大步，同时它的应用对管理水平和效率的提高也起到了很大作用。

二、现代管理思想对企业管理的影响

（一）强调系统管理

现代管理理论以系统论为基础，用系统的观点和方法研究组织及其管理问题，认为任何组织都是由复杂的内部因素所构成的，并且处于复杂的外部环境之中，因此，强调从全局出发，而不是从个别部分出发来考虑管理问题；强调不仅从静态的角度更要从动态的角度，即各个因素之间、系统与环境之间的相互影响和变化中去研究管理问题；要求管理者具有较宽的视野、灵活的思维方式、科学的管理方法和卓越的协调能力，方能进行有效管理，顺利地实现组织目标。

（二）突出决策的战略地位

在现代复杂多变、竞争激烈的环境中，一切组织都应重视战略研究和决策研究，要注意了解外部环境，及时掌握各种信息，进行科学决策，才能实现既定目标，获得生存和发展。

（三）重视以人为中心的管理

强调以人为中心研究管理问题，重视人在组织中的关键作用。强调探索人类行为的规律，提倡善于用人，进行人力资源的开发。主张民主参与管理，改变上下级之间的关系，由命令服从变为支持帮助，由监督变为引导，实行组织成员的自主自治。

（四）强调组织与环境的适应性

强调组织是开放的系统，因而不可避免地会受到周围环境的影响，但反过来也影响环境，且在与环境的相互影响中达到自身的动态平衡。

（五）重视管理方法的定量化和管理手段的自动化

在现代管理和决策中，传统的直观判断和单靠经验的做法已经越来越不适用了，要求广泛采用现代管理科学方法进行科学决策。所以，在现代管理中，非常重视系统科学方法、运筹方法、数理统计方法和计算机模拟等定量化方法，并且，越来越重视计算机等先进的技术手段的应用。

第五节 当代企业管理思想的创新发展

进入 20 世纪 60 年代以后，随着科技的发展，人们对充分利用自然资源有了更深的认识，在整个工业发展的过程中，提高资源的价值和附加值是工业和科学技术发展的主要标志，纯体力劳动因素的影响则越来越小；同时，竞争加剧是世界经济的主要特征。参与竞争的实体其实力的大小主要表现在其科技含量和资本量两个方面。这说明了竞争的知识和技术含量越来越高，而且对其资本量的作用与价值越来越重要。20 世纪 80 年代以后，知识经济的迅速发展，国际经济形势的变化更加促进了企业向国际化、大型化方面发展，同时社会的进一步分化又提供了许多新的市场机会，小型企业得到了快速发展。面对信息化、全球化、经济一体化等新的形势，企业之间竞争加剧，联系增强，管理出现了深刻的变化与全新的格局。于是每一个企业为了生存和发展，都在寻找自己的发展道路，都在寻求一个适合于自己的发展模式，企业管理的实践，促成了管理新思想的不断涌现。

一、管理重点由基层向高层转移，由业务管理向战略管理转移，出现了“战略热”

从泰勒起到 20 世纪 50—60 年代开发出来的组织管理办法，基本上以提高企业内部效率为中心，按现代系统观点来看，属于“闭系统的管理方法”，即关起门来提高效率。可是到了环境多变的 70 年代，人们逐渐认识到：内部效率问题固然重要，但更重要的是紧跟环境的变化方向及时做出战略决策。只有在战略决策正确的前提下，提高效率才有意义；否则，战略决策错了，效率再高也于事无补，甚至可能失败更惨。企业如果跟不上环境的变化，那就非失败不可。为了谋求企业的长期生存发展，人们开始着眼长远规划、战略设计、建立竞争优势。效率问题基本上靠公司内的业务管理和技术管理来解决，更多属于中层和基层的工作；战略决策则属战略管理问题，主要依靠高层管理去解决。基于这种认识，企业管理工作的重心，就逐步转移到高层的战略管理上来。管理理论也跟着纷纷去研究战略管理问题，从而形成一股“战略热”。安索夫的《公司战略》一书的问世，开创了战略规划的先河。美国哈佛大学的管理学家波特提出了他的战略三部曲，其中对企业发展的战略思想影响比较大的是《竞争战略》和《竞争优势》这两本书，并已成为企业发展战略理论方面的经典著作。

二、强调注重“软”管理，把抓好“公司文化”作为管理的根本立足点

20世纪70年代以后，日本生产率以惊人的速度增长，日本产品大量打入美国市场，日本经济实力迅速上升，这大大促进了美国在比较管理学方面的研究。经过对日本管理进行深入研究，寻求其实质，发现日美管理的根本差异并不在于表面的一些具体做法，而在于对管理因素的认识有所不同。美国管理过分强调诸如技术、设备、方法、规章、组织机构、财务分析等这些“硬”的因素，而日本则比较注重诸如目标、宗旨、信念、价值准则等这些“软”的因素。在日本人看来，管理工作中关键的关键，是企业通过对全部职工的教育和包括领导者在内的身体力行，树立起大家共同遵守的信念、目标和价值观，形成一种“大家同心协力共赴目标”的精神状态。如果说美国人偏重于从经济学角度去考虑管理问题，那么日本人更偏重于从社会学角度去对待管理问题；如果说美国人在管理中注意的是“科学”因素，那么日本人更注意的是“哲学”因素。在这里，“科学”更多地被理解为自然科学和技术方法、理性分析方法，“哲学”则相对地指属于更高层次的理论和观念问题。

美国人同时对美国管理成功的大量企业做了调查。结果发现，美国成功的企业也普遍存在这种情况：它们也是首先抓这些“软”因素，即它们也把抓好“公司文化”作为管理的根本立足点。于是得出了一个结论：公司文化这类“软”因素是管理的核心因素，是管理成败的关键。由此，“公司文化热”兴起了。目前，企业文化在理论和实践方面均得到了长足的发展，企业文化不仅作为一种理论得到系统的研究，而且成为现代企业的一种战略在企业中实施，这标志着企业管理从物质的、制度的层面向文化层面发展，企业管理进入了新的发展阶段。

三、强调对人的作用的认识，提出了“人本管理”的新思想

“人本管理”在传统“以人为中心”的管理思想基础上进一步发展，将人的因素从单纯强调管理客体的地位上，提升到管理主体和管理目的的高度。20世纪中，管理学对人性的认识是一个逐步深化的过程。先后有“经济人”“社会人”“复杂人”等假设。“社会人”的相关理论及其发展，成为人本管理的立论基础。科学管理理论阶段强调“经济人”和物本管理理念，即假设人的行为驱动力是追求个人利益最大化，遵循效率、技能原则，强调以事、物为中心，人成为机器附属。行为科学管理理论阶段注重“社会人”与“人本管理”，即人的行为动机不只是追求金钱而是源于人的全部要求，强调营造和谐人际关系，调动人的积极性，主张管理活动以调动人的积极性为目的，

做好人的根本工作。知识经济和信息经济的发展，使人对自身创造能力的开发与挖掘日益关注为实现自我，提出了“能力人”和“能本管理”理论。人的价值观、创造性，人的潜力挖掘价值、人的价值的实现成为管理的落脚点。人本管理是在组织的活动中，从人性出发来分析问题，以人性为中心，按人性的基本状况来进行管理的管理方式，即把人视为企业的最重要资源，强调“依靠人的管理”和“服务人的管理”，通过激励，调动和发挥员工的积极性和创造性，挖掘员工的潜能；通过民主参与、个人职业生涯设计，引导员工进行决策，将个体行为纳入实现组织目标的轨道，实现员工的价值。“人本管理”理论的确立和发展是企业管理理论和实践的升华，在企业管理诸多方面实现了根本性的转变，包括运用团队建设、人力资本运作、劳动者权益保护、推行民主管理、企业文化建设、创造核心竞争力等等。

四、强调革命性的变革，提出了“企业再造”的新思路

20世纪90年代初，美国企业为挑战来自日本、欧洲的威胁提出了一种企业组织转型的新理论和新方法，由美国麻省理工学院的教授迈克尔·哈默（Michael Hammer）最先提出。他对再造工程下的定义是：“将组织的作业流程，做根本的重新思考与彻底翻新，以便在成本、品质、服务与速度上获得戏剧化的改善。”其中心思想是强调企业必须采取激烈的手段，彻底改变工作方法；强调企业流程要“一切重新开始”，摆脱以往陈旧的流程框架。企业再造是从市场需求出发，通过对企业的运作过程进行根本性的分析，对企业流程的构成要素进行重新组合和设计。企业再造对传统管理模式进行了变革：一是从传统的自上而下的管理模式改变为信息过程的增值管理模式，即衡量一个企业的有效性的主要标志是，当一个信息输入企业以后，管理环节是否会使每一环节对此信息加工增值，从工业的产品链到信息的价值链，形成一种企业价值的增值过程。二是企业再造不是在传统的管理模式基础上的渐进式改造，而是强调从根本上着手，建立在总结旧的工作流程经验的基础上，应用新技术，建立全新的工作流程。

长期以来，人们对生产经营系统、管理组织结构的变革都持一种比较慎重的态度，主张用改良、完善的办法来改善和加强企业管理，对管理组织结构也是要求保持稳定性和灵活性的统一，避免出现大的震动，造成工作秩序的混乱。而企业再造理论认为，在时代变迁的今天，传统的办法已成为束缚企业发展的桎梏，为适应新环境对企业生存和发展的要求，必须对企业的生产工艺流程、管理组织系统进行重组、再造。企业再造理论强调从硬、实的方面构建企业管理新模式，其基本思想是对企业的业务流程做根本的重新思考和彻底的重新设计，以业务流程重组为重点，以求在质量、成本和业务处理周期等绩效指标上取得显著改善。

企业再造工程在欧美企业受到高度重视，带来了显著的经济效益，涌现出大量成功范例，通过再造减少费用，提高顾客满意度。

五、提出了建立学习型组织，进行“五项修炼”的新理论

20 世纪 90 年代以来，知识经济的到来，使信息与知识成为重要的战略资源，相应诞生了学习型组织理论。学习型组织理论是美国麻省理工学院教授彼得·圣吉（Peter M. Senge）在他的著作《第五项修炼——学习型组织的艺术与实践》中提出来的。该书出版后，受到了管理学界和企业家们的广泛关注，于 1992 年荣获世界企业学会最高荣誉的开拓者奖，并被誉为“21 世纪的管理圣经”。

学习型组织理论认为：传统的组织类型已经越来越不适应现代环境发展的要求，未来真正出色的企业，将是能够设法使组织成员全心投入，并有能力不断学习的组织。学习型组织是指更适合人性的组织模式。这种组织由一些学习团队形成，有崇高而正确的核心价值、信心和使命，具有坚韧的生命力与实现共同目标的动力，不断创新，持续蜕变。在这种学习型组织中，人们胸怀大志，心手相连，脚踏实地，勇于挑战极限及过去的成功模式，不为近利所诱惑；同时，以令成员振奋的远大共同愿望以及与整体动态搭配的政策与行动，充分发挥生命的潜能，创造超乎寻常的成果，从而由真正的学习中体悟工作的真义，追求心灵的满足与自我实现，并与周围的世界产生一体感。

彼得·圣吉在《第五项修炼——学习型组织的艺术与实践》一书中提出的五项修炼，实际是改善个人与组织的思维模式，使组织朝学习型组织迈进的五项技术。作为一个整体，它们是紧密相关、缺一不可的。这五项修炼是：

（1）自我超越。自我超越的修炼是学习不断厘清并加深个人的真正愿望，集中精力，培养耐心，并客观地观察现实。它是学习型组织的精神基础。组织整体对于学习的意愿与能力根植于个别成员对于学习的意愿与能力。

（2）改善心智模式。心智模式是根深蒂固于心中，影响我们如何了解这个世界，以及如何采取行动的许多假设、成见甚至图像、印象等。

（3）建立共同愿景。共同愿景指的是一个组织中各个成员发自内心的共同目标，在一个团体内整合共同愿景，涉及发掘共有“未来景色”的技术，帮助组织培养其成员主动而真诚地奉献和投入。

（4）团队学习。团体的智慧总是高于个人的智慧。当团体真正在学习的时候，不仅团体能产生出色的效果，其个别成员的成长速度也比其他的学习方式快。

（5）系统思考。企业和人类的其他活动一样，也是一种系统，也都受到细微且息息相关的行动所牵连，彼此影响着，因此，必须进行系统思考修炼。

六、努力探求外部环境、内部条件与管理目标三者之间的动态平衡

从上面对管理学的发展历史的梳理可以看出，管理的实质是探求外部环境、内部条件与管理目标三者之间的动态平衡，企业管理理论和实践的探索表现出如下特征：

(一)企业管理国际化

进入21世纪以来，企业管理国际化的趋势凸显出来，企业的生存空间被拓展到全球。竞争的国际化使每个企业既受到挑战，同时也面临新的机遇，国际化为企业发挥特殊能力提供了新的空间。首先，电子信息技术的发展使企业在产品生产和供应方面的地理概念基本消失，时间差缩小至最低程度。其次，国际贸易的发展使产品在国家之间的流动变得非常容易和方便，使资金流动和商品流通趋向全球化。最后，企业的跨国经营、全球的兼并重组浪潮导致企业跨国界、跨文化、跨产业管理替代了以往的“家族中心主义”“国土本位主义”或“民族中心主义”。企业管理必须树立全球观念，面向全球化市场，企业管理思想、模式、人员和方式的多样化、共融化成为必然的结果。

(二)企业管理信息化

随着信息技术的推广应用与信息资源的开发利用，管理信息化正在往广度和深度发展，并进入了管理活动与业务活动综合信息化的新阶段。信息管理渗透于企业各项管理和全部过程。诸如EDI(电子数据交换)、MIS(管理信息系统)、ERP(企业资源计划)、CRM(客户关系管理)的大量应用，极大地提高了企业管理工作的效率。信息系统已成为企业的神经系统，成为企业未来发展与成功的基石。

(三)企业管理柔韧化

21世纪，人们称为“10倍速时代”。市场复杂多变，且变化的速度在日益加快，企业只有快速反应、快速应变才能生存。企业行为不仅要比价格、质量和服务，还要比反应、比速度、比效率。企业快速反应能力的建立成为管理理论研究的新领域。管理柔韧化必须建立具有应对市场变化的柔性化战略体系，使企业的战略更具有弹性。战略弹性是企业依据自身的知识能力，为应付不断变化的不确定情况而具有的应变能力，这些知识和能力由人员、程序、产品和综合的系统所构成。战略弹性由组织结构弹性、生产技术弹性、管理弹性和人员构成弹性所组成。管理柔韧化要求能够更敏锐地预测和预见未来，抓住时机、果断决策，使企业始终和市场的变化同步。

(四)企业管理创新

21世纪是多变的世纪，变是永恒的真理。任何已有的和常规的管理模式都将最后被创新的管理模式所取代，管理创新是管理的主旋律。所谓创新型管理，第一，能够适应经营环境的急剧变化，不断进行战略创新、制度创新、组织创新、观念创新和市场创新，把创新渗透于整个管理过程之中，变革和创新成为常规化管理职能。第二，管理者将成为创新者。越来越自动化的管理信息系统，将管理者从手工劳动中解放出来，从而使他们将更多的时间和精力用于创造性活动，研究新问题、新动向、新思路，成为创新型的工作者。第三，企业为全体员工创造才能的自由发挥建立新的机制，面对未来，充分挖掘员工的潜能和创造力。第四，培育有独特个性的企业核心竞争力，使企业更具个性化、活力化，成为能够创造出与众不同的产品和独具特色的经营方式的企业。

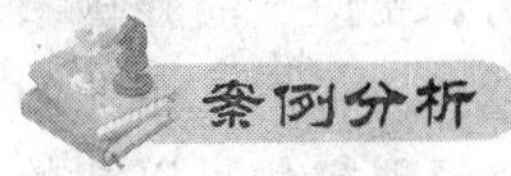

韩国大宇集团的兴衰史

大宇集团的创建人是集团公司董事长金宇中。1967 年金宇中 31 岁时创建了一个仅有 500 万韩元的小服装店，1968 年建成第一家纺织厂，1971 年大宇实业公司因开发新衬衫而开始向国外出口服装，并取得对美国出口的垄断权。创业者金宇中具有优秀企业家的许多特质。例如：金宇中是一个工作狂，他常说："我总是热衷于工作。如果发疯似的热衷于工作，就一定能开辟道路。"由于拼命工作，他千方百计利用时间，早饭在上班的车内吃，胡子也是在车内刮。总经理会议早晨举行，白天洽谈工作和生意。到海外出差时，利用时差昼夜工作。金宇中还是一位勇敢的开拓者。为了拓展事业，他相继收购和兼并了一些重化学工业公司，1973 年兼并东洋投资金融公司，1976 年收购韩国机械有限公司，1978 年收购玉浦造船厂，1982 年并购大宇开发有限公司，1986 年收购比利时石油精炼厂等。金宇中还把大宇办成韩国的跨国企业，成为韩国企业向海外扩展的先锋。大宇成为韩国首先向投资风险大的东欧国家和中亚国家进行投资的公司，大宇集团在波兰和乌兹别克斯坦都建立了独资和合资企业。

金宇中以一生的精力，创造了大宇集团的辉煌业绩。大宇公司成为世界 500 强企业，拥有机械、汽车、造船、化学、家电、电子、贸易、金融等行业，成为遍布亚洲、欧洲、非洲、美洲的世界性跨国公司。1997 年美国《幸福》杂志公布的全球 500 强企业排名，大宇集团排名第 18 位，销售额为 715 亿美元，资产总额为 448 亿美元。

1996 年，没有人预测到 1997 年会发生亚洲金融危机。大宇集团作为一艘巨大的"航空母舰"仍在自己开辟的航道上乘风破浪，勇往直前。1996 年大宇集团在金宇中的领导下向世人展现了大宇五年内的目标和计划。

（1）至 2000 年，5 年内大宇的销售额增长 550%，达到 1 720 亿美元。其中，海外销售额包括出口及海外当地生产将达到 712.5 亿美元。为达到此目标，大宇将把目前仅有的 257 个海外办事处及生产销售者工厂扩展到 657 个，组成庞大的全球性经营网络。具体包括 330 个贸易办事处、60 个建筑公司、100 个电子通信办事处及生产工厂 7 家、80 个汽车办事处及法人、33 个重工业办事处及法人、47 个金融及其他法人等。

(2) 至2000年的5年，是大宇集团实施全球化目标的重要阶段。大宇集团计划在2000年把目前在亚洲及太平洋地区的办事处、法人及生产工厂从104个增加到194个。大宇计划在中国筹建18个办事处及生产工厂，经营电子、汽车、建筑、贸易及金融等；计划在缅甸兴办8家工厂，致力于轻工业及电子、铬镍铜业等；计划在东南亚和越南兴办电子及配件厂；计划在日本福冈发展第一产业产品的生产。

在美洲地区，大宇集团将把在当地工厂数量从53个增加到126个。大宇在美洲地区不仅销售电子、汽车，而且将把该地区视为世界贸易物资交流的中心地域。大宇正在准备扩大南美地区的电子及汽车市场，计划在中南美地区兴办电子及汽车生产工厂，在墨西哥进一步拓展家电工业园区，并加紧建设汽车及重工业生产工厂。

在欧洲及独联体国家，大宇集团已把在那里的生产厂家从62个增加到180个。大宇的计划目标是最终在全欧洲及独联体国家建成大宇集团的研究开发、生产、销售、贸易、金融等全套体系的经销网。在西欧，大宇致力于增加研究开发中心和生产厂家，进一步搞活汽车销售，建立广泛的售后服务体系；在东欧，大宇致力于收购当地的现存企业，兴办金融机构；在独联体国家，大宇集团重点推进汽车生产及汽车和电子的销售。

在非洲及中东地区，大宇集团的经销网已从38个扩大到150个。在非洲，大宇主要活动在苏丹、阿尔及利亚、南非、尼日利亚、喀麦隆。大宇不仅通过贸易，而且利用非洲大陆的电子、建筑、汽车经销网，以便最终建成大宇在非洲的生产和销售网。大宇在中东地区，重点兴办贸易、建设、电子、汽车经营业务。

从以上五年中的计划目标可以看出，大宇集团要建成全球性跨国公司、一体化金融体系、世界级的经销商。

金宇中集一生精力创建了大宇集团的辉煌。大宇集团下属有41家公司，1997年年底大宇约有26万职工。金宇中本人不像其他韩国财阀那样，由创业者的儿子和兄弟担任有关企业的总经理，进行家族式经营，他基本上没有把自己的亲属安排到大宇集团的管理层中。他采用的是事业部制。在大宇集团内部，董事长金宇中至高无上，大权独揽，特别是有关开辟新事业、新领域、新项目、新市场的重大决策以及资金筹措的重大决策，最终都由金宇中一个人说了算，董事会和总裁都要听命于他，更不用说大宇集团公司的职能部门及各事业部的首脑以及下级公司的经理们。

大宇集团的辉煌业绩，与金宇中重视科技的投入有关，与他重视职工队伍的素质提高有关。1991年大宇集团的科研投资是213百万美元，占总销售额的2.44%，1994年达到640百万美元，占总销售额的3.89%。科研人员从1994年的6 892人增加到1999年的16 840人，增加率为144%。

1997年亚洲爆发了金融危机。外国银行和机构投资者开始撤走资金。大宇集团的筹资状况趋向恶化。在过去宏观经济景气的条件下，韩国国内金融机构大量借入海外资金，并把这些资金贷给像大宇这样的财阀企业。大宇集团出现了资本结构放大的投资收益率。但是金融危机爆发以后，大宇集团的高负债率造成巨额债务负担，赢利的减少又造成股价的下降，投资遭受巨大的打击。为了渡过难关，大宇集团决定把下属公司从41家裁减到12家，以实现重建大宇。但是到1999年8月，大宇集团的12家公司的负债额超过了86万亿韩元（大约800韩元兑换1美元），而全部资产不足25万亿韩元。由于资不抵债，回天无力，自主重建大宇的计划未能实现。1999年11月，金宇中决定辞职。大宇下属的12家公司的总经理也全部辞职。大宇集团的问题交给债权银行和政府来处理。至此，大宇集团这艘被誉为“不沉的航空母舰”开始沉没，金宇中一生构筑的大宇集团发展神话彻底破灭和终结。

为处理大宇集团的善后问题，韩国政府采取使大宇慢慢解体的办法。如果大宇集团下属公司相继破产，则不仅韩国，而且外国银行的债权都会成为不良债权，这样可能会造成金融动荡。

可以这样断言：作为韩国企业发展的典型代表之一的大宇集团的兴衰，是象征韩国式财阀经济和垄断式管理开始反思和转变的重大事件。

（资料来源：唐锦忠．公司治理：一道企业家迈不过的坎．北京：机械工业出版社，2011）

案例思考：

1. 金宇中作为大宇集团的创业者和最高领导者，其管理风格与一般领导者有何不同？

2. 金宇中把大宇从一个小服装店创建成世界500强的大型跨国公司，他在管理中最注重的管理技能是什么？

3. 1997年亚洲金融危机的爆发，使大宇集团面临的形势和环境发生突变，对大宇的管理模式提出了严酷的挑战。从管理角度分析大宇集团崩溃的主要原因。

第三章 现代企业制度

学习目标

1. 理解现代企业制度的内涵。
2. 理解并掌握现代企业制度的特征。
3. 掌握现代企业治理结构。
4. 理解外部环境对企业建立规范的现代企业制度的重要性。
5. 理解并掌握我国国有企业转企改制的意义和历程。

第一节 现代企业制度的概念与特征

一、现代企业制度的内涵

(一) 现代企业制度的概念

现代企业制度是以企业法人制度为基础，以企业产权制度为核心，以产权明晰、权责明确、政企分开、管理科学为条件而展开，由各项具体制度所组成的，用于规范企业基本经济关系的制度体系。它是为适应我国国有企业制度创新的需要而提出来的特定概念，是企业制度的现代形式。

(二) 现代企业制度的含义

1. 现代企业制度是企业制度的现代形式

企业制度不断发展变化，现代企业制度是从原始企业制度发展来的，是商品经济或市场经济及社会化大生产发展到一定阶段的产物。现代企业制度中的“现代”一词具有双重含义：一是相对我国原有的产品经济体制条件下的传统企业制度而言；二是相对企业组织发展史的角度而言，企业组织形式的发展经历了从独资企业到合伙企业再到公司企业的过程。公司企业是进入现代社会后才大量发展起来的，它是一种现代的企业组织形式。相对我国传统的企业制度而言，建立现代企业制度的一项重要内容是要对多数国有企业进行公司制改组，但现代企业制度并不仅仅适用于国有企业，它同样适用于非国有企业。现代企业制度下的企业组织形式不仅包含股份有限公司和有限责任公司，还包括能够适应现代市场经济体制要求的其他企业组织形式，如无限公司、两合公司、股份两合公司、独资企业和合伙企业等。这个判断有利于我们把握现代企业制度的动态性和可变性，有利于我们避免将现代企业制度理解为一种固定、僵化的模式。

2. 现代企业制度是由若干具体制度相互联系而构成的系统

现代企业制度是一种制度体系。现代企业制度不是企业的某一种制度，而是企业以及涉及企业的一系列制度和制度环境的统称，是现代企业法人制度、现代企业产权制度、现代企业组织领导制度、现代企业管理制度等有机耦合的统一体。这层含义有利于防止把建立现代企业制度简单地理解为公司化的倾向，有利于用新的观点来审视我国已经改建成的股份有限公司和有限责任公司及正在进行的企业转机建制实践，有利于加深对建立现代企业制度的复杂性和艰巨性的理解。

3. 企业法人制度是现代企业制度的基础

现代企业法人制度是企业产权的人格化。企业作为法人，有其独立的民事权利能力和民事行为能力，是独立享受民事权利和承担民事义务的主体。规范和完善的法人企业享有充分的经营自主权，并以其全部财产对其债务承担责任，而终极所有者对企业债务责任的承担仅以其出资额为限。所以，正是在现代企业法人制度的基础上，才产生了有限责任制度。我们强调建立现代企业制度，转换国有大中型企业经营机制，实质内容之一就是在我国确立规范、完善的现代企业法人制度，使国有大中型企业成为自主经营、自负盈亏、自我约束、自我发展的市场竞争主体，使作为终极所有者的国家承担有限责任。

4. 产权制度是现代企业制度的核心

产权亦即财产权。构成产权的要素有所有权、占有权、处置权和收益权等。现代企业制度是以终极所有权与法人财产权的分离为前提的。现代企业产权制度就是企业法人财产权制度，在此制度下，终极所有权的实现形式主要是参与企业的重大决策，获得收益；法人企业则享有其财产的占有权、处置权等。这是用建立现代企业制度去改造我国国有企业的核心所在。因为只有建立现代企业产权制度，才能使国家公共权力与法人企业民事权利分离开来，才能使全民所有权（国家所有权）与法人企业财产权分离开来，才能使政企真正分开。

5. 现代企业制度以公司制为主要组织形式

公司制是现代企业制度的主要组织形式，但现代企业制度不等于现代企业组织形式。公司制度是一种现代的企业组织形式，它仅仅是现代企业制度的一项组成内容，而不是唯一内容。在我国建立现代企业制度主要是针对我国国有企业改革的问题而提出来的。对于我国国有企业的改革而言，确实主要是应该建立现代公司制度。现代公司制主要是指股份有限公司和有限责任公司。从这个意义上讲，建立现代企业制度主要是公司化。这里包含两层意思：一是不能认为，建立了公司制就建成了现代企业制度，因为它还有其他丰富的内容；二是股份有限公司和有限责任公司只是现代企业制度的典型形式，即并非其他符合现代企业制度内容的形式不算现代企业制度。强调这一点是重要的，因为我们要在绝大多数国有企业中建立现代企业制度，但并不是把它们都改成股份有限公司或有限责任公司，还可以探索其他有效形式。

二、现代企业制度的特征

现代企业制度的基本特征概括起来就是产权明晰、权责明确、政企分开、管理科学。

（一）产权明晰

产权明晰是指要以法律的形式明确企业的出资者与企业的基本财产关系，尤其要明确企业国有资产的直接投资主体，彻底改变原来的那种企业的国有资产理论上出资者明确、实践上出资者含糊，没有人格化的投资主体，无人负责，哪个政府部门都可以代表国有资产出资者来行使一部分国有资产产权的权能而又谁都不必为国有资产负责的状况，明确国家作为企业国有资产出资者的有限责任，彻底改变国家对企业的债务实际上承担无限责任的状况，以确保国有资产的合法权益。

产权明晰主要有三方面内容。

(1) 国有企业产权明晰的首要的也是最起码的要求，是要弄清“家底”，即弄清每个国有企业的资产总额，包括流动资产、固定资产、无形资产及其他类别的资产。这里特别重要的，是要符合建立社会主义市场经济体制的要求，通过资产评估，按照法定程序，运用科学方法，对资产某一时点的价格进行评定和估算。为此，就必须建立包括资产评估的主体、客体、目的、程序、标准和方法在内的要素体系。它不仅是国有资产保值增值的前提，而且是推行多种改革形式的一般前提。

(2) 国有企业产权明晰的第二个内容，是要明确资产所有者代表。国有资产的所有者是全民，社会主义国家是全民的代表。这是清楚的。但是如果要问，谁代表国家来行使国有资产的所有者职能？怎样落实国有资产的管理、监督和经营责任制，明确责、权、利关系？答案就变得十分不确定，十分抽象，十分不清晰了。从所有者（所有权）归根到底要决定和制约经营者（经营权）这个意义上说，所有者代表缺位，甚至千呼万唤难寻觅的状况，是国有资产实现保值增值的最根本障碍，也是国有资产流失的最危险根源，是体制性的缺陷。国有资产代表不确定，或者定位不准确，以经营国有资产为目标的国有企业不可能真正成为独立的法人实体和市场竞争主体。

(3) 国有企业产权明晰的第三个内容，涉及对“产权明晰”的动态理解。对“产权明晰”的理解，不深入到产权流动、产权交易（这是社会主义市场经济条件下产权流动的一般形式）以及在市场机制作用下资源的优化配置这个层次，那就是为明晰而明晰，失去了最重要的经济意义。在社会主义市场经济条件下，加快国有资产流动，积极而又慎重地推进产权交易，具有重大的理论与实践意义。从历史与现实来看，这是对长期旧的体制所形成的非市场化资源配置方式、非集约型的生产力布局以及不合理产业结构所进行的根本变革。只有通过这种根本变革，才能实现资产存量的分解和组合，才能以现有企业为基础充分利用现有的生产能力进行扩大再生产。从未来发展来说，资产流动和产权交易，不仅丝毫不会减弱其作用，而且将越来越成为提高国民经济运行质量的大杠杆。人类历史上发生的几次产业革命，推动经济飞跃的几次浪潮，其实质内容都是在新技术革命引导下所进行的资源重新配置，是产业结构的升级。如果没有产权交易，如果资产不能流动，那么上述这一切都将成为空话。

国有企业建立现代企业制度，应该明确企业与其所有者之间的基本财产关系，理顺企业的产权关系。企业中的国有资产属全民所有，即国家所有，由代表国有资产所有者的政府授权的有关机构作为投资主体，对经营性国有资产进行配置和运用，作为企业中国有资产的出资人，依法享有出资者权益，并以出资额为限对企业承担有限责任。

产权不明晰往往造成企业产权在变动过程中无人对其真正负责的情况，国有产权的合法权益得不到有效保障，资产经营效率低下，国有资产从各种途径流失严重，企业的相关各方权责不明确，对企业资产产权归属发生纠纷。而在明晰产权的过程中，也有可能会造成一部分国有资产的流失，这就要求我们尽快明晰企业国有产权，确立国有资产的投资主体，并采取其他一系列办法去有效地防止在明晰产权、产权变更过程中的国有资产的流失，更要加快、深化企业改革，加强企业管理，提高企业的经济效益，以防止国有资产的流失。

（二）权责明确

权责明确是指要在产权明晰、理顺产权关系、建立公司制度、完善企业法人制度的基础上，通过法律法规确立出资人和企业法人对企业财产分别拥有的权利、承担的责任和各自履行的义务。公司制度、法人制度与有限责任制度是现代企业制度在组织方面的三个典型特征，也是权责明确的基础。

企业的出资人要按照其对企业的出资依法享有股东的各项权利，同时也要以其出资额为限对企业债务承担有限责任。代表国家的政府作为企业国有资产的出资人，要改变原有的那种对企业实行所谓的“父爱主义”的做法，切实转变国有企业预算约束软化的问题，不再对企业的债务承担实际上的无限责任。出资人不直接参与企业的具体经营活动，不能直接支配企业的法人财产。

企业拥有法人财产权，以全部法人财产独立享有民事权利、承担民事责任，依法自主经营。企业以独立的法人财产对其经营活动负责，以其全部资产对企业债务承担责任。通过建立企业法人制度和公司制度形成企业的自负盈亏机制和对企业经营者的监督机制。同时，企业法人行使法人财产权，这种法人财产权形成和确立的组织基础也是公司制度和企业法人制度。企业法人财产权的行使要受出资人所有权的约束和限制，必须对出资人履行义务，依法维护出资人权益，对所有者承担资产保值增值的责任，而不是以损害出资人的合法权益为前提。

（三）政企分开

政企分开是指在理顺企业国有资产产权关系、产权明晰的基础上，实行政府与企业的职能分离，建立新型的政府与企业的关系。

实行政企分开，建立政府与企业之间的适应社会主义市场经济体制的新型的政企关系，要求在明晰企业产权的基础上，实行政府对企业的调控、管理和监督。

政企分开包括两方面内容。

(1) 要把政府的社会经济管理职能和国有资产所有权职能分开，积极探索国有资产经营的合理形式和途径，通过构筑国有资产出资人与企业法人之间规范的财产关系，强化国有资产的产权约束。政府与国有企业的关系，从社会经济管理者和被管理者的角度看，要用行政法来调整；从国有资产所有者和法人财产支配者的角度看，要用民法来调整。

(2) 要把政府的行政管理职能和企业的经营管理职能分开。政府主要通过法律法规和经济政策等宏观措施，调控市场，引导企业；政府对企业的监督管理有些可通过诸如会计师事务所、律师事务所等中介组织来实现，通过中介组织沟通政府与企业间的联系，当然确立中介组织的中立地位，中介组织的规范、自律、守信用等都是目前迫切需要解决的问题；要取消企业与政府之间的行政隶属关系和企业的行政级别，对企业的管理人员不应像对国家公务员那样进行管理；要规范国家与企业的分配关系，政府依法收税，企业依法纳税；要把企业承担的政府和社会职能分离出去，分别由政府和社会组织承担。

在传统的产品经济体制下，并不存在真正意义上的企业，这种体制下企业实际上只是政府行政机构的附属组织，是政府的一级基层组织。企业都有一定的行政级别，企业的管理人员也都有一定的行政级别。而国家实际上成为一个大企业，党的政治局相当于这个大企业的董事会，国务院相当于这个大企业的经理层或执行委员会，各政府部门相当于这个大企业中的部门。与企业政府化相对应的是企业决策的集中化，政府对国有企业采取的是一种国有国营的方式，国家直接插手企业的日常生产经营管理活动，企业的各项基本生产经营决策都无权自主地做出，一切都得听命于有关的政府部门，企业在生产中遵循的是下级服从上级，执行政府下达的指令性计划，企业没有作为一个企业所应该具有的一系列生产经营自主权。长期以来，政府对国有企业的管理采取的是一种非法制化的管理办法，似乎无论哪个政府部门都有权向企业发号施令，直接干预企业的日常生产经营管理事务，政府的行政管理职能与所有者职能被混淆。

我国的经济体制改革一直强调以增强企业活力、搞好国有大中型企业为中心环节，也一直强调政企职责分开。可是，时至今日，政企分开仍然是一个需要解决的大问题。这里的关键问题在于：政企分开的基础是产权明晰、政资分开，政企一直难以真正分开的根源在于产权不明晰、政资不分。正如前述，企业国有资产的投资主体不明确，无论哪个政府部门都有机会直接向企业发号施令，直接干预企业；政府作为企业出资者的所有者职能与政府作为社会公共事务管理者的一般行政职能不分，是造成政企不分的体制根源。

(四) 管理科学

管理科学是指要把改革与企业管理有机地结合起来，在产权明晰、政企分开、责权明确的基础上，加强企业内部管理，形成企业内部的一系列科学管理制度，尤其要形成企业内部涉及生产关系方面的科学的管理制度。

管理科学是建立现代企业制度的保证。一方面，要求企业适应现代生产力发展的客观规律，按照市场经济发展的需要，积极应用现代科技成果，在管理人才、管理思想、管理组织、管理方法、管理手段等方面实现现代化，并把这几方面的现代化内容同各项管理职能有机地结合起来，形成有效的现代化企业管理；另一方面，还要求建立和完善与现代化生产要求相适应的各项管理制度。主要包括以下内容。

1. 现代企业领导制度

企业领导制度的核心是对企业内部领导权的归属、划分及如何行使等所做的规定。管理科学要求改革企业领导体制，建立和实行科学规范的公司治理。科学规范的公司治理是确立公司制度、实现公司正常运转和有效经营的基本保障，既是公司制改造的重要方面，又是国有企业改组为公司的一个难点，其中关键的问题是原有的那种适应产品经济体制要求的企业领导制度向能够适应社会主义市场经济体制要求的企业领导制度转变。要根据决策权、执行权、监督权相互分离、相互制衡和相互配合的原则，建立由股东会、董事会、监事会和经理层组成的法人治理结构，不同的机构权责明确，各司其职，相互制衡、相互配合，分别行使决策、监督和执行权。这从企业内部而言，也是权责明确的一个方面。建立科学完善的企业领导制度是搞好企业管理的一项最根本的工作。现代企业领导制度应该体现领导专家化、集团化和民主化的原则。

2. 现代企业劳动人事制度

企业劳动人事制度是用来处理企业用工方式、工资分配以及企业法人、经营者与劳动者在劳动过程中所形成的各种经济关系的行为准则。建立与市场经济要求相适应的、能促进企业和劳动者双方相互选择、获得最佳经济效益和社会效益的市场化、社会化、法制化的企业劳动、人事和工资制度，从而实现劳动用工市场化、工资增减市场化、劳动争议仲裁法规化，是建立现代企业制度的重要内容。

在市场经济条件下，企业实行市场化用工，即实行企业与职工双向选择的企业自主用工、劳动者自主择业的用工制度，并打破身份界限，实行能者上、庸者下的管理人员聘任制度。

现代企业根据劳动就业供求状况和国家有关政策规定，由董事会自主确定本企业的工资水平等内部分配方式，实行个人收入货币化和规范化。职工收入依岗位、技能和实际贡献确定，高层管理人员的报酬由董事会决定，董事、监事的报酬由股东会决定，兼职董事和监事实行津贴制度。

3. 现代企业财会制度

现代企业财会制度是用来处理企业法人与国家、股东、劳动者之间财会信息沟通和财产分配关系的行为准则，以保护股东和国家的利益不受侵犯。

现代企业财会制度应充分体现产权关系明晰、财会政策公平、企业自主理财并与国际惯例相一致的原则。现代企业有充分的理财自主权，包括自主的市场取向筹资、自主投资、资产处置、折旧选择、科技开发费提取以及留用资金支配等权利。现代企业有健全的内部财会制度并配备合格的财会人员。其财务报告须经注册会计师签证，上市公司要严格执行公开披露财务信息的制度。

4. 现代企业破产制度

破产制度是用来处理企业在生产经营过程中形成的各种债权债务关系，维护经济运行秩序的法律制度。它不是以行政命令的方式来决定企业的存亡，而是以法律保障的经济运行方式“自动”筛选和淘汰一些落后企业，为整个经济运行提供一种优胜劣汰的途径。

第二节 现代企业的公司治理结构

现代企业所有权与控制权相分离的特点，必然要求在所有者与经营者之间形成一种相互制衡的机制，依靠这套机制对企业进行管理和控制，这套机制被称为公司治理结构，又称为法人治理结构。公司治理结构的重要性在于，它是现代企业运行和管理的基础，在很大程度上决定了企业的效率。良好的公司治理结构可以激励董事会和经理层通过更有效地利用资源去实现那些符合公司和股东利益的奋斗目标。

一、公司治理结构的内涵

尽管公司治理结构如此重要，而且这一术语被广泛使用，但迄今为止并没有形成一个统一的定义。1999 年，由 29 个发达国家组成的经济合作与发展组织（OECD）理事会通过了《公司治理结构原则》。该《原则》对公司治理结构界定为：“公司治理结构是一种据以对工商公司进行管理和控制的体系。公司治理结构明确规定了公司的各个参与者的责任和权利分布，诸如董事会、经理层、股东和其他利益相关者。并且清楚地说明了决策公司事务时所应遵循的规则和程序。同时，它还提供了一种结构，使之用以设置公司目标，也提供了达到这些目标和监控运营的手段。”

具体而言，公司治理结构是有关所有者、董事会和高级执行人员即高级经理人员和其他利益相关者之间权力分配和制衡关系的一种制度安排，表现为明确界定股东大会、董事会、监事会和经理人员职责和功能的一种企业组织结构。从本质上讲，公司治理结构是企业所有权安排的具体化，是有关公司控制权和剩余索取权分配的一整套法律、文化和制度性安排，这些安排决定了公司的目标、行为，决定了在公司的利益相关者中在什么状态下由谁来实施控制、如何控制、风险和收益如何分配等有关公司生存和发展的一系列重大问题。

一般而言，理想的公司治理结构标准包括以下三个方面内容。

（1）应能够给经营者以足够的控制权自由经营管理公司，发挥其职业企业家的才能，给其创新活动留有足够的空间。

(2) 保证经营者从股东利益出发而非只顾个人利益使用这些经营管理公司的控制权。这要求股东有足够的信息去判断他们的利益是否得到保证、期望是否正在得到实现。如果其利益得不到保证、期望难以实现，股东有果断行动的权力。

(3) 能够使股东充分独立于职业企业家，保证股东自由买卖股票，给投资者以流动性的权利，充分发挥开放公司的关键性优势。

显然，这些理想要求或标准在实际中很难完全实现，因为它们常常是冲突和矛盾的，而公司治理结构就是要在各利益相关者的权力和利益的矛盾中寻求动态平衡。

正是公司治理结构这种动态平衡的内在要求，决定了公司治理结构的灵活性。这种灵活性一方面表现为一个公司的治理结构不是一成不变的，需要根据企业外部环境和内部条件的变化不断完善和改进。这个完善和改进的过程在很大程度上表现为职业企业家控制权的动态调整过程，表现为利用控制权调整激励约束企业家行为的过程，进而表现为企业效率的改进过程。公司治理结构灵活性的另一方面表现为不同公司的治理结构的差异性，这种差异性进一步影响了公司竞争力。虽然经济理论和法律研究确定了关于公司治理结构的一个基本框架（例如 OECD 给出的《公司治理结构原则》），为股东、董事会和经理人员之间关系的确定提供了一个基本规范，但具体到各个国家的各个公司的治理结构，有关三者之间关系的规定常常是不尽相同的。例如，关于公司的兼并、收购事宜，有的公司由股东大会直接决定，有的公司则授权董事会决定；关于高层执行官员的任命，多数公司授权董事会，有的公司则由股东大会自己掌握批准权；有的公司董事会只任命一个首席执行官员或总经理，其他高层经理人员由总经理选择，而有的公司的所有高层经理人员都由董事会直接任命。

二、公司治理结构的具体内容

（一）公司治理结构的组织形式

公司治理的组织制度坚持决策权、执行权和监督权三权分离的原则，由此形成了公司股东大会、董事会和监事会并存的组织框架（见图 3-1）。

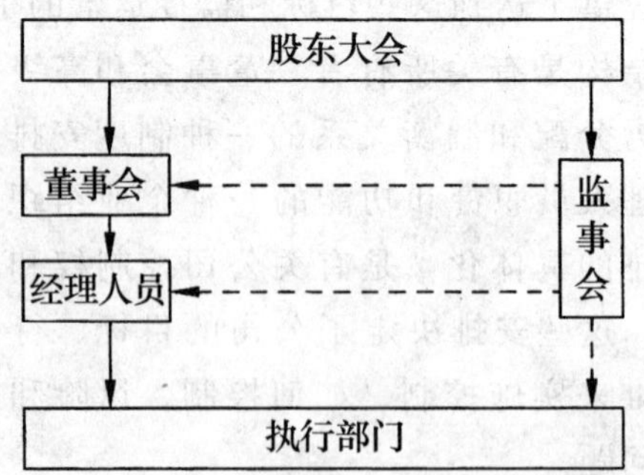

图 3-1 公司治理结构的组织形式

公司组织机构通常包括股东大会、董事会、监事会及经理人员四大部分。按其职能分别形成决策机构、监督机构和执行机构。

(1) 决策机构。股东大会及其选出的董事会是公司的决策机构，股东大会是公司的最高权力机构，董事会是股东大会闭会期间的最高权力机构。

(2) 监督机构。监事会是由股东大会选举产生的，对董事会及其经理人员的活动进行监督的机构。

(3) 执行机构。经理人员是董事会领导下的公司管理和执行机构。

这种组织制度既赋予经营者充分的自主权，又切实保障所有者的权益，同时又能调动生产者的积极性，因此，它是现代企业公司治理制度不可缺少的内容。

(二) 法人治理结构内部的制衡关系

在公司的法人治理结构中，股东大会、董事会、高层经理人员、监督、监事会之间存在着密切的但又性质不同的关系，只有明确划分股东大会、董事会、经理人员和监事会的权利与责任，才能形成法人治理结构的制衡关系。

1. 股东大会与董事会之间的信任委托关系

在公司的法人治理结构中，董事会受股东大会的信任委托，托管公司的法人财产和负责公司经营，成为公司的经营决策层。这种关系是一种信任委托关系，主要表现在以下三个方面。

(1) 董事会受股东委托来经营公司。这样，它就成为公司的法定代表，其行为对全体股东负责。股东既然将公司交由董事会托管，就不再直接干预公司的管理事务，也不能以商业经营原因，如正常的经营失败来解聘董事。但当董事会成员玩忽职守、滥用职权，未尽到受托责任时，股东就可以起诉董事，或不再推举他们连任。不过选举不能由单个股东决定，而要取决于股东大会投票的结果。个别股东如对受托董事的治理绩效不满意，还可以“用脚投票”，即转让自己的股权脱离该公司。

(2) 受托经营的董事不同于受雇的经理人员。董事会只是全体股东的代表，为全体股东的利益行使公司的经营权利。在有限责任公司的情况下，由于股东人数较少，董事会成员大多具有股东身份，意味着大股东直接控制公司；在股份有限公司的情况下，由于股权分散化，董事会主要由经营专家以及社会人士组成。

(3) 在法人股东占主导地位的情况下，大法人股东一般会派出自己的代表充当被持股公司的董事。

2. 董事会与经理人员之间的委托代理关系

董事会以经营管理才能和创利能力为标准，挑选和任命本公司的经理人员。经理人员，特别是总经理，作为董事会的议定代理人，拥有管理权和代理权。管理权是指经理人员对公司内部事务的管理职能；代理权是指经理人员在诉讼方面及诉讼之外的商业代理权。这种委托代理关系有其明显的特色，表现在以下两个方面。

(1) 经理人员作为聘用代理人，其权力受到董事会委托范围的限制。如经营方向、经营策略、公司财产处置等方面的限制。主要包括法律限制和意定限制两个方面。法定限制是指来自法律与公司章程方面的限制；意定限制是指由董事会的授权范围和决定所形成的限制。

(2) 公司对经理人员的聘用是有偿的和约束的，具体表现为奖励或解聘。公司法人治理结构中的董事会和经理人员的这种委托代理关系表明，董事会的主要职能已从经营管理转为战略决策和对执行管理职能的经理人员的制约作用。加强对经理人员的约束和激励，是完善公司法人治理结构中制衡关系的重要一环。

在这种委托关系中，委托人和代理人各自追求的目标是不同的。作为委托人的股东要求经理人员尽心尽力，完成职责，执行好经营管理的职能，为公司获取更多的可分配利润，而作为代理人的高层经理人员所追求的，是其自身的人力资本（知识、才能、社会地位）的增值和提供人力资本所取得的收入最大化。为实现各自的追求，董事会特别需要建立一套有效的约束与激励机制，根据经理人员的工作绩效（包括公司的赢利状况、市场占有率等）对他们进行激励。激励形式包括薪金、奖金、在职消费、公司股票或股票期权。高层经理人员客观上要受到商品市场、资本市场和经理人员劳动力市场三重市场竞争机制的约束。

3. 股东大会、董事会与经理人员、监事会间的相互制衡关系

股东大会、董事会与经理人员、监事会之间的相互制衡关系表现在以下三方面。

(1) 股东大会作为公司的最高权力机构，掌握着公司最终的控制权，他们可以决定董事会的人选，并有推举或不推举直至起诉某位董事的权力。但是，一旦授权董事会负责公司经营决策后，股东就不能随意干预董事会的决策。董事会作为公司的经营决策机构，职权也受到一定的约束：第一，董事会作为公司的法定代表机构，不得从事与公司业务无关或有损公司利益的活动，否则将被股东起诉或罢免；第二，董事会不能超越股东大会的授权范围行事；第三，董事会要接受股东大会和监事会的检查与监督。

(2) 经理人员受聘于董事会，作为公司的代理人统管公司日常经营业务，在董事会授权范围内，代理人员有权决策。其他人包括股东、董事不能随意干涉，但必须在董事会授权的范围内行使职权。

(3) 作为公司监督机构的监事会，是强化公司法人治理结构制衡关系的重要一环。监事会由股东代表与职工代表组成，负责对董事会及其成员以及经理人员进行监督与检查，防止董事会、总经理等滥用职权，损害公司利益。如果发生董事会及其成员以及总经理滥用职权、经营不善的情况，监事会可以提请召开股东大会，改组董事会或更换董事，提请董事会更换总经理。

三、公司治理结构中各机构的权责界定

(一) 股东大会及其权责界定

股东大会是非常设的由全体股东所组成的公司权力机构。

1. 股东大会的职权

设置股东大会的目的是保护股东的合法权益。具体表现为：第一，为解决股东大会以外的公司机构，如董事会、监事会所不能解决的事项；第二，使各股东明了公司经营状况以及未来的发展方向。

股东大会的职权可分为法定职权和公司章程规定的职权。

(1) 法定职权。法定职权是指各国以公司法的形式确定下来的股东大会拥有的职权。以股份有限公司为例，股东大会一般拥有以下法定职权：①决定公司的经营方针和投资计划；②选举和更换董事，决定有关董事的报酬事项；③选举和更换由股东代表出任的监事，决定有关监事的报酬事项；④审议批准董事会的报告，审议批准监事会的报告；⑤审议批准公司的年度财务预算方案、决算方案；⑥审议批准公司的利润分配方案和弥补亏损方案；⑦对公司增加或减少注册资本做出决议；⑧对发行公司债券做出决议；⑨对公司合并、分立、解散和清算等事项做出决议；⑩修改公司章程。

(2) 公司章程规定的职权。公司章程在不违反法规的前提下，可以增加规定一些股东大会的职权，但不能缩减股东大会的职权。如有的股份有限公司章程规定股东大会还可以为本公司选择合适的会计师事务所。

股东大会虽然是公司的非常设机构，但它却是必要的权力机构。公司存在一天，股东大会的职权就照常行使一天。即使在公司清算过程中，董事会、经理机构等都被终止了职权，但股东大会的职权照常行使。公司清算结束后，清算组应当制作清算报告，报股东大会确定。

2. 股东会议的决议

股东会议的决议可分为普通决议和特别决议。

(1) 普通决议。一般而言，普通决议是指用于公司普通决议事项，以简单多数即可通过的决议。简单多数是指代表公司出资比例 50%以上的股东出席，以出席会议的股东表决权的过半数同意。除法定的特别决议事项以外，其他事项都可由公司章程规定为普通决议事项，由普通决议方法通过。具体内容可以包括：①关于公司的经营方针和投资计划的决议；②选举和更换董事，有关董事的报酬事项的决议；③选举和更换由股东代表出任的监事，有关监事的报酬事项的决议；④对董事会报告的批准；⑤对监事会或者监事会报告的批准；⑥对公司的年度财务预算方案、决算方案的批准；⑦对公司的利润分配方案和弥补亏损方案的批准；⑧关于发行公司债券的决议。

(2) 特别决议。特别决议是指针对公司的特别决议事项，以绝对多数方能通过的决议。这里的绝对多数，不同的国家对不同的表决事项有不同的要求。《中华人民共和国公司法》(以下简称《公司法》) 规定，对公司股东会议的特别决议，须经 2/3 以上有表决权的股东通过，才能有效。

根据《公司法》，公司股东会议的特别决议事项有以下几条：①关于公司增加或者减少注册资本的决议；②关于公司合并、分立的决议；③关于发行公司债券的决议；④关于修改公司章程的决议；⑤公司章程规定的须由特别决议通过的其他事项。

总之，不论是普通决议还是特别决议，都必须在法律和公司章程的规范下进行，否则，即使是在大会会议中通过的决议事项，也是无效的。

（二）董事会及其权责界定

董事会是由公司股东大会所选出的一定数目的董事所组成的，法定的、常设的、集体的，对内进行经营管理及决定股东大会权限以外事项的机构。

1. 董事会的组成与召集

董事会的组成，按我国公司法规定，有限责任公司一般不得少于 3 人，且最多不超过 13 人；股份有限公司最少要 5 人，最多不超过 19 人。一般来说，董事会的组成人需单数，以便董事会投票表决能顺利得出结果。

董事会会议的召集由董事长负责并主持，董事长因故不能履行职务时，可由其指定的副董事长或某董事召集主持。

2. 董事

董事由股东大会选举产生，具有实际权力和行为能力。董事除以董事会成员身份参加董事会会议、就讨论事项进行表决外，还可依董事会的决定，负责具体实施股东大会决议、董事会决议，处理公司经营管理中的事务。

3. 董事长

董事长是公司法定代表人，全面负责公司的经营管理。董事长作为公司的法定代表人，代表公司从事一切对外活动。董事长是公司的最高负责人，其本身即代表公司。董事长是从具有董事资格的人员中选任、在董事会上以全体董事的过半数选举产生的。

董事长的职权可分为法定职权和董事会授权行使的职权。

（1）董事长的法定职权。董事长法定行使以下职权：①主持股东大会和召集、主持董事会会议；②检查董事会决议的实施情况；③签署公司股票、公司债券。

（2）董事会授权董事长行使的职权。除上述职权之外，根据公司需要，可以由董事会授权董事长在董事会闭会期间，行使董事会的部分职权。这意味着董事长可以行使以下部分职权：①负责召集股东大会，并向股东大会报告工作；②执行股东大会的决议；③决定公司的经营计划和投资方案；④制订公司的年度财务预算方案、决算方案；⑤制订公司的利润分配方案和弥补亏损方案；⑥制订公司增加或者减少注册资本的方案以及发行公司债券的方案；⑦拟订公司合并、分立、解散的方案；⑧决定公司内部管理机构的设置；⑨聘任或解聘公司经理，根据经理的提名，聘任或解聘公司副经理、财务负责人，决定其报酬事项；⑩制定公司的基本管理制度，以及股份有限公司章程规定的董事会的其他职权。

（三）总经理及其权责界定

总经理是公司董事会聘任的，执行股东大会和董事会决议，具体管理公司事务，对外在董事会授权范围内代理公司进行商业活动，是法定必要的公司业务执行机关的主要负责人。

总经理之所以成为公司必要的常设业务执行机关的主要负责人，是因为公司董事会的组成分子即董事不一定是由管理专家、技术专家担任，而公司的日常业务经营活动却要求公司必须有精通管理、技术的人才能处理。公司设置总经理正是出于其业务经营的需要。

1. 总经理的职权

总经理对董事会负责，辅助董事会执行公司业务，负责公司的日常生产经营管理工作。其职权具体包括：①主持公司的生产经营工作，组织实施董事会决议；②组织实施公司年度经营计划和投资方案；③拟订公司内部管理机构设置方案；④拟订公司的基本管理制度；⑤制定公司的具体规章；⑥提请聘任或者解聘公司副总经理、财务负责人；⑦聘任或者解聘除应由董事会聘任或解聘以外的负责管理人员；⑧公司章程和董事会授予的其他职权。

总经理行使其职权主要通过以总经理为首的行政工作系统来实现，具体体现为董事会领导下的总经理负责制。

总经理领导下的日常行政管理体系一般包括总经理、副总经理、各部门经理、总经济师、总会计师、总工程师等。副总经理是总经理的副手，通常情况下，协助总经理总揽公司业务工作，在总经理因故不能行使职权时，代行总经理职务；各部门经理是主管一个部门的工作或某项业务的负责人；总经济师、总会计师和总工程师是协助总经理分管整个公司的总体效益、财务、技术等方面的负责人。

2. 总经理的义务与责任

(1) 总经理的义务。作为公司日常经营活动的总负责人，总经理必须承担以下义务：①应依照与公司订立的聘任协议的有关要求，兢兢业业，认真负责地做好各项经营管理工作，以实现公司的利益最大化为目标，不以权谋私，为公司的发展努力工作；②遵守法律、公司章程及股东大会、董事会决议，在处理业务时，选择对公司最有利的可行办法，应诚实而正当地行使被授权限；③当因为个人失职给公司经营活动造成重大损失时，根据公司法章程等，应向公司赔偿由此造成的损失。

(2) 总经理的责任。作为公司日常经营活动的总负责人，总经理也必须同时承担以下责任：①应当遵守公司章程，忠实履行职务，维护公司利益，不得利用在公司的地位和职权为自己谋取私利；②总经理不得利用职权收受贿赂或者其他非法收入，不得侵占公司财产；③不得挪用公司资金或者将公司资金借贷给他人；④不得将公司资产以其个人名义或者其他个人名义开立账户存储；⑤不得以公司资产为本公司股东或者其他个人债务提供担保；⑥不得自营或者为他人经营与其所任职公司同类的营业或者从事损害本公司利益的活动，从事上述营业或者活动的，所得收入应当归公司所有；⑦除公司章程规定或者股东大会同意外，不得同本公司订立合同或者进行交易；⑧除依照法律规定或者经股东大会同意外，不得泄露公司秘密。

(四) 监事会及其权责界定

监事会是公司必设的组织管理机构之一，是对董事会和总经理行政管理系统行使监督权、对公司的财务状况进行审查考核的常设机构。监事会对股东大会负责，向股东大会报告工作。设置监事会的意义在于维护公司股东和职工的利益，保证公司的健康发展，制止董事、经理人员等握有公司经营管理大权的人员滥用职权、违法失职、损害公司利益，保证公司良好的管理与运行。它能约束董事会、经理人员的行为，在公司法人治理结构中建立起权力制衡关系。

1. 监事会的组成

监事会由股东代表和适当比例的公司职工代表组成，具体的比例由公司章程决定。股东大会选举和更换由股东代表出任的监事，并决定监事的报酬。监事会中的职工代表人选，由公司职工代表大会民主选举产生。股份有限公司和规模较大的有限责任公司，监事会成员不少于 3 人。监事应在所有监事中推举一名监事会主席，负责监事会会议的召集。

2. 监事会的职权

监事会可依法行使以下职权：①检查公司的财务；②对董事、经理执行职务时违反法律法规或者公司章程的行为进行监督；③当董事和经理的行为损害公司的利益时，要求董事和经理予以纠正；④提议召开临时股东大会；⑤公司章程规定的其他职权。

监事会对其职权范围内的一般事项，如调查董事、经理的行为，核实公司财务状况等可交由监事负责执行；而对职权范围内的重大事项，如对董事、经理的违法、违章行为的纠正，则以会议方式为之。关于会议议事方式及表决程序可参照董事会会议的有关内容。监事会行使其职权时，应遵守其法定职务，谨慎行事，以维护公司利益为出发点，不得滥用职权。

3. 监事的义务与责任

监事负有监督的职能，享有一系列的法定和公司章程规定的职权，同时，也有其应尽的义务和责任。监事应当遵守公司章程，忠实履行职务，维护公司利益，不得利用在公司的地位和职权谋取私利。监事不得利用职权收受贿赂或者其他非法收入，不得侵占公司的财产。监事有保守公司秘密的义务，除依照法律规定或者经股东大会同意外，不得泄露公司秘密。如果监事执行公司职务时违反法律、行政法规或公司章程的规定，给公司造成损害的，应当承担赔偿责任。

第三节　我国国有企业改革历程

建立现代企业制度是我国经过对国有企业改革的多年探索后提出来的，因此，了解我国国有企业的改革历程，有助于加深对现代企业制度的理解。

新中国成立以后，国家采取多种措施实现了对资本主义工商业的社会主义改造，形成了一大批国家所有、国家经营的国营企业，构成我国社会主义制度的坚实基础。改革开放之初，国民经济基本上是国营企业一统天下的局面。在以往的计划经济体制下，企业是国家这个“大工厂”的车间，是产品生产单位，资金、原材料由国家统一调拨，产品由国家统购包销，形成一套僵化的国营企业管理体制，严重地制约着国民经济的良性发展。农村实行大包干责任制后，国家总结成功经验，着手进行了以国营企业改革为核心的城市经济体制的改革，总结这一改革的过程，大体上可以分为四个阶段。

一、扩权让利阶段

扩权让利阶段的时间为 1978—1984 年，改革的基本思路是扩权让利。改革之初，国营企业在国家计划经济体制下，统包统配，实际上成为政府机构的附属物。企业的行为不是在市场环境下受利益机制的驱动，而是在计划环境下受行政命令的驱动，企业缺乏应有的自主权，缺乏压力，缺乏激励，也缺乏活力。面对这种形势，改革的主要思路是扩大企业自主权。这项工作的最早试验是 1978 年第四季度从四川省开始的，取得了较好的效果。鉴于这种情况，1979 年 7 月，国务院决定在全国范围内试行。到 1980 年年底，参加试点的工业企业达 6 000 多个，约占全国预算内工业企业总数的 16％、产值的 60％和利润的 70％。这项试点给企业增加了活力。自 1981 年 5 月开始，国家经贸委、体改委等 10 个部门联合下发了《关于进一步扩大企业自主权的暂行规定》等一系列文件，将企业的自主权划分为 10 个方面，即生产经营计划、产品销售、产品定价、物资选购、资金使用、资产处置、机构设置、人事劳动、工资奖金和联合经营等。利益驱动机制的首次启动给所有试点企业和个人都带来了利益，很容易为人们所接受和欢迎，调动了各方面的积极性，取得了较好的效果。

二、利改税阶段

利改税阶段的时间是 1984—1986 年年底，其重点是以利改税的方式来确立国家与企业之间的分配关系。这项改革措施实际上是从 1980 年开始试点、十二届三中全会后开始实施的。第一步利改税的具体做法是：凡是赢利的国营大中型企业，均根据实现的利润，按 55％的税率缴纳所得税，税后利润一部分上缴国家，一部分按照国家核定的留利水平留给企业；对赢利的国营小型企业，按八级超额累进税率缴纳所得税，税后企业自负盈亏，国家不再拨款。第一步利改税是不彻底的，结果是利税并存。针对这一现实，从 1984 年 10 月 1 日开始，国家实行第二步利改税，完成第一步改革没有完成的任务，实现完全的以税代利，将当时的工商税按纳税对象划分为产品税、增值税、盐税和营业税四种，将第一步利改税设置的所得税和调节税加以改进，增加资源税、城市建设税、房产税、土地使用税和车船使用税，国有小型企业政策不变。按当时的设想，利改税的目的是要把国家和企业的关系以税收的形式固定下来，通过税收杠杆缓解价格不合理带来的矛盾，摆脱“条条”“块块”对企业的行政约束。两步利改税虽然在实践中取得了一定的成效，但由于企业创利大部分上缴国家，“鞭打快牛”，因此也极大地影响了企业和职工的积极性，影响了企业自筹资金进行技术改造的积极性，影响了企业活力和发展的后劲。

三、承包制阶段

承包制阶段从1987—1990年，其基本思想是探索政企职责分开、企业所有权的经营权适当分离的路子，而实现两权分离的具体途径便是承包经营责任制。为此，1986年12月，国务院发布了《关于深化企业改革，增强企业活力的若干规定》，从而进一步落实自主权，推行各种形式的承包经营责任制，全面推行厂长经理负责制，对制止摊派、企业自己决定内部分配、缩减下达企业的指令性计划、清理整顿公司、发展企业集团等八个方面做了规定。在实践中，有多种形式的承包经营责任制，但其基本特征是包死基数、确保上缴、超收多留、歉收自补。到1987年年底，全国实行承包制的预算内大中型企业达到80%，有些省市达85%以上，到1988年年底，全国预算内工商企业承包面已达90%。其中在中型企业达5%。承包经营责任制在一定程度上调动了生产者和经营者的积极性，确保了国家财政收入的稳定增长，但是包死基数的凝固与急剧变化的环境之间也存在着深刻的矛盾，出现了一系列问题，主要表现在以下三个方面。

(1) 承包基数递增率、分成比例等指标缺乏规范性的标准，是政府和企业一对一谈判的结果，造成企业向国家争利现象严重。

(2) 包盈不包亏，财务约束软化。在处理企业、职工和国家利益时，往往是职工利益第一，经常出现个人分配增长超过企业劳动生产率增长的状况。

(3) 企业短期行为严重。技术创新、新产品研制投入很少，投设备，吃老本，侵蚀国有资产，出现企业空壳化倾向。

四、转换企业经营机制，建设现代企业制度阶段

转换企业经营机制，建立现代企业制度阶段从1991年开始，具体又可分为两个阶段。第一阶段从1991—1993年年底，改革的基本思路是：转换企业经营机制，把企业结构改造为自主经营、自我盈亏、自我约束、自我发展的法人实体；创造条件，使企业走向市场。1992年7月颁布的《全民所有制工业企业转换经营机制条例》是这一时期的主要文件。第二阶段从1994年年初开始，企业改革着手解决深层次矛盾，进行企业制度创新，要求把企业建设成为适应社会主义市场经济需要、产权明晰、权责明确、政企分开、管理科学的具有法人资格的市场主体。

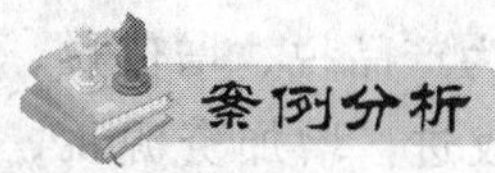

中国林业出版社的转企改制

2011年2月28日，这是中国林业出版社职工将永远铭记的日子。这一天，出版社领取了企业法人营业执照，标志着中央部署的转企改制的“规定动作”在本社全面完

成。成立近60年的林业出版“老字号”彻底从事业单位转变为企业，社内工作人员身份由国家干部变成企业职工，进入了一个全新的发展时期。

中国林业出版社只是一个缩影，汹涌澎湃的文化体制改革浪潮正席卷整个出版业。国家新闻出版总署公布的数据显示，此次转制的148家中央各部门各单位经营性出版社，基本完成了清产核资、加入北京市基本养老保险、进行企业工商注册登记等转制所必须履行的手续。

2009年7月，国家林业局党组成立了转制工作领导小组，中国林业出版社转企改制工作开始全面启动。首先是清产核资，这是一项政策性很强的工作，由局计资司主抓，出版社配合，并聘请了一家会计师事务所进行审计，直到2010年9月工作才结束。“没想到这么复杂，进行了6个月。这次中央给了许多优惠政策，比如说报废书，凡是图书超过5年的可进行报废处理，这些新政策，计划司和我们都要重新学习。还有出版社的GDP（国内生产总值）叫码洋，但书库里有1个亿的码洋并不等于就有1亿元人民币，会计师事务所甚至财政部的工作人员来审计，光这个就学了半天。”本来预计一星期就完成的专项财务审计，最后用了一个半月才完成。

“改到深处是产权，改到难处是人员。”改革是一场深刻的利益关系调整，能否照顾好改革对象的切身利益直接决定改革的成败。中央提供的优惠政策对企业主要是3年内免征所得税，涉及个人的主要是以“老人老办法，新人新办法”的方式加入社保。“老人老办法”，指退休人员继续享受相当于原事业单位退休金待遇，差额部分由出版社补齐；5年内即将退休的“中人”面临一次性选择，可提前办内退手续，工资差额由国家和出版社按比例负担；更年轻的“新人”则纳入社保按企业职工来对待。

为全面激发职工的干劲与活力，2011年2月，中国林业出版社开始转企改制后的第一次全员聘用工作。此次全员聘用工作以“公开、公正、公平”和“任人唯贤、德才兼备”为原则，增加了图书编辑加工中心，把产业开发的职能归入后勤服务中心，进一步细化了部门分工。

刘孟晴是这次竞聘上岗的3名“80后”年轻干部之一，他2003年到社参加工作，曾成功策划过《样板房》和《建筑与家居》等高端图书、画册的制作与销售，现在是建筑与家居出版中心的副主任。他表示，虽然出版社已是企业，而企业赚钱才是硬道理，但当经济效益与社会效益发生矛盾时，还是应以社会效益为重。

（资料来源：尹萍．中国林业出版社的转企改制．中国绿色时报，2011－05－24.）

案例思考：

1. 什么是现代企业制度？从历史演变的角度看，企业制度经历了哪几个阶段？

2. 市场经济体制要求有什么样的企业制度与之相适应？

第四章　现代企业文化

学习目标

1. 了解企业文化理论的产生和发展。
2. 理解企业文化的基本内涵。
3. 了解企业文化的结构、类型和功能。
4. 掌握如何建设企业文化。

第一节　现代企业文化理论的产生和发展

一、企业文化理论产生的背景

从 19 世纪末到 20 世纪初，西方工业化的发展进入了以大机器和生产流水线为主要生产方式的阶段。在这种生产方式下，企业经营者关心的主要问题就是生产效率和投入产出比，而基于这种目的所产生的科学管理理论都是以“理性经济人”为前提假设的，假定人的行为动机就是为了满足自己的私利，工作就是为了得到经济的报酬。在这之后，20 世纪 20 年代开始，人们开始关注包括自我实现在内的人的社会性需要，由此产生了一系列激励理论，强调人际关系在管理中的重要性，并以人的社会性为基础，提出了用“社会人”的概念来代替“经济人”的假设。但是在资本主义的长期发展过程中，企业文化的作用一直以来并没有引起人们太多的注意。直到 20 世纪六七十年代，日本经济起飞的奇迹引起了美国学者的震惊，他们通过对美日企业的发展进行比较研究，开始注意到文化差异对企业管理的影响。美国学者在反省和对比中发现，企业理性化管理缺乏灵活性，不利于发挥人们的创造性和与企业长期共存的信念，而塑造一种有利于创新和将价值与心理因素整合的文化，才真正对企业的长期经营业绩和发展起着潜在的却又至关重要的作用。

在这样的理念背景下，美国加利福尼亚大学美籍日裔教授威廉·大内（William Ouchi）在 1981 年出版了《Z 理论——美国企业界怎样迎接日本的挑战》一书。该书分析了企业管理与文化的关系，提出了“Z 型文化”“Z 型组织”等概念。同年，理查德·泰纳帕斯卡尔（Richard Tanner Pascale）和安东尼·阿索斯（Anthony G. Athos）在《日本企业管理艺术》一书中也详尽地描述了日本企业如何重视“软性的”管理技能，而美国的企业则过分依赖“硬性的”管理技能，并从中总结出管理中的七个要素

——崇高目标、战略、结构、制度、才能、风格和人员，论述了它们之间的相互关系。次年，特伦斯·迪尔（Terrence E. Deal）和艾伦·肯尼迪（Allan A. Kennedy）出版了《企业文化——企业生活中的礼仪与仪式》一书，指出杰出的公司大都有强有力的企业文化，企业文化是一个企业所信奉的主要价值观，将企业文化分为强悍性文化、工作娱乐并重型文化、赌注性文化、按部就班型文化等四种类型，并提出了企业文化的分析方法；同年，美国著名管理专家托马斯·彼得斯（Thomas Peters）与罗伯特·沃特曼（Robert H. Waterman）合著了《寻求优势——美国最成功公司的经验》一书，研究并总结了三家优秀的革新型公司的管理过程，发现这些公司都以公司文化为动力、方向和控制手段，其所取得的惊人成就，莫不归于企业文化的力量。这四本著作被合称为企业文化研究的四重奏，标志着企业文化研究的崛起。从此，关于企业文化的研究获得了理论界与公众的广泛关注。

二、企业文化理论的发展

企业文化研究的权威是美国麻省理工学院教授爱德加·沙因。他提出了关于企业文化的概念和理论。沙因先是于1984年发表了《对企业文化的新认识》一文，然后在1985年出版了专著《企业文化与领导》，对组织文化的概念进行了系统的阐述，认为企业文化是在企业成员相互作用的过程中形成的，为大多数成员所认同的，并用来教育新成员的一套价值体系。此外，沙因还提出了关于企业文化的发展、功能和变化以及建设企业文化的基本理论，把企业文化的本质分为自然和人的关系、现实和真实的本质、人性的本质、人类活动的本质、人际关系的本质等五个部分，并把组织文化划分成表面层、应然层和突然层三种水平。1984年，罗伯特·奎恩（Robert Quinn）和肯伯雷（Kimberly）将的用于分析组织内部冲突与竞争紧张性的竞争价值理论模型扩展到对组织文化的测查，以探查组织文化的深层结构和与组织的价值、领导、决策、组织发展策略有关的基本假设。该理论模型有两个主要维度：一是反映竞争需要的维度，即变化与稳定性；另一个是产生冲突的维度，即组织内部管理与外部环境。在这两个维度的交互作用下，出现了四种类型的组织文化：群体性文化、发展型文化、理性化文化和官僚式文化。竞争价值理论模型，为后来组织文化的测量、评估和调查提供了重要的理论基础。

20世纪90年代，随着企业文化的普及，企业组织越来越意识到规范的组织文化对企业组织发展的重要意义，并在此基础上，以企业文化为基础来塑造企业形象。因此，组织文化研究在20世纪80年代理论探讨的基础上，由理论研究向应用研究和量化研究方面迅猛发展，企业文化研究出现了四个走向：一是企业文化基本理论的深入研究；二是企业文化与企业效益和企业发展的应用研究；三是关于企业文化测量的研究；四是关于企业文化的调查和评估的研究。从此，企业文化由经验探索，逐步迈向了以社会方法论为指导的定性和定量分析的科学路途。

第二节 现代企业文化的基本内涵

一、企业文化的概念

“文化”一词来源于拉丁文，最早指培养、种植、栽培、耕种。《牛津现代词典》的解释是：人类能力的高度发展，集训练与经验而促成的身心的发展、锻炼、修养。当文化凝结在一个人身上，成为个人的性格特征，当文化融入在一个组织中，它便成为组织文化，企业文化就是组织文化的一种，组织文化还包括家庭文化、学校文化、乡镇文化、社区文化、政府机关文化、军队文化等。

企业文化是20世纪80年代初兴起的一种管理理论，是一种文化、经济和管理相结合的产物。企业文化这个概念的提出，并不意味着以前的企业没有文化。企业的生产、经营、管理本身就是一种文化现象，之所以要把它作为一个概念提出来，是因为当代的企业管理已经冲破了先前的一切传统管理模式，正以一种全新的文化模式出现，只有企业文化这个词才能比较确切地反映这种新的管理模式的本质和特点。

企业文化是企业在生产经营实践中逐步形成的，为多数员工所认同并遵守的、带有本组织特点的使命、愿望、宗旨、精神、价值观和经营理念，以及这些理念在生产经营实践、管理制度、员工行为方式与企业对外形象中体现的总和。企业文化与其他文化的区别在于，企业文化是一种从事经济活动的组织所形成的组织文化。企业文化与企业经营管理的不同之处在于，它是通过影响员工的价值观和行为方式，进而形成企业适应环境的行为模式，促成企业的可持续发展。企业文化理论吸收了行为科学、公共关系学、决策科学、管理学、哲学、伦理学和经济学等多门学科的精华，其主要内容是在理性与科学实践的基础上形成的，包括企业哲学、企业价值观、企业精神、企业道德、企业目标、企业制度、企业创新、企业形象、企业环境和企业文化活动等。

二、企业文化的特点

企业文化既有一切文化都具有的共性，但又不同于一般社会文化。归纳起来，企业文化有以下基本特征。

（一）人本性

企业文化是一种以人为本的文化，尊重和重视人的因素在企业发展中的作用，着力于以文化因素去挖掘企业的潜力。企业的成长与发展需求与企业中个人的成长与发展需求在企业文化这个层次达到了完美的契合。

（二）共识性

企业文化是整个企业共同的价值判断和价值取向，是企业多数员工的“共识”。这种“共识”开始往往比较集中地体现在企业少数代表人物身上，通过领导者的积极倡导和身体力行，使之渗透在企业每个员工的行为、每件产品的制造过程、经营管理的每一个环节之中，进而逐渐成为多数人的“共识”。

（三）独特性

每个企业都在特定的环境中生存和发展，所面临的历史阶段、发展程度以及本身固有的文化积淀都各不相同，这就必然形成每个企业特有的价值观、经营准则、经营作风、道德规范等。

（四）相对稳定性

一个企业的企业文化一旦形成，就具有在一定时期内的相对稳定性。一种积极的企业文化，尤其是居于核心地位的价值观念的形成往往需要很长时间，需要领导者的耐心倡导和培养等。一旦形成，它就会成为企业发展的灵魂，不会朝令夕改，不会因为企业产品的更新、组织机构的调整和领导者的更换而发生根本性的变化，它会长期在企业发展中发挥作用。当然，稳定性是相对的，根据企业内外经济条件和社会文化的发展变化，企业文化也应不断地得到调整、完善和升华。

第三节 现代企业文化的层次结构和功能

一、企业文化的层次结构

基于企业管理体制与运行机制和企业运营主体——人的创造性活动的特征，可以把企业文化划分为三个层次：第一层是外围层的物质文化，第二层是中间层的制度文化，第三层是核心层的精神文化。下面由表及里来介绍企业文化的内容。

（一）企业物质文化

企业物质文化主要是指由企业员工创造的产品、服务和各种物质设施等构成的器物文化，是企业文化最直观的表现，往往能折射出企业的经营思想、管理哲学、审美意识和工作作风，它是形成企业精神文化和制度文化的条件。

（二）企业制度文化

企业制度文化主要是指对企业组织和员工的行为产生规范性、约束性影响的部分，它规定了企业成员在共同的生产经营活动中应当遵守的行为准则，主要包括以下几个方面。

1. 一般制度

这是指企业中存在的一些带有普遍意义的工作制度、管理制度及责任制度。这些成文的制度与约定对企业员工的行为起着约束的作用，如计划管理制度、劳动人事制度、生产管理制度、设备管理制度、财务管理制度、奖惩考核制度和岗位责任制度等。

2. 特殊制度

特殊制度主要是指企业的非程序化制度，如员工评议干部制度和总结表彰制度等。与工作制度、管理制度及责任制度等一般制度相比，特殊制度更能反映一个企业的管理特点和文化特色。

3. 企业风俗

企业风俗主要是指企业长期沿袭、约定俗成的典礼、仪式、行为习惯、节日和活动等，如体育比赛、歌咏比赛等。它可以自然形成，也可以人为开发。它与制度不同，它不需要强制执行，完全依靠习惯、偏好的势力维持。一种活动、一种习俗，一旦被全体员工所共同接受并沿袭下来，就成为企业风俗的一部分。

（三）企业精神文化

企业精神文化是指企业在生产经营过程中，长期受一定的社会文化背景、意识形态影响而形成的一种精神成果和文化观念。它是企业物质文化、制度文化的升华，是更深层次的文化现象。在整个企业文化系统中，企业精神文化处于核心的地位，是企业的上层建筑。它包括企业哲学、企业价值观、企业道德和企业精神。

1. 企业哲学

企业哲学是从企业实践中抽象出来的，关于企业一切活动的本质和规律的学说，它是企业领导者为实现企业目标而在整个生产经营管理活动中奉行的基本信念，是企业领导者对企业长远发展目标、发展战略、经营方针和策略的哲学思考。它的形成首先是由企业所处的社会制度及周围环境等客观因素决定的，同时也受企业领导者思想方法、政策水平、实践经验、工作作风及性格等主观因素的影响。它是在企业长期的生产经营活动中自觉形成的，并为全体员工所认可和接受，具有相对稳定性。

2. 企业价值观

企业价值观可以定义为企业领导者和全体员工对企业生产行为是否有价值以及价值大小的总的看法和根本观点。企业价值观是企业文化的核心内容。它为企业的生存和发展提供了基本的方向和行动指南，为企业员工形成共同的行为准则奠定了基础。企业价值观决定了企业基本特征、发展方向、经营理念、竞争策略和人才观念等。

3. 企业道德

企业道德指企业内部调整各种关系的行为准则。虽然道德与制度都是行为准则和规范，但制度具有强制性，而道德却是非强制性的。企业道德的内容包括企业道德意识、企业道德关系和企业道德行为三部分。道德意识是基础和前提，它包括道德观念、道德情感、道德意志和道德信念四个部分。从企业微观层面来看，企业道德主要包含调节员工与员工、员工与企业、企业与社会三方面关系的行为准则和规范。

4. 企业精神

企业精神是企业经营活动中逐步形成，与顺利实现组织目标相联系，对生产经营和其他工作起积极作用，为企业全体成员所认同、拥有和坚持的整体化、意志化、个性化的企业群体意识。

企业精神是企业员工行为整体的稳定倾向，一旦形成就具有相对的稳定性，并在企业的发展中不断充实、深化并发扬光大。它是企业员工群体健康人格、向上心态的外化；它是员工群体对企业的信任感、自豪感和荣誉感的集中表现形态。由于每个企业的经营目标、经营范围、管理制度、人员组合、资金、技术、市场、服务以及企业活动的特定的空间地域环境千差万别，所以每个企业的企业精神反映了其自身的独特个性。企业的一切行为都会反映出社会发展的不同阶段和时期的特征，企业精神也是时代精神在企业中的体现和反射。

二、企业文化的功能

企业文化的功能，是指企业文化在生存和发展中所起的作用。在企业的经营管理实践中，企业文化具有多种功能，主要可以概括为如下几点。

（一）导向功能

企业文化的导向方法，与传统管理中单纯强调硬性的纪律或制度有所不同，它强调通过企业文化的塑造来引导企业成员的行为，使员工在一种文化的潜移默化中接受共同的价值观念，自觉地把企业目标与个人目标有机地结合起来。企业文化不仅明确了企业所追求的目标，还引导企业全体员工向着这一目标发展。

（二）凝聚功能

当一个企业的文化价值观被企业成员认同之后，企业文化能从各方面把企业成员团结起来，使员工对企业产生归属感、自豪感、责任感和使命感，把个人价值的实现与企业命运连在一起。所以，企业文化能够培养和塑造强烈的集体主义思想和团队合作精神。

（三）激励功能

企业文化是一种“无形的精神驱动力”，它能告诉成员企业所担当的社会责任，让员工能感受到自身存在的价值，从而激发出崇高的使命感，以实现自身的人生理想。企业文化激励功能的形式主要有目标激励、尊重激励、感情激励、奖励激励和领导行为激励。

（四）约束功能

从进入企业那天起，企业员工就开始接受企业文化的熏陶。企业文化是一种有效的管理方式。通过学习教育，员工会逐渐改变那些与企业不融洽的思想观念和行为方式，最终接受并养成本企业所倡导的思想观念和行为方式，把自己融入到企业大家庭中。

（五）辐射功能

企业文化不只在企业内部起作用，也通过各种渠道对社会产生影响。企业通过企业文化的辐射作用，向社会和公众传递企业形象、企业责任、企业精神、企业风格、经营理念、精神风貌、产品品质和服务理念等信息，它不仅对企业的长远发展是有利的，同时也对社会文化产生一定影响。

第四节 现代企业文化建设

一、企业文化建设的原则

企业文化反映了一定历史时期内社会经济形态中企业活动的需要。企业文化的建设是一项创新的复杂的系统工程。建设企业文化通常应遵循以下指导原则。

（一）目标化原则

企业文化必须明确反映企业的目标或宗旨，反映代表企业长远发展方向的战略性目标和为社会、顾客以及为企业员工服务的最高目标和宗旨。企业文化的导向功能可以有效地指导企业员工的认知与行为，使其自觉地为实现企业目标而努力奋斗。

（二）价值观原则

企业的价值观是企业文化的核心。企业文化要体现整个企业的共同价值观，体现全体员工的信仰、行为准则和道德规范。它是企业团结员工、凝聚员工的纽带，是企业管理的必要条件。

（三）卓越原则

企业文化应设计一种和谐、民主、鼓励变革和超越自我的环境，培养员工追求卓越、锐意进取、开拓创新、永不自满的精神，这才能使企业充满活力，可持续发展，永远立于不败之地。

（四）激励原则

成功的企业文化不但要创造出一种人人受尊重、个个受重视的文化氛围，而且要产生一种激励机制，使每个员工所做出的成绩和贡献都能很快得到企业的赞赏和奖励，并得到同事的支持和承认。

（五）相对稳定原则

企业文化是企业在长期发展过程中提炼出来的精华，它是由一些相对稳定的要素组成的，并在企业员工的思想上具有根深蒂固的影响。企业文化的建立应具有一定的稳定性和连续性，具有坚定的理念和远大的目标，不会因为环境的微小变化或个别成员的去留而发生变化。当然，在保持企业文化相对稳定性的同时，也要注意企业内外部环境的变化，及时更新、充实企业文化，才能保持企业的活力。

（六）历史性原则

企业文化是在企业长期的生存和发展中形成的，其中不乏典型事迹和英雄人物，企业文化建设必须充分发掘和提炼企业发展进程中的经验和教训，直面企业在发展过程中的挫折和进步，保证企业文化的连续性和继承性，尊重企业发展历史。

（七）社会性原则

企业作为社会最基本的经济单位，它的运行和发展离不开社会发展制度和形势，当然，企业文化所倡导的企业伦理也必然与社会制度、社会公德相一致，企业文化建设过程中要防止企业伦理和社会公德“两张皮”，防止企业利益与社会效益相背离，要充分协调好企业伦理和社会公德的关系。

二、企业文化建设的步骤

现代企业文化建设是一项长期的复杂的系统工程，它与企业的生产经营活动紧密联系在一起，是一个循序渐进的动态过程。现代企业文化建设的过程分为以下几个步骤。

（一）需求分析与战略准备

进行企业文化建设的第一步必须先明确本企业所需要的企业文化，制订企业文化建设的战略规划，这是企业文化建设的前提和基础。具体来说，应该是系统分析企业的内外环境，广泛收集信息，确定所需企业文化的内容和特征，并对企业文化建设的时间进度、方式方法等基本问题进行一个总体的规划。

企业的内部环境指企业构成要素，如人力、物力、财力、技术等的具体情况，以及企业的生产、经营、管理、控制等活动的实际情况。企业的外部环境既指国家的政治经济文化等方面的总体状况，也指企业的行业与竞争对手的具体情况。企业文化的形成发展是企业内外环境交互作用的结果，企业的内外环境是影响企业文化发展变化的根本原因。企业的内外环境决定了企业的发展战略，决定了企业需要什么样的企业文化。而且每一个企业所面临的具体的内外环境是有差异的，因而对企业文化的需求状况也是不同的。制定企业文化战略时就要遵循企业内外环境制约企业文化发展变化的客观规律，密切结合本企业实际，包括企业已有的文化观念，而不能简单地移植美国或日本的企业文化模式。

（二）内容提炼与模式构建

企业文化建设的第二步是要依据企业文化战略，在环境分析的基础上进一步归纳总结，提炼出企业文化的基本内容，并形成相对完整的体系。

一个完整的企业文化体系的基本内容包括企业精神文化和企业物质文化，具体说来，包括企业的价值观念、目标宗旨、行为模式、制度规范、企业环境以及企业的产品、形象、生产设备等，其中企业的价值观念是企业文化核心的核心，企业价值观念的提炼也是整个企业文化内容提炼的首要问题。而且企业价值观念本身也是一个复杂的结构体系，其纵向结构包括员工个人的价值观、正式和非正式群体的价值观及整个企业的价值观，其横向结构包括企业的经济价值观、企业的社会伦理价值观及企业的环境价值观等。因此，必须认真做好企业价值观念的提炼工作。

有了企业价值观念这个核心之后，企业文化建设就有了基本框架和努力方向，接下来再围绕这个核心由内到外进行整个文化体系的构建。企业的实体文化建设是企业建设的重要环节，包括企业的制度文化建设、企业的行为文化建设及企业的物质文化建设等许多内容，其直接目的是为企业精神文化的进一步完善和功能发挥提供必需的硬件设施和有利的制度环境。虽然企业精神文化建设是实体文化建设的前提，但是两者在时间上并不是绝对的前后相继的，在整个企业文化建设的过程中，两者有时可以是并行的，甚至有时实体文化建设可以发生在精神文化建设之前。

企业文化内容提炼的最高境界是要得出适合于本企业的企业文化模式，为此应针对本企业的具体情况，动员全体员工参与企业文化的设计，听取顾客、合作伙伴乃至竞争对手的意见和建议，广泛征集各种设计方案并进行比较综合，进行进一步提炼，把本企业的经营信条、行为准则、共同理想、经营目标、社会责任和职业道德全部纳入企业文化当中，提炼出体现本企业特色的企业文化模式。

（三）倡导与强化

企业文化建设不仅仅限于理论方案的设计，更重要的内容在于将理论方案应用于企业的生产经营实践，让企业文化渗透到企业的方方面面，在实践中发挥作用，并在实践中不断完善，不断进步。企业文化在企业中的渗透通常不是自发的过程，需要企业的关键人物，尤其是企业家进行提倡和引导，并且需要通过一定的方式让员工认同接受，进而内化成自觉的意识。企业文化的倡导与强化是整个企业文化建设工程中最为关键的步骤，主要是将企业文化的核心观念在企业中培育和推广，并以此为旗帜引导和规范企业的经营活动及员工行为。企业文化的倡导与强化的具体方式有很多，在特定的时间、场合，有效运用心理定势、心理强化、从众心理、认同心理、模仿心理、化解挫折等多种心理机制，如宣传教育、树立典型、设计礼仪及建设纵横交错的文化网络等。企业文化建设是一个长期的系统工程，对员工进行企业文化强化不可能“毕其功于一役”，必须注重员工的日常生活对企业文化建设的作用。企业文化产生的必要条件，在于企业成员在相当长的一段时间里保持相互间的友好交往并且无论从事何种经营活动均获得相当大的成就。制定企业文化的管理部分一定要防止企业文化变为“热热闹闹走过程”“上墙与不入心”“口号和营销化”。

（四）完善与创新

企业文化建设是不能一蹴而就的，需要不断地丰富与完善。与企业文化完善相联系的过程是企业文化的创新。企业的内外环境是不断变化的，企业对企业文化的需求也是不断变化的，企业文化的存在环境也在不断变化，这一系列变化要求企业文化必须不断完善，不断创新。企业文化的建设过程本身就是企业文化的完善与创新过程。企业文化的不断完善与创新是全方位的，既包括精神文化也包括实体文化。企业文化的创新是企业的灵魂，是促进企业发展的不竭动力。

影响企业文化创新的因素主要有企业家的经营管理水平和经营理念变化、企业员工素质的变化以及企业生产规模和行业性质的变化等，其中企业家是影响企业文化创新的核心因素。只有不断充实和发展的企业文化，才能适应企业不断发展的需要，才能使企业永远具有旺盛的生命力。

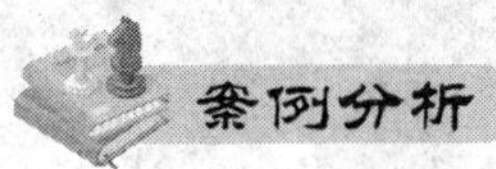

吉利的企业文化之魂

核心价值观：快乐人生，吉利相伴。

核心价值观表明了一个企业在其发展过程中企业全体或多数员工最崇尚的、最信奉的是什么，它是企业持久的、根本的信仰，是一个企业区别于其他企业的本质所在。

“快乐人生，吉利相伴”是人们熟悉的一句吉利经典语录，但它并不只是一句简单的口号，吉利集团董事长李书福赋予了其更为深厚的底蕴，那就是“三最、三快乐”：“造最安全、最环保、最节能的好车，让用户使用吉利车快乐、经销商营销吉利车快乐、供应商与吉利合作快乐”。

吉利汽车在发展过程中，一直秉承着“快乐人生，吉利相伴”的核心理念。例如，在用户方面，吉利汽车牢固树立“关爱在细微处”的服务理念，为全国广大车主提供关爱服务；而在经销商方面，树立“销售是爹、经销商是爷”的新理念，将经销商视为“内部人”。

企业愿景：让世界充满吉利。

企业愿景是对企业要达到什么目标的问题的回答，是企业的发展方向及战略定位的体现，核心价值观通过企业愿景体现出来。吉利的企业愿景有两层意喻：一是期望吉利汽车和先进技术享誉世界，走遍全球。二是表达“普天之下皆吉利”的良好祝愿。吉利集团的董事长李书福自从造汽车开始就有着这样的一个汽车梦，那就是让吉利的汽车走遍全世界，而不是让全世界的汽车走遍中国。吉利从一个小小的民营企业到如今进入世界500强，正在一步步实现着让世界充满吉利的愿景，而这也是快乐人生，吉利相伴的充分体现，将吉利的快乐散播到全世界。

企业使命："造老百姓买得起的好车""造最安全，最环保、最节能的好车，让吉利汽车走遍全世界。"企业使命是指对自身和社会发展所做出的承诺，它是企业价值观的体现，与企业价值观息息相关，具有强烈人文情怀的价值观的企业，其使命也会体现出强烈的人文情怀。在战略转型期，吉利的使命发生了深刻的变化，由"买得起"转向"高品质"，然而至始至终以老百姓为出发点，充分考虑消费者的需求，体现出吉利"快乐人生，吉利相伴"的价值观。安全是人类生命的根本保障；环保是人类生活的基本诉求；节能是人类生存的必要条件。吉利一直为了造安全、环保、节能汽车的使命而努力。例如，在安全方面，吉利专门创建了 GTSM 的安全管理体系。在环保方面，吉利加快传统汽车技术的优化，向绿色环保技术方向转化。

（资料来源：http：//www. 360doc. com/content/14/1108/12/16318005_423548922. shtml）

案例思考：

1. 吉利集团是怎样构建自身的企业文化的？
2. 吉利集团公司的企业文化有推广的价值和意义吗？为什么？

第五章 现代企业管理的基本职能

学习目标

1. 掌握和理解管理的六大职能：决策、计划、组织、控制、领导、激励。
2. 掌握和理解决策的一般概念、类型、决策的过程及常用的决策方法。
3. 掌握和理解计划的一般概念、计划工作的程序、编制方法与技术、企业战略的特点及其管理。
4. 掌握和理解组织的含义、组织设计的原则及管理组织的类型。
5. 掌握和理解控制的一般概念、控制的过程及要求。
6. 掌握和理解领导的内涵、领导者的素养、领导方式及其理论。
7. 掌握和理解激励理论与激励方式。

第一节 现代企业决策

一、决策及其特性

决策是指在明确问题的基础上为未来的行动确定目标，并在多个可供选择的行动方案中选择一个合理方案的分析判断过程。

企业的各级管理者在工作中总是要碰到各种各样的问题，对问题进行研究，找出对策，并加以解决的过程，也就是人们决策的过程。在现实的管理活动中，一些决策者仅仅把决策理解为一种判断行动，认为决策就是对方案的最后选择，即人们通常说的领导者的“拍板”，这是对决策的一种片面理解。完整的决策过程应包括提出问题、收集资料、调查研究、预测未来、确定目标、拟订方案、方案的分析评价、确定最终方案等一系列活动环节。其中任何一个环节出了问题，都会影响决策的最终效果。科学的决策应有以下基本特性。

(一) 目的性

决策的最终结果是要解决企业所面临的各种问题，因此对于决策者而言，在决策之初首先应明确为什么要进行决策，决策最终要达到的目标是什么。方向明确，目标清楚，才能做出正确的决策。这里需要做好两项工作，一是要善于发现、分析和确定问题，找出管理中所面临的现实状况与应达到或希望达到的状况之间的差距；二是要确定符合客观实际的决策目标，要明确决策要解决的问题、应达到的程度、要得到的结果。

（二）择优性

决策应有若干个可供选择的可行方案。在科学的决策中，可行方案的数量应具有选择余地，只有一个方案而无从比较的决策不是科学的决策，只有多个方案的选择才能评价优劣，得到满意的结果。因此，“多方案选择”是决策应该遵循的重要原则。

（三）科学性

决策可供选择的方案都有不同的特点，孰优孰劣，必须要通过技术、经济等各个方面的综合评价才能获得满意的结果。对方案的科学评价必须要建立在科学的价值评价准则的基础上，要有明确的价值评价指标，包括技术、经济和社会等多方面的价值指标。要对众多的价值指标按照轻重缓急的不同进行排序，以确定评价时的取舍原则。

（四）满意性

在决策中，由于受人们的认识程度的局限，受时间、人力和财力等主客观条件的制约，要想获得满足一切要求的最优方案是不现实的。因此，决策者应能分清决策问题的主次目标，以获得足够好的满意方案为准。

（五）民主性

现代市场环境的复杂变化，使企业的决策问题具有信息量大、涉及面广、变化快的特点，这就增加了决策的复杂性和艰巨性，从而使个人决策成功的可能性大为减少。因此，科学决策不能是领导者的个人行为。决策的民主性是决策成功的重要条件。

二、决策在管理中的地位和作用

决策是管理者从事管理活动的基础，是衡量管理者水平的重要标志之一，其在管理工作中具有重要的地位和作用。

（一）决策是管理工作的核心

在企业的各项管理活动中，从计划工作、组织工作、领导工作乃至控制工作，无一例外地都离不开决策，企业的各个层次和各个环节都要通过决策工作解决管理中碰到的各类问题。企业及其成员的各项活动都是围绕着以企业总体目标为核心的目标体系进行的，而目标体系的确立则是企业自上而下决策过程的结果。有好的决策，才能有明确合理的目标，管理活动才能正常开展。决策是管理者履行各种管理职能的基础，管理活动的开展其实质也体现为一个决策—执行—再决策—再执行如此循环往复的过程。

（二）决策的正确与否关系着企业的生存与发展

在复杂多变的市场竞争环境中，企业为提高自身的竞争能力和适应能力，要经常面临一系列的抉择。如企业的经营方向决策、产品结构决策、营销决策、技术改造决策、财务决策、组织与人事决策等，这些决策常常涉及企业的总体发展或重要经营活动的开展，体现为企业重要的经营战略与策略。这些决策的正确与否对企业的兴衰存亡常常具有决定性的作用。决策的成功可以使企业获得生存与发展；决策的失败则可以使企业陷入困境，濒临破产。

（三）决策是企业管理人员的首要工作

由于决策贯穿于管理的全过程，因此无论是组织的中高层管理者，还是基层管理者，都不可避免地要从事与之职责相应的大量的决策工作。企业管理人员是企业决策的主体，决策能力是衡量管理者水平的重要标志。科学的决策对决策者的素养有多方面的要求，一要有广博的知识和正确的思维方法；二要有创新和进取精神；三要有民主作风，善于听取各方面的意见；四要有胆识和魄力，要善于决断，勇于负责。

三、决策的类型

决策可分为多种类别，不同的决策有着不同的性质和特点。正确认识决策的分类，有助于企业管理者明确自己决策工作的职责范围，有助于确定各类决策的方式和方法。

（一）战略决策与战术决策

按照决策所要解决的问题在企业经营中所处的地位或重要程度的不同，企业决策可分为战略决策与战术决策。

战略决策是指对直接关系企业生存发展的全局性、长远性问题的决策，如企业经营方针与经营目标的确定、企业资本运营的重大举措、产品结构的改变、重大技术革新与技术改造的实施、企业组织体制的重大调整等。战略决策一般与企业的未来较长时期的发展密切相关，通常考虑的是企业与外部环境的适应问题，决定着企业未来发展的方向和内容。战略决策一般属于企业高层管理者的职责范围。

战术决策是指企业为实现战略决策对企业资源做出合理安排，以及提高各种具体业务工作的质量或效率的策略性决策，如对企业年度及月度经营计划的确定、基层作业的计划与控制、能源与原材料的合理配置、定额的实施与考核、劳动力的调配等。战术决策一般涉及的是实施方案的选择、资源的合理分配、工作实际业绩的评估等方面的问题，涉及问题较为具体，一般属于常规性、技术性的决策。战术决策通常属于企业各职能管理部门和基层管理人员的职责范围。

（二）程序性决策与非程序性决策

按照决策问题出现的重复程度的不同，企业决策可分为程序性决策与非程序性决策。

程序性决策是指对经常出现的重复性问题，并已有处理经验、程序和方法的问题的决策，如企业生产作业计划的制定，对生产过程的质量控制、成本控制，对企业人员奖惩的实施等。在企业涉及的所有决策问题中，程序化决策的数量一般占有绝对多数。由于这类决策问题大量重复出现，涉及的主要是例行性的活动，因此在决策的管理上应重视对决策程序、方法和规章的制订，以便人们碰到此类决策问题时，能够有法可依，照章办事，从而提高决策的科学性和准确性。程序化决策一般是企业中层和基层管理人员经常要解决的问题。

非程序性决策是指对不经常出现的偶然性问题、非例行性问题所进行决策，如企业涉及的经营方向的调整、新产品的开发、重大的投资项目等。这类问题一般没有先例可鉴，无固定章法可循，通常需要管理者根据掌握的材料和自己的判断来做出决策。非程序化决策从数量上看，在企业涉及的决策问题中占的比重较小，但通常是关系到企业全局和长远发展的重要问题，并没有常规可循，完全靠决策者个人的知识、经验、直觉判断能力和解决问题的创造力来进行的决策，因而一般属于企业高层管理者的决策范畴。

（三）确定型决策、风险型决策与非确定型决策

按照决策问题所处客观条件的不同，企业决策可分为确定型决策、风险型决策与非确定型决策。

确定型决策是指决策条件明确，方案的结果是确定的，只要经过直接比较即可做出方案选择的决策。例如，企业准备投产新开发的产品，有多个投产方案，在已知未来的市场条件肯定是很好的前提下，此时只要在各种可行的投产方案中选择出最好的方案即可。确定型决策由于未来的结果是肯定的，因此决策相对较为容易。

风险型决策是指决策条件存在不可控因素，可供选择的方案存在多种结果，各种结果出现的可能性事先可以做出估计的决策。例如，企业准备投产新开发的产品，有多个投产方案，产品未来投入市场的前景并不肯定，可能销路好，也可能销路不好，但销路好坏各自出现的可能性能够事先做出估计，此时由于对投产方案进行的选择，其未来的结果只能按某种概率实现，有一定的风险，因此属于风险型决策。

非确定型决策是指决策条件存在不可控因素，可供选择的方案存在多种结果，各种结果出现的可能性事先无法做出估计的决策。例如，企业准备投产新开发的产品，有多个投产方案，产品未来投入市场的前景并不肯定，可能销路好，也可能销路不好，销路好坏各自出现的可能性事先也无法做出估计，此时由于对投产方案进行的选择，其未来的结果是不确定的，因此属于非确定型决策。

（四）个体决策与群体决策

按照决策的主体划分，决策为个体决策与群体决策。

个体决策是指由决策者个人做出的决策。个体决策由于决策权的相对集中，协调

工作量小，因而有利于决策的迅速确定。但是。当今世界是信息爆炸的时代，企业管理面临着更多的复杂性、多变性和竞争性，个人的能力必定有限，个体决策易导致决策质量的下降。特别是当决策者以权决策，大搞“一言堂”，以个人意志代替科学决策时，则势必导致决策失败。

群体决策是指涉及两个或两个以上的人集体做出的决策。群体制定决策有利于集思广益，发挥群体每个成员的专业知识、技能和经验，可从更广泛的角度对方案进行评价和论证，从而做出更准确、更富有创造性的决策；以群体方式做出决策，也易于增加群体成员对决策方案的认同。但是群体决策参与制定决策的人员越多，提出不同意见的可能性就越大，就需要花更多的时间和进行更多的协调来达成相对一致的意见，从而导致群体决策的效率性较低。

除了上述分类方法外，决策还可以根据决策目标的多少而分为单目标决策和多目标决策，根据所涉及的时间长短而分为中长期决策和短期决策，根据决策组织层次可划分为高层决策、中层决策和基层决策，根据决策可否用数量表示可分为计量决策和非计量决策，等等。

四、决策过程

为了保证企业决策顺利进行，使决策富有成效，就必须认识决策工作的规律性，遵循决策的科学程序。一般决策的程序应有以下几个环节，见图 5-1。

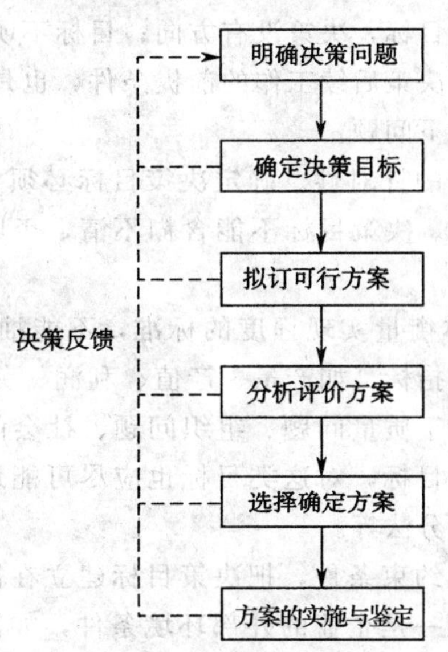

图 5-1　一般决策程序

(一) 明确决策问题

问题是指企业的现实状况与应达到或希望达到的状况之间的差距。决策的最终目的是要解决问题，因此能否正确地发现、分析和认识问题是决策的首要环节，是确定决策目标的前提条件。明确问题可从以下几个方面入手。

(1) 企业内的正常活动发生某种异常变化时，往往意味着发生了某种问题，此时应对异常现象深入分析，找出问题的原因，以此作为决策的出发点。

(2) 企业的外部环境条件发生变化，对企业的正常活动产生制约影响，从而要求企业做出相应反应，或者是从外部环境的分析中找出了企业存在的问题，这些都可作为决策问题加以把握。

(3) 企业的运行与原有的计划目标发生偏差，这或者说明企业的运行发生了问题，偏离了原有目标的方向；或者说明原有计划与实际情况不符，需要对原有计划做出调整，这些均可作为决策问题加以把握。

(4) 企业受到来自企业内部或外部的各方面批评，此时应多方听取不同的批评意见，从中发现可把握的决策问题。

对经营问题需要如实地、全面地进行定性定量分析来说明它的状况、产生的原因、性质、严重程度、发展趋势、解决的迫切程度和条件等。尤其是要说明产生问题的根本原因。只有明确了问题产生的根本原因，才可能有针对性地确定经营目标和制订解决问题的方案。

(二) 确定决策目标

决策目标所表达的是决策要解决的问题应达到的程度或取得的结果。决策目标是决策的出发点和归宿。没有目标，决策没有方向；目标不明确，则会导致决策的失误。因此，决策目标的确定既是决策后续工作的前提条件，也是最终评价决策成效的标准。确定经营决策目标应注意以下问题。

(1) 决策目标要有明确的针对性。确定决策目标必须要有的放矢，切中问题的要害，选中解决问题的突破口。决策目标不能含糊不清，否则，制订与选择决策方案都会无所适从。

(2) 决策目标要有具体衡量实现程度的标准，不能抽象空洞。在企业的决策中，有些决策目标本身就是数量指标，如产量、产值、利润、劳动生产率、市场占有率等；有些则是非数量指标，如属于质量问题、组织问题、社会问题等方面的决策问题，是难以直接用数量指标表示的目标，对这类目标也应尽可能地采取间接表示的方法使其数量化，如用百分比法、评分法等。

(3) 要明确决策目标的约束条件，把决策目标建立在需要与可能的基础上。决策目标中常涉及的约束条件：一是企业的外部环境条件，如国家的政策法规、外部经营资源等；二是企业自有资源条件，如人力、物力、财力等；三是决策者对决策目标附加的主观要求。这些约束条件都是确定决策目标的依据和注意事项。只有把这些约束条件搞清楚，拟订和评价决策方案才能有明确的标准，决策目标的实现才有其可能性。

(4) 要处理好多目标问题。决策的目标常常有许多个，并且有的目标还相互矛盾，给决策方案的制订和选择造成了困难。因此，必须对多目标进行妥善处理。处理的原则是尽量减少目标个数。应取消那些根本达不到的目标，放弃某些矛盾目标的一方或子目标，应把相差不多的目标、某些次要的目标合并成一个目标，还可采用综合的方法使目标减少。如果实在不能减少时，就要按目标的重要程度分出目标的主次。

（三）拟订可行方案

方案就是指解决问题的方法，从提出方案到确定方案，是决策整个过程的中心环节。拟订方案应遵循的原则有以下几个方面。

（1）要有两个以上的可行方案。众所周知，没有比较就没有鉴别。正与误、优与劣，都是在比较中发现的。在实际工作中，有些领导人不懂得决策需要选择的道理，往往只有一个方案便轻率地决定实施。这样的决策只能将其结果寄托在偶然与侥幸的基础上，极易导致决策的失误。

（2）各方案之间要有原则区别，要有明确的约束条件。拟订的多个可供选择的方案不能千篇一律或大同小异，各个方案之间应有原则的差异且互相排斥，这样才有可能进行选择。

（3）各方案要有明确的约束条件。各种决策方案的制订都有其约束条件，在制订决策方案时，约束条件越明确，越便于方案的分析比较，决策者提出的解决问题的办法才越具有针对性。

（四）分析评价方案

对可行方案要确定评价标准，采用科学的方法对方案进行分析比较，并做出客观的评估。分析评价方案应注意的问题包括以下几点。

（1）要有合理的评价标准。不同的决策问题有不同的具体评价标准，但确定评价标准的基本原则是共同的：一是保证能实现决策目标；二是保证在实现目标的前提下，付出的代价尽可能小；三是实现决策目标要承担的风险尽可能小；四是方案实施后产生的副作用尽可能小。

（2）评价标准既要有全面性又要突出重点。对决策方案的评价通常有三个方面的衡量标准，即技术价值、经济价值和社会价值，方案评价应建立在三个方面综合评价的基础之上。在实际决策过程中，要同时满足各方面的所有要求通常是不现实的，因此评价标准应有轻重缓急之分，根据实际情况确定标准的取舍原则。

（3）要采用科学的评价方法。决策中常用的评价方法有经验判断法、定量分析法、科学实验法等。

各种方法都有其长处和短处，决策者应根据不同的决策对象和要求，灵活地加以运用，并且应善于在决策中广泛地采用现代化的科学技术手段，不断提高决策评价的科学性。

（五）选择确定方案

在多方案评估的基础上权衡利弊，做出决断，确定能满足决策目标要求的满意方案。现代决策理论认为，通过决策选择的最终方案应以“满意”为原则，即决策不是选择最优方案，而是选择满意方案。这是因为要获得最优方案，决策者必须能够找到解决问题的全部可行方案，并能明确各个方案的实施结果。由于人们的认识和经验总是有限的，再加上人力、物力和时间的局限性，一般是很难将所有可行方案都找出来，因此实际决策中一般不具备选择最优方案的条件，只能是在有限的可行方案中选出满意的方案。

（六）方案的实施与监控

方案选定以后的实施与监控过程，并不是决策活动，但是由于决策的实现和决策的成效直接取决于这一过程，并且在这一过程中仍然包含决策的因素，因此它也应属于整体决策过程的重要组成部分。

在方案的实施过程中，首先应抓好方案的贯彻实施，要制订方案的实施计划和有效的控制措施，做到组织上的落实和资源上的保障；其次要采取有效控制，建立完善的监督机制和反馈信息系统，监督实施过程，从反馈中分析问题，以便于修正偏差，保证决策目标的实现。

五、几种常用的主观决策法

（一）头脑风暴法

在群体决策中，由于群体成员心理相互作用影响，易屈于权威或大多数人意见，从而阻碍产生创造性方案。头脑风暴法是为了克服这种遵从压力的一种相对简单的方法。它利用一种思想产生过程，鼓励提出任何种类的方案设计思想，同时禁止对各种方案提出任何批评。

在典型的头脑风暴会议中，一些人围桌而坐。群体领导者以一种明确的方式向所有参与者阐明问题，然后成员在一定的时间内自由提出尽可能多的方案，不允许任何批评，并且所有的方案都当场记录下来，留待稍后再讨论和分析。

此方法有利于大家充分开动脑筋，畅所欲言地发表个人意见，充分发挥个人和集体的创造性，经过相互启发，产生连锁反应，从而取得集思广益的效果。

（二）名义群体法

名义群体在决策制定过程中限制讨论，故称为名义群体法。如同参加传统委员会会议一样，群体成员必须出席，但他们是独立思考的。

具体来说，它遵循以下步骤。

（1）成员集合成一个群体，在进行任何讨论之前，每个成员独立地写下对问题的看法。

（2）每个成员将自己的想法提交给群体，然后一个接一个地向大家说明自己的想法，直到每个人的想法都表述完并记录下来为止（通常记在活动挂图或黑板上）。在所有的想法都记录下来之前不进行讨论。

（3）群体现在开始讨论，以便把每个想法搞清楚，并做出评价。

（4）每一个群体成员独立地把各种想法排出次序，最后的决策是采纳综合排序最前的想法。

这种方法的主要优点在于，使群体成员正式开会但不限制每个人的独立思考，而传统的会议方式往往做不到这一点。

（三）德尔菲法

德尔菲法又称专家预测法，是美国兰德公司与道格拉斯公司研究如何通过有控制的反馈使得收集的专家意见更为可靠而提出的一种方法。德尔菲法的特征是：吸收专家参与决策，充分利用专家的经验和学识；采用匿名或背靠背的方式，使每一位专家独立自由地做出自己的判断；决策过程几轮反馈，使专家的意见逐渐趋同。德尔菲法通常有以下步骤。

（1）设计问卷。通过一系列仔细设计的问卷，要求成员提供可能的解决方案。

（2）征询意见。向专家发出问卷，以背对背的方式向专家征询意见。每一个成员匿名地、独立地完成第一组问卷。

（3）统计归纳。将第一组问卷的结果集中在一起统计、归纳和总结。

（4）沟通反馈。将统计归纳后的结果再反馈给专家，每个专家根据这个总结归纳的结果，慎重地考虑其他专家意见，然后提出自己的意见。

（5）集中意见。把收回的第二轮征询意见，再进行统计归纳，再反馈给专家，一般经过三四轮就可以取得比较集中一致的意见。

（四）电子会议

电子会议是与计算机技术相结合的最新的群体决策方法。让参与决策讨论的人围坐在一张桌子旁，桌子上除了一系列的计算机终端外别无他物。将问题显示给决策参与者，他们把自己的回答打在计算机屏幕上，个人评论和票数统计都投影在会议室内的屏幕上。

电子会议的主要优点是匿名、诚实和快速。决策参与者能不透露姓名地打出自己所要表达的任何信息，一敲键盘即显示在屏幕上，使所有人都能看到。它还使人们充分地表达他们的想法而不会受到惩罚，它消除了闲聊和讨论偏题，且不必担心打断别人的“讲话”。

六、几种常用的计量决策方法

（一）盈亏分析法

盈亏分析法也叫量本利分析法，是指通过研究产量、成本和利润之间的关系，分析企业盈亏状况，从而对企业经营状况和经营决策做出评价的方法。

企业从事生产经营活动要消耗大量的人力、物力和财力，它们构成了企业的成本。

在企业的成本中，有的是随着产量的增长变化而变化，称为变动成本；有的则与产量的增长变化无关，称为固定成本。变动成本与固定成本之和就构成了产品的总成本。此种成本的划分方法是运用盈亏分析方法的基础。

当企业单位产品的价格高于单位产品成本时，企业的销售收入和产品总成本的数量在一定的产量上是相等的，即达到盈亏平衡，产量高于盈亏平衡点时，企业有盈利，产量低于盈亏平衡点时，企业则亏损。这种产量、成本和利润的关系，如图 5-2 所示。

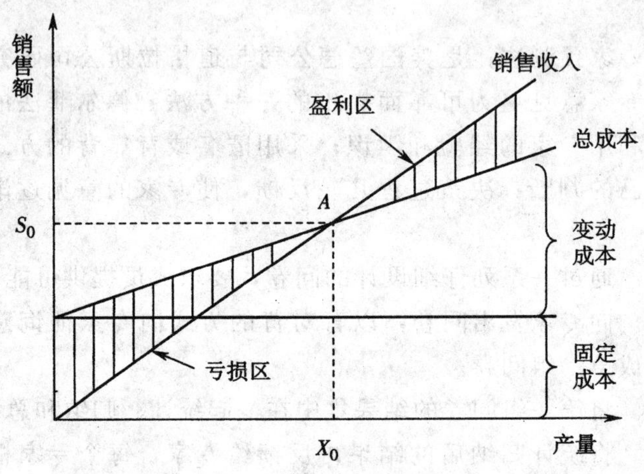

图 5-2　产量、成本和利润分析图

图中，A 为盈亏平衡点；X_0 为盈亏平衡点的产量；S_0 为盈亏平衡点的成本，此点也是盈亏平衡点的销售收入。

运用盈亏分析法的关键在于确定盈亏平衡点，其计算方法有多种。

产量法，即根据企业的固定成本和变动成本，确定盈亏平衡点所对应的产量。其公式如下：

$$X_0=\frac{F}{W-C}$$

式中，X_0 为盈亏平衡点产量，F 为总固定成本，W 为产品单价，C 为单位产品变动成本。

销售额法，即根据企业的固定成本和变动成本，确定盈亏平衡点所对应的销售额。其公式如下：

$$S_0=\frac{F}{1-\frac{C}{W}}$$

式中，S_0 为盈亏平衡点销售额，F，C，W 意义同前。

盈亏分析法的应用：

(1) 运用盈亏分析选择经营方案。通过计算盈亏平衡点的产量，可以判断各个经营方案的现实产量是在盈利区还是在亏损区。如果现实产量低于盈亏平衡点的产量，则方案不可取；高于盈亏平衡点产量的方案才是可行方案。

(2) 通过盈亏分析，寻找降低成本、增加利润的途径。可以确定达到一定目标利润的目标销售量或销售额，其公式分别如下：

$$X=\frac{F+P}{W-C} \quad S=\frac{F+P}{1-\frac{C}{W}}$$

式中，X 为实现目标利润的产量，S 为实现目标利润的销售额，P 为目标利润，F，C，W 意义同前。

(3) 通过盈亏分析，可以对产品的价格水平做出分析。可以确定企业在一定的产量和成本的条件下，处于盈亏平衡时的价格水平以及达到一定目标利润时的价格水平。

(二) 决策树法

决策树法是风险型决策常用的一种决策方法，该方法利用了概率论的原理，并以一种树形图作为分析工具。基本原理是用决策点代表决策问题，用方案分枝代表可供选择的方案，用概率分枝代表方案可能出现的各种结果，经过对各方案各种结果条件下损益值的计算比较，为决策提供依据。

决策树的基本图形及其所包含的符号的含义如图 5-3 所示。

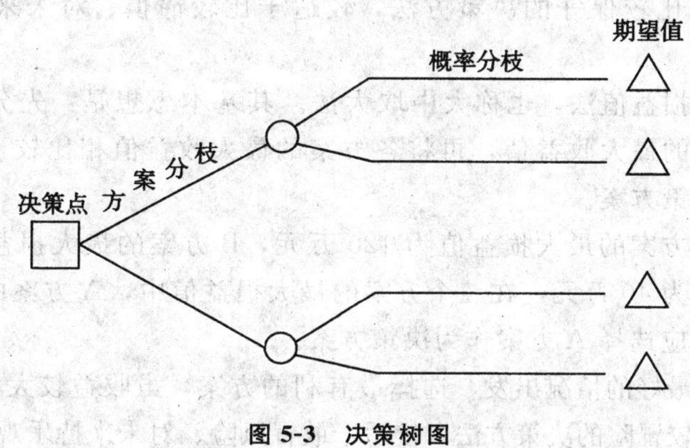

图 5-3 决策树图

注：□表示决策点，从它引出的分枝称为方案分枝，代表可采取的行动。○表示不自然状态点，从它引出的分枝称为概率分枝。

(三) 期望值法

期望值法可用于不确定型决策，在不确定型决策中，由于对方案实施中的状态和结果无法做出估计，因此决策在很大程度上取决于决策者的主观判断，不同的决策者对同一问题的决策结果可能是完全不一样的。

例如，现有 A，B，C 三个方案可供选择，方案实施后的未来状态可能有销路好、销路一般、销路差三种结果，各方案在各种结果下的损益值见表 5-1，而各种结果出现的可能性现在尚无法做出估计。此时对方案的选择就属于不确定型决策。

表 5-1　各方案在各种结果下的损益值

方案	损益值（万元）		
	销路好	销路一般	销路差
A 方案	120	50	−20
B 方案	85	60	10
C 方案	40	30	20

对于不确定型决策，通常有三种决策方法。

（1）极大极小损益值法，也称小中取大法。其基本思想是：先分别找出每个方案在各种自然状态下的最小收益值，再将各方案的最小收益值相比较，选出最大数值相对应的方案作为决策方案。

在上例中，A 方案的最小损益值为−20 万元，B 方案的最小损益值为 10 万元，C 方案的最小损益值为 20 万元，在三个方案的最小损益值中，C 方案的损益值为 20 万元是最大值，因此应选择 C 方案为决策方案。

此种方法是从最坏的情况出发，选择最有利的方案，虽收益较小，但所冒风险也最小，因而是一种比较保守的决策方法，较适于比较谨慎、对未来持悲观态度的决策者。

（2）极大极大损益值法，也称大中取大法。其基本思想是：先分别找出每个方案在各种自然状态下的最大收益值，再将各方案的最大收益值相比较，选出最大数值相对应的方案作为决策方案。

在上例中，A 方案的最大损益值为 120 万元，B 方案的最大损益值为 85 万元，C 方案的最大损益值为 40 万元，在三个方案的最大损益值中，A 方案的损益值为 120 万元是最大值，因此应选择 A 方案作为决策方案。

此种方法是从最好的情况出发，选择最有利的方案，虽收益较大，但所冒风险也最大，因而是一种比较冒险的决策方法，较适于敢冒风险、对未来持乐观态度的决策者。

（3）极小极大后悔值法，也称大中取小法。这里的后悔值是指将某种自然状态中各个方案的收益值相比较，同其中最大收益值之间的差额。此法的基本思想是：先计算出各个方案在各种自然状态下的后悔值，并从中找出最大值，再将各方案的最大后悔值中的最小值所对应的方案作为决策方案。

在上例中，首先根据所给资料计算出各个方案在各种自然状态下的后悔值，见表 5-2，然后找出各个方案的最大后悔值，其中 A 方案的最大后悔值为 40 万元，B 方案的最大后悔值为 35 万元，C 方案的最大后悔值为 80 万元，在三个方案的最大后悔值中，B 方案的后悔值为 35 万元是最小值，因此应选择 B 方案为决策方案。

表 5-2 各方案在各种自然状态下的后悔值 单位：万元

方案	后悔值			最大后悔值
	销路好	销路一般	销路差	
A 方案	0	10	40	40
B 方案	35	0	10	35
C 方案	80	30	0	80

第二节 现代企业计划

一、计划工作及其任务

（一）计划与计划工作

计划是指企业未来的行动方案，是对企业未来一段时间内的目标和实现目标的途径的策划与安排。一项完整的计划要告诉管理者和执行者未来一定时间内的行动目标是什么，人们要采取什么样的活动去实现目标，以及由谁去完成这项活动。

计划工作有广义和狭义之分。广义的计划工作包括计划的制订、贯彻、修正和实现的全过程。其主要包括对组织目标及目标体系的确定过程，对实现组织目标的行动方案进行选择的过程，对计划的贯彻实施过程，对计划实施中的修正控制过程，直至计划得以完成。狭义的计划工作是指根据组织内外部的实际情况，权衡客观需要和可能，提出在未来一定时期要达到的目标，以及实现目标的途径和方法。狭义的计划工作也就是指计划的制订过程。

企业的各项活动需要在计划的指导下有条不紊地进行。没有计划，活动就会经常出现混乱和低效率。因此，计划是一项重要的不可或缺的管理职能。

（二）计划工作的任务

计划工作的任务就是根据企业的外部环境和内部条件，确定出企业在一定时期内的奋斗目标；通过计划有效地整合企业的人力、物力和财力等各种资源，协调和合理安排组织中各方面的活动，以取得最佳的经济效益和社会效益。通俗地说，计划就是对企业未来行动方案的一种说明，一项完整的计划要告诉管理者和执行者未来一定时间内的行动目标是什么，人们要采取什么样的活动去实现目标，以及由谁去完成这项活动。我们可以扼要地将计划工作的任务和内容概括为六个方面：What（做什么）、Why（为什么做）、When（何时做）、Where（何地做）、Who（谁去做）、How（怎么做），简称为“5W1H”。

二、计划的种类

根据不同标准，可以将计划分成不同类型。

（一）战略计划与战术计划

根据计划对企业经营的影响范围和影响程度的不同，可将计划分为战略计划和战术计划。

战略计划需要分析如何在不确定的环境中选择企业未来的行动目标，规定企业经营活动的任务，体现了组织在未来一段较长时间内总的战略构想和总的发展目标，以及实施的途径。战略计划的基本特点可以归纳为：计划所包含的时间跨度长，涉及范围宽广；计划内容抽象、概括，不要求直接的操作性；计划的前提条件多是不确定的，计划执行结果也往往带有高程度的不确定性，因此，战略计划的制订者必须有较高的风险意识，能在不确定中选定企业未来的经营方向和行动目标。

战术计划是有关组织活动具体如何运作的计划，对企业来说，就是指各项业务活动开展的作业计划。战术计划主要用来规定企业经营目标如何实现的具体实施方案和细节。它将计划目标进一步细分到部门、岗位乃至个人，为计划的实施确定工作流程、确定人选、分派任务和资源、确定权利和责任。战术计划的计划期最短，通常表现为季度计划、月度计划、周计划、日计划等。战术计划的主要特点是：计划所涉及的时间跨度比较短，覆盖的范围也较窄；计划内容具体、明确，并通常要求具有可操作性；计划的任务主要是规定如何在已知条件下实现根据企业总体目标分解而提出的具体行动目标，这样计划制订的依据就比较明确；另外，战术计划的风险程度也远较战略计划低。

从计划内容、制订的过程和方法来说，战略计划要解决的是确定组织的发展方向、总体发展思路、资源配置策略，以使组织达到或维持在其环境中的某种地位。战略计划工作要求组织对环境有较为系统的认识和分析技能，要求组织的有关决策者具备创新意识和创新能力。战术计划要解决的则是在明确的战略目标指引下具体的活动安排以及有关资源安排策略。作为短期的作业计划，要求精确性和效率。为此，组织的有关管理人员应掌握一定的作业计划方法，特别是各种优化方法，如线性规划、动态规划等。

（二）长期计划、中期计划和短期计划

按计划期的时间不同，可以将计划分为长期计划、中期计划和短期计划。

长期计划与战略决策相对应。它描述了企业在较长时期的发展方向和方针，规定了企业的各个部门在较长时期内从事某种活动应达到的目标和要求，绘制了企业长期发展的蓝图。长期计划的目的在于组织活动能力的再生和扩大，因而其执行结果主要

影响组织的发展能力。长期计划的计划期通常为五年以上。

中期计划依据于长期计划，比长期计划更为具体和详细，具体说明企业各年应达到的目标和应开展的工作。中期计划的目的在于协调长期计划和短期计划的关系。中期计划的计划期通常在一年以上到五年以下。

短期计划比中期计划更为具体和详尽，规定了企业的各个部门在较短的时期内应该从事的各种活动及应达到的要求，为企业各部门、各环节在近期内的行动提供了依据。短期计划的目的在于已经形成的组织活动能力的充分利用，因而其执行结果主要影响组织活动的效率以及由此决定的生存能力。短期计划的计划期通常在一年或一年以下。

（三）综合性计划、专业性计划和项目计划

按计划的对象不同，可将计划分为综合性计划、专业性计划和项目计划。

综合性计划是对企业经营过程各方面所做的全面的规划和安排。综合性计划通常具有多目标，涉及整个企业的多个方面。例如，较长一段时期内执行的战略计划往往是覆盖面较广泛的综合性计划，但短期计划也有的是综合性的，比如企业在制订年度生产经营计划时就往往需要编制综合经营计划。

专业性计划则是对某一专业领域职能工作所做的计划，它通常是对综合性计划某一方面内容的分解和落实，如生产计划、销售计划以及为业务活动顺利开展服务的人事计划、产品成本计划、财务计划、物资供应计划、设备维修计划和技术改造计划等，就是特定职能领域的专业性计划。这些计划都只涉及企业活动的某一方面，它们与综合性计划构成一种局部与整体的关系。专业领域的计划并不一定都是短期的，也有长短期之分。

项目计划是针对企业活动中的某些特定项目所做的计划，如企业的改造计划、扩建计划、企业并购计划等。

三、计划工作的程序

计划编制过程包括五个阶段的工作：收集资料的准备阶段；确定计划目标阶段；形成计划目标体系阶段；综合平衡阶段；编制并下达行动计划阶段。

（一）收集资料，为计划的编制提供依据

计划是为决策的组织落实而制订的，分析决策制定的环境特点和决策执行的条件是编制行动计划的前提。在正式编制计划前需要做的工作，一是分析企业发展战略，把握企业决策层对计划的要求；二是调查研究当前和未来的市场环境，并对市场的发展趋势进行预测；三是内部条件分析。

（二）确定计划目标

计划目标是计划方案的核心，它通常以量化的数字指标来表示。一项计划必须首先明确该计划的总体目标，然后才可能为组织的各部门和各环节选定进一步的具体目标。选定目标阶段应注意以下问题：一是合理选择计划目标的内容；二是合理选择计划目标的先后顺序；三是计划目标要具体、可衡量，不能抽象空洞，要简明扼要、易懂易记。

（三）形成计划目标体系

企业的计划目标通常是通过企业内部各种活动的相互关系、相互促进来实现。因此，企业自上而下的各个管理层次的目标之间，以及各横向管理部门的目标之间必须构成一个相互关联的网络，即目标体系。要使目标体系具有效果，就必须使各个目标彼此协调，互相支援，互相连接。这就要求计划编制过程中要做好计划目标的分解和目标结构的分析工作。目标分解是将计划确定的企业总体目标分解落实到各个部门、各个活动环节，将长期目标分解为各个阶段的分目标。目标结构分析的目的在于审视企业各个部分的具体目标能否实现，从而能否保证整体目标的达成。

（四）计划的综合平衡

计划综合平衡的目的是分析计划期内企业各部门、各环节和各时期的任务是否相互衔接和协调。综合平衡包括任务的时间平衡和空间平衡、任务与资源供应之间的平衡、任务与能力之间的平衡。

（五）编制并下达执行计划

在综合平衡的基础上，组织即可为各个部门（如业务、人事、财务、供应）编制各个时段（年度、季、月等）的行动计划，并下达执行。

四、计划编制的方法与技术

计划工作效率的高低和质量的好坏在很大程度上取决于所采用的方法和技术。以往人们通常采用定额核算、系数推导以及经验平衡等方法制订计划。现代企业面对着更加复杂和动荡的外部环境，未来的各种不确定因素也日益增多，这就要求采用现代数学工具和以计算机技术为基础的各种新的计划编制方法和技术。

（一）滚动计划法

滚动计划法是一种将长期计划、中期计划和短期计划有机结合起来，根据计划实施过程中的变化定期修订计划并逐期向前推移的方法。

滚动计划法为了减少环境不确定性对计划的影响，在计划制订时，同时制订若干期的计划，在计划内容上采用近细远粗的办法，即近期计划内容详尽，是计划的具体实施部分，具有指令性；远期计划内容粗略，是计划的准备实施部分，具有指导性。在第一个计划期完成后，再根据环境变化的要求将下一期的计划加以调整和细化，同时再将未来计划期顺延一期，如此逐期滚动，以保持计划的连续性，故称滚动计划法。

滚动计划法首先加强了计划内容与客观实际的衔接，提高计划的准确性和实施的有效性，更好地发挥计划的指导作用；其次有利于使长期计划、中期计划、短期计划有机结合，从而使计划与不断变化的环境因素相协调，使各期计划在调整中一致；另外可使计划具有相当的弹性，有效规避风险，适应竞争需要，提高了组织对环境的应变能力。

（二）线性规划法

线性规划是运筹学中最基本的方法，也是运筹学最早研究的数学方法，一直被广泛地运用。线性规划在企业经营决策中，主要用于解决两类问题：一类是在任务和目标确定后，如何统筹安排，尽可能地以最少的人力、财力、物力去实现这个任务和目标。另一类是在一定的人力、财力、物力资源条件下，如何最大限度地利用这些资源，完成更多的工作或使任务完成得更好。

线性规划即是在一组给定的线性约束条件下，求线性的目标函数的最大（小）值。例如，在确定产量与利润的关系时，不可避免地要受到人力、设备、材料供应、资金、时间等条件的制约，需加以综合考虑，我们就可以运用线性规划来选择最优的产量方案。

（三）投入产出分析方法

投入产出分析法是对物质生产部门之间或产品之间的数量依存关系进行科学分析，并对再生产进行综合平衡的方法。投入产出分析法的基本原理：任何经济活动都包括投入和产出两部分。投入是指生产活动中的消耗，产出是指生产活动结果。投入与产出的数量具有一定比例关系。投入产出分析法就是利用这种数量关系求出各部门之间的一定比例编制投入产出表，然后计算各部门（各生产环节）的直接消耗系数和间接消耗系数（合计为完全消耗系数），进一步根据某些部门最终产品的要求算出各部门应达到的指标，用来编制综合计划。

投入产出分析方法的优点：一是反映各部门（或各类产品）的技术经济结构，可用以合理安排各种比例关系，特别是在综合平衡方面是一种有效的手段。二是在编制表过程中不仅能充分利用现有统计资料，而且能建立各种统计指标之间的内在关系，使统计资料系统化。编出的投入产出表则是一个比较全面反映经济过程的数据库，可用来做各种经济分析和经济预测。三是表格形式直观简易，利于广大计划工作者理解接受。四是使用面广，可在不同组织和各类企业中应用。

（四）计量经济学方法

计量经济学方法是运用现代数学和各种统计的方法来描述和分析各种经济关系的方法，是把经济学中关于种种经济关系的学说作为假设，运用数理统计的方法，根据实际统计资料，对经济关系进行计量，然后把计量的结果与实际情况进行对照。这种方法对于管理者调节经济活动，加强市场预测，以及合理安排生产计划和改善经营管理都具有很大实用价值。

计量经济学方法应用于计划工作的步骤包括以下几点。

（1）因素分析，即按照问题的实际情况分析影响它们的因素种类、因素之间的相互关系，以及各因素对问题的影响程度。

（2）建立模型，即根据分析的结果，把影响问题的主要因素列为自变量，所有次要因素作为因变量；然后，建立起含有一些未知参数的数学模型。

（3）参数估计，即利用数学方法及统计资料确定数学模型中的参数值。

（4）实际应用。一是为经济预测服务，即预测因变量在将来的数值；二是用于评价方案，即对计划工作或决策工作中的各种方案进行评价，以选出最优方案；三是进行结构分析，即利用模型对经济系统进行更深入的分析，以找出关键问题，保障计划顺利实施。

计量经济学方法的优点：一是对各种问题及影响它们的因素进行分析，便于管理者加强市场预测；二是数学方法的运用和数学模型的建立，可以使计划的任务指标量化，具有较大的应用价值；三是参数的设立，使模型具有相对的弹性，减少了因用数学方法对一些问题的假设而造成的误差。

（五）网络计划技术

网络计划技术的基本原理是：利用网络图（如图 5-4 所示）来表达计划任务的进度安排及各项工作之间的相互关系；在此基础上进行网络分析，计算网络时间，找出关键工序和关键路线；通过不断改善网络计划，选择最优方案，并付诸实践；最后，在计划的执行过程中，进行有效的控制与监督，保证最合理地使用人力、物力和财力，达到预定的计划目标。

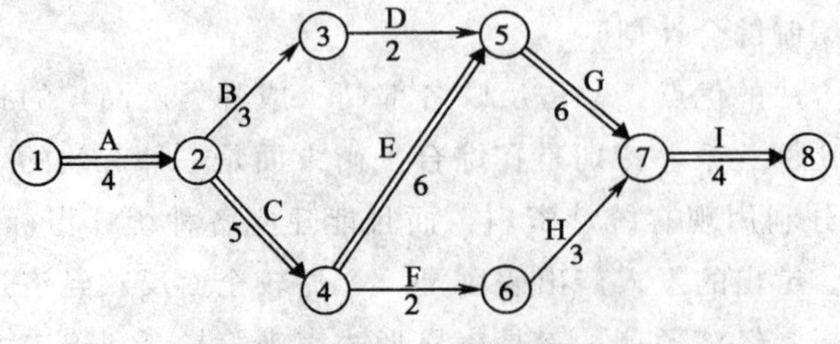

图 5-4　网络图

上图为一个简单的网络图，表明了要进行的一项计划。该项计划共包含 A，B，C，D，E，F，G，H，I 共九个工序。图中的每一条箭线代表一项要完成的工序，箭线旁的数字表示完成该项工序所需要的时间；图中的圆圈代表一项工序的结束和下一项工序的开始；图中的双箭线表示关键工序，双箭线自始至终相连接在一起的工序表示关键线路，表明要完成该线路上的工序所需时间最长，因而是保证计划能否按时完成的关键。

从上面简单的网络图中，可以看出网络计划方法有以下几个特点：一是它能够形象地把整个计划用一个网络图形式表示出来；二是从网络图上可以清楚地看出各个工序的先后顺序与制约关系，如 B 和 C 两道工序必须要在 A 工序完成之后才能开始，G 工序则必须在 D 和 E 两道工序都完成之后才能开始；三是可以确定出自始至终对完成计划在期限上有关键性影响的工序和关键线路，图中 A，C，E，G，I 等工序经过的路线，为关键线路，耗时最长，因而是计划进度控制的关键；四是网络计划的优劣容易比较，经过多个网络图的编制与比较，便于从多种可能方案中选择最优方案付诸实践；五是在执行过程中，可根据各工序实际完成情况加以调整，保证自始至终对计划进行有效的控制与监督，使总计划如期或提前完成；六是可以用电子计算机计算，对于大型工程的复杂网络，用电子计算机进行计算、优化和调整，经济效果更加显著，这是传统的横道图不能比拟的。

第三节　现代企业组织

一、企业组织及其结构

（一）企业组织

人们对组织的认识是随着管理实践的深入而逐步深化的。传统的组织观念认为组织就是为了达到特定目标结合而成的团体或单位。这种看法认为：组织具有特定的共同目标，这个目标单凭个人的力量是无法实现的，必须靠群体的协调努力；组织具有一定的稳定性，维持着组织体的存在；组织是闭合系统，不与外界发生直接联系。基于传统组织观念的这种认识，组织被看作一个静态的结合体，即组织的目标是不变的，组织机制是稳定的，组织结构是固定的，组织与外界是隔绝的。

随着生产力和科学技术的高速发展，现代企业的社会性，生产经营活动的复杂性，逐渐使人们摆脱了对组织的狭隘理解。

现代组织观念把企业组织看作一个有机系统，即企业组织是在特定的环境下，为了达到共同的目标组合而成的有机系统。这种看法认为：企业组织依赖其他组织而存在，同其他组织在特定的环境下发生着千丝万缕的联系；企业组织与环境之间有着密切的依赖性，要同外部环境进行信息的、物质的、能量的交换，要随环境的变化进行目标的调整，企业组织的功能与机制也要随外界环境的变化不断补充完善。基于现代组织观念的这种认识，企业组织被看作一个动态的、开放系统的、充满生机和力量的有机整体。

传统的组织理论侧重于从静态的角度研究组织。现代组织理论侧重于从动态的角度研究组织。企业组织的实质是动态的组织活动过程和相对静态的社会实体单位的统一。

（二）企业组织结构

1. 企业组织结构的内容

企业组织结构是企业组织的空间表现形式。现代企业生产经营活动的过程主要体现为，为实现企业的总体目标，对人、财、物和信息进行合理组织，使之有效配合的过程。企业组织结构就是把在动态的组织活动过程中，人、财、物和信息有效的合理配合关系相对固定下来所形成的架构。企业组织结构也可理解为，是为了实现企业目标，对企业员工在分工协作、职务范围、责任、权力等方面进行划分所形成的组织结构体系。

企业组织结构的内容主要包括职能结构、层次结构、部门结构和职权结构。其中，职能结构是指为了实现企业组织目标，由企业组织内部应具备的各项业务工作形成的任务结构；层次结构是指企业组织内部自上而下纵向划分的管理层次结构；部门结构是指企业组织内部在各管理层次上，按职能和工作专业化分解形成的横向组织结构；职权结构是指企业组织内部对各部门各环节的权力、责任及其相互关系进行划分所形成的权责关系结构。典型的组织结构如图 5-5 所示。

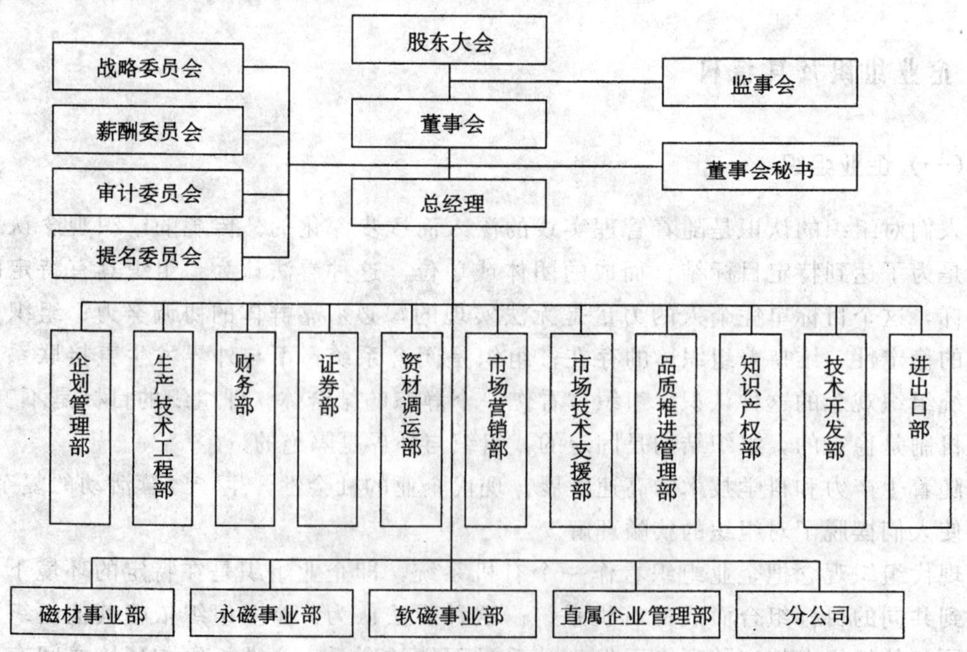

图 5-5 某公司组织结构图

2. 企业组织结构的特征要素

现实中见到的企业组织结构是形式多样、千差万别的。观察和分析企业组织结构需要从组织结构特征因素的分析入手。组织结构特征因素是指描述一个组织结构的各方面特征的标志或参数，是对组织结构进行比较和评价，乃至组织设计的基础。组织结构的主要特征有以下几个方面：

(1) 管理层次和管理幅度。一个组织管理层次的多少，表明组织结构的纵向复杂程度。大型组织，从高层领导到一般员工，中间可能有五六个或更多的层次；而小型组织则可能仅有两三个管理层次。管理幅度则说明一名上级直接领导的下级人数，管理幅度少则为三四人，多则可达十余人或更多。

(2) 专业化程度。组织结构的专业化程度，表明组织各职能工作分工的精细程度，具体表现为部门（科室）和职务（岗位）数量的多少。同样规模的组织，如果部门机构多，说明分工较细，专业化程度较高。

(3) 地区分布。组织的地区分布表明组织结构在空间上的复杂程度。如果组织机构集中在某一个城市，这是地区分布最简单的情况；如果在国内某几个地区设有分公司、分厂或派出的管理机构，则地区分布就较复杂些；如果在国外设有分支机构，则地区分布就更为复杂。

(4) 分工形式。各部门的横向分工，不仅表现在分工的精细程度，而且表现在分工采取的形式。在工业企业中，常见的分工形式有职能制（按职能分工）、事业部制（按产品分工）、地区制（按地区分工）以及混合制等。

(5) 关键职能。关键职能是指在组织结构中处于中心地位、具有较大职责和权限的职能部门。关键职能对实现组织目标起着关键的作用。不同的组织可能具有不同的关键职能，有的可能是质量管理，有的则可能是技术开发、市场营销等。

(6) 集权程度。集权程度表明组织权限的集中和分散程度。如果组织的决策和管理权集中在高层管理人员手中，表明这种组织结构的集权程度是高的；反之，如果把其中相当大的部分放给较低的管理层次，则其集权程度是低的，或说分权程度较高。

(7) 规范化程度。规范化是指以同种方式完成相似工作的程度。组织各项管理业务，特别是日常事务性工作，一般都具有标准的程序和方法。如计划编制工作，就应有程序和内容的规范标准。组织规范化程度，具体可以用已经纳入组织管理工作标准的数量及其详细程度来衡量。

(8) 制度化程度。制度化是指组织中采用书面文件的数量。表明组织中各项管理工作的程序、方法、要求等的规章制度，以及上下左右用以传递信息的各种书面文件如计划、指示、通知、备忘录等，都是用正式的书面文件的形式来描述的。

(9) 职业化的程度。职业化是指员工为了掌握本职工作需接受正规教育和职业培训的程度。如果组织中的多数员工需具有较高文化程度，或经过较长时间的职业培训才能熟练地从事某项工作，则这种组织的职业化程度就比较高。

(10) 人员结构。人员结构是指各部门人员、各职能人员在组织员工总数中的比例情况。它通过技术人员比率、管理人员比率、中高级领导人员比率、基本生产工人同辅助生产工人的比率等来表示。

以上十个方面的因素，概括地反映了一个组织结构的主要特征和全貌，是调查和了解一个组织结构所应掌握的基本方面。

二、企业组织工作及其作用

企业组织工作是指通过设计和维持企业组织内部结构和相互之间的关系，使企业全体员工为实现组织目标而有效地协调工作的过程。

（一）企业组织工作的内容

（1）组织设计，即以组织目标为中心，对组织的层次、部门、权力和责任进行分解、划分和分配的过程，组织设计的结果是组织的层次结构、部门结构和权责关系的确立。

（2）组织协调，即对组织各部门之间以及组织成员之间的相互分工协作关系、权责关系的组织与协调，规范组织内部的各种关系，激励全体员工为实现企业目标而努力工作。

（3）组织变革，即根据企业组织内外条件的变化对组织结构提出的要求，对组织结构做出相应调整，促进组织活动的正常发展。

（二）企业组织工作的作用

企业组织工作是企业管理的重要职能，其在管理中具有不可忽视的地位和作用，对提高企业生存与发展的能力有着极其重要的影响。

1. 组织工作是实现企业目标和计划的重要手段

在企业管理中，计划职能由于关系着企业目标和计划的制订，因而在管理职能中占有主导地位。但是计划的实施还要依赖于组织工作提供保证和实施条件。组织工作是计划工作的自然延伸，计划所确定的目标和战略只有通过组织工作才能落实到组织的每一个成员。

2. 组织工作为企业员工的共同劳动提供了合理分工的组织基础

任何一个组织都是人们共同劳动的组合体，组织工作就是通过设计和维持组织内部的分工结构和相互之间的关系，使人们为实现组织目标而有效地协调工作的过程。例如，工业企业要求有从事生产制造、技术开发、财务管理、市场营销等不同业务的人员，也需要高层、中层、基层等不同层次的管理人员，组织工作可以通过确定相应的组织结构将这些人员的分工加以规范化、明确化。

3. 组织工作可以有效地保证企业各项工作的协调，提高工作效率

在现实的管理工作中，由于部门之间、组织成员之间责权关系不明确而工作扯皮、人浮于事，造成工作效率低下的现象比比皆是。组织工作则从企业整体的角度，明确各个部门和成员的责任、权限和相互之间的关系，通过组织协调，使人们在分工协作的过程中协调一致地高效率地进行合作。

三、企业组织工作的一般原则

（一）战略目标导向原则

战略目标导向原则是指企业组织结构的建立和工作的开展，要有明确的目的，要以实现企业战略为基本着眼点。

企业战略是企业全体员工在一定时期内共同活动所要达到的最终目的，并规定企业生产经营活动的基准和方向。战略的有效实施，取决于组织结构的合理性和效能。企业的组织工作要善于根据企业战略的要求，将企业的各种业务工作进行分工和组合，划分部门和单位，以便有助于企业员工明确自己的工作目标和岗位要求，为实现企业战略做出各自的贡献。

（二）顾客满意原则

顾客满意原则是指企业组织结构的层次与部门的划分、职责和权限的分配、管理规范的确立要以顾客满意为基本出发点。

在激烈的市场竞争环境中，能否在需要的时间内为顾客提供质优价廉的产品和服务，以赢得市场，取决于企业是否具有以顾客为中心的业务流程，而业务流程的运转是以与之相适应的组织结构为支撑的。因此，组织结构的设计和运作也要以顾客满意为评价标准，要始于顾客需求，终于顾客满意。

（三）人本主义原则

人本主义原则是指企业组织设计和运作必须重视人，要以人为本，要能够最大限度地调动人的积极性和创造性。

知识经济的到来，使得知识成为企业生存和发展的最重要资源。人是知识的载体，企业的生存与发展取决于人的作用的发挥。传统的组织观念过于注重组织层级和职能的划分，组织中的人被看作机器的零部件，忽视了员工的心理和需求，从而导致了组织运作的低效率。现代企业组织设计与运作应将以人为本作为核心理念，要重视人，要充分考虑员工的个性特点，充分尊重和发挥人性，倡导人本管理。

（四）有效管理幅度原则

管理幅度是指一个上级领导直接指挥的下属人员的人数。由于一个人的精力和体力是有限的，这也就决定了管理者的管理幅度是有限的。管理幅度过小，会导致机构臃肿，人浮于事，造成人力资源的浪费；管理幅度过大，会造成管理人员的工作过多，易导致工作的失控。有效的管理幅度是组织结构设计应考虑的重要因素。

有效的管理幅度，一方面取决于管理者的素质和能力，另一方面取决于管理者所从事的管理工作的范围和性质。一般高层管理者从事企业的战略决策与管理工作，管理幅度应小一些；中层和基层管理者从事执行性管理职能较多，因而管理幅度可大一些。

（五）分工与协调原则

企业的大量信息和复杂的管理工作，需要分门别类进行专业管理，专业分工有利于提高管理工作效率和水平。但是仅有分工是不够的，企业各个部门既要有专门的职责范围，每个部门的工作又必须在其他部门的协调配合下才能顺利完成。企业组织各部门和各环节彼此相互联系、相互配合，专业管理的作用才能发挥出来，企业组织才能正常运转。

企业组织工作贯彻专业分工和协调配合的原则，一方面要合理划分企业各个专业职能部门的范围，分工应适应企业外部环境的变化，切实反映企业经营活动的客观需要和企业现有条件的可能；另一方面要明确专业分工之间的相互关系，明确上下管理层次之间、左右管理部门之间的协调方式和控制手段，这样才有利于从组织上保证企业目标的实现。

（六）集权与分权相结合原则

集权与分权反映了企业在权力分配上的两种不同做法，在相同的组织技术条件下，集权制还是分权制的组织体制往往反映出不同的管理效果。

集权与分权都是开展企业管理活动所必不可少的手段。一方面集权是组织行动统一性的要求。企业作为人们共同劳动的集体，有着统一的目标，要使组织成员的行动达到协调一致，则集权下的统一命令和指挥是必不可少的。另一方面也应看到分权是组织分工的必然要求。企业成员的共同劳动是以分工为基础的，要为企业成员创造履行分工职责的条件，则赋予一定的权限是必需的。正确地处理好集权与分权的关系，应注意把握好集权与分权的适度。集权的程度应以不妨碍下属履行职责，有利于调动积极性为准；分权的程度则应以下级能够正常履行职责，上级对下级的管理不至于失控为准。

（七）责权统一原则

权力是指在一定的组织中，为履行职责而由上级所授予的，能够影响其他人或组织行为的能力；责任则是指在接受职务时必须履行的义务。履行义务要以相应的权力为保证，权力的行使则以履行义务为目的。

贯彻责权统一原则，就要做到因事设职，因职设人，要明确规定每一个岗位、每一个人员的责任和权力，以利于增强人们的责任感。要使权力和责任相对应，做到责任到人，权力到人，不能有权无责或有责无权。有权无责会导致滥用权力，对工作不负责任；有责无权则会妨碍人们积极性的发挥和责任的落实。

（八）相对稳定和适时调整与变革原则

企业组织的稳定性主要是针对企业组织内部机体而言。企业组织内的部门设计、分工以及部门间的协作关系应具有一定的稳定性，企业人员安排也要保持相对稳定。组织结构的稳定性，有利于企业组织正常运转和协作关系稳固；人员的稳定，有利于各项工作持续正常地开展，也利于专业化、标准化的管理。

企业组织适时调整与变革，主要是对企业组织机体与外部环境的适应关系而言。它要求根据环境的变化，相应地调整企业组织结构的内部构成，合理进行专业分工，强化组织功能，从而增强企业的适应能力。

四、企业组织设计的权变因素

现代企业面对的是一个复杂的、瞬息万变的、充满竞争的外部环境，组织的形态、功能、结构、管理活动都要受到环境的制约，要在与环境的适应中求得生存和发展。这种适应性必然要求企业能够顺应外部环境和自身条件的变化做出相应的调整。引起企业组织变革的因素是多方面的，一般影响因素主要有以下内容。

（一）企业环境

企业组织的发展与变革要受到外部环境的制约，包括资源供应条件、市场特点、国家的政策法规和经济形势等。例如，企业面临的市场稳定程度不同，对其组织结构的要求也不同：若市场相对稳定，产品销售受市场的影响比较小，或者企业处在卖方市场的环境下，此时企业组织结构倾向于封闭式的系统，以求从组织上保证最佳的生产效能；若企业面临的市场变化快，市场状况不稳定，或是处在买方市场上，生产者之间竞争激烈，此时企业组织结构就要向开放式系统转变，以保证企业组织的灵活性和适应性。

（二）企业战略

企业的组织结构是实施企业战略的重要手段。战略与组织结构的这种关系，也就决定了企业组织结构的发展必须服从于企业战略的要求。这一点在一个企业的不同发展战略阶段上有着明显的体现。一个企业从成立、发展到壮大，甚至成为一个经营多样化的跨国公司，总是由小到大，有着不同的战略发展阶段，其组织结构也必然有着与之相适应的从简单到复杂的不断变革、完善的过程。当企业处于发展初期，规模小时，其战略目标可能仅局限在扩大生产规模上，此时企业组织结构比较简单，职能部门的划分是极其有限的，联系环节也较少；当企业处于发展壮大阶段，其规模相应扩大，经营领域向着行业内的更深层次和更广大的地域扩散时，简单的组织结构就无法适应战略的发展，此时就要求职能专业分工的进一步细化，形成一套较为复杂的职能管理结构；当企业的经营实力强大，以经营多样化战略，推动企业跨行业、跨地区，以至于跨国发展时，单纯以职能划分的组织结构就难以适应，此时就要求建立以产品或地区划分的更为复杂的组织结构形态。

（三）企业规模

以一定的形式存在的组织，客观上具备一定的规模，如生产能力的大小，拥有固定资产的多少，员工人数的多少，等等。企业组织结构模式，要受到企业规模的制约。如组织层次的划分、职能部门的划分、各部门之间的联系方式，都与企业规模直接相联系。企业规模小，组织结构相对简单；企业规模越大，相应职能专业分工越细，部门设置就越多，各部门之间的联系多且复杂。因此，随着企业规模的扩大，企业组织结构必然要有一个发展和变革的过程。

（四）企业生产技术特点

生产技术特点与组织结构有着密切的联系。企业的生产技术水平、机器设备、生产的连续程度和自动化程度不同，对组织结构的要求也有所不同。若企业的生产自动化程度高，工艺联系紧密，组织结构就要强调联系的紧密性，分工要细化，生产指挥系统要强化。若企业的自动化程度低，产品品种繁多，工艺差别较大，在组织结构上就要强调专业化管理，生产经营系统要强调灵活性和适应性。企业重大的技术改造与更新，往往也要求组织结构的调整与变革。

（五）企业员工素质

企业员工的素质水平，既影响到企业组织作用的发挥，又约束着组织结构的形成模式。企业管理人员的能力和水平，必然影响到生产直线指挥和职能参谋部门作用的发挥；工程技术人员和工人的能力和水平，必然影响企业技术和生产组织作用的发挥。企业内部纵向管理层次系统、横向职能参谋系统，以及权力关系系统的形成和发挥作用，与员工素质及其主动性和积极性有着密切的关系。因此，员工素质的不断提高，必然要求组织结构的调整和变革。

五、企业组织结构设计

企业组织结构设计工作具有涉及面广、内容繁杂的特点，对企业组织未来运行的效率和效果有着重要的影响。为保证组织结构设计的成功，其工作必须科学地有步骤地进行。组织结构设计的一般工作内容包括：明确目标，确定组织结构设计的基本原则；进行职能分析，确定职能结构；进行管理层次和部门结构设计，确定组织结构框架；进行权力分配，确定组织的职权结构；进行横向协调设计，确定组织结构内部的协调方式、控制手段和组织运行的标准；进行人员配备，确定组织的人员结构。如图 5-6所示。

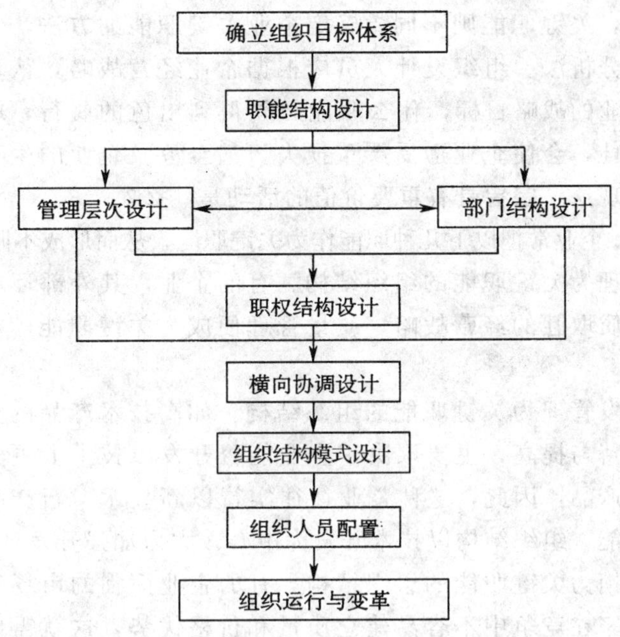

图 5-6　组织结构设计程序

(一) 职能结构设计

职能结构设计是对企业的管理业务进行总体设计，以确定企业各项经营管理职能及其结构。职能结构设计是组织结构设计全过程的首要环节，对组织结构的形成有着重要的影响。首先，职能结构设计是设计组织框架的基础和前提。企业管理组织的各个层次、部门、职务和岗位，不过是企业各项职能和业务的载体，组织结构设计必须因事设职。只有先正确地确定企业的各项职能及其合理结构，才能科学地划分管理层次、部门及其结构。其次，职能结构设计可以把实现企业战略、目标、计划所需要的各项管理职能特别是其中的关键职能加以明确，并通过进一步的职能分解，落实到各项具体的管理业务工作上，从而为企业战略和目标的执行提供管理组织上的可靠保证。

1. 基本职能设计

基本职能是指企业在从事生产经营活动中不可或缺的职能。企业作为从事生产经营活动的组织，为了获得生存和发展，必须对自身生产所需的人、财、物等经营资源和供、产、销等环节构成的动态循环过程进行系统的、有效的管理，这就必须具备一些基本的生产经营和管理的职能。企业组织的职能设计应以企业组织的目标分解为基本前提，完善的组织目标体系可为组织结构中的职能划分提供可靠的依据，从而避免部门划分的盲目性。在企业组织结构设计中，职能目标的划分和确定对部门划分有着最直接的影响。

2. 关键职能设计

关键职能设计是根据企业的战略，在众多的基本职能中找出一两个对实现企业战略起关键作用的职能，以便在职能结构设计中突出关键职能的作用，把它置于企业组织框架的中心地位，以保证企业强有力地发挥关键职能对实现企业战略的促进作用。

企业战略不同，关键职能则不同。确定企业关键职能的方法，实际上就是企业战略与关键职能相关分析法。组织设计人员应根据企业经营战略，认真思考以下几个问题：①为了达到企业的战略目标，什么职能必须得到出色的履行，取得优异成绩？②什么职能履行得不佳，会使企业遭受严重损失，甚至危及企业的生存？③企业的经营宗旨是什么？对体现这一宗旨具有重要价值的活动是什么？

在实际工作中，企业常把以下几种职能作为关键职能，从而形成不同类型的组织结构。

(1) 以质量管理为关键职能的组织结构。有的企业，其外部环境和内部条件决定了该企业实行以优质取胜的经营战略，质量管理便成为关键职能，构成以质量为中心的组织结构。

(2) 以技术开发管理为关键职能的组织结构。如高技术产品的企业，其市场开拓和市场占有率的保持与提高，主要取决于企业能否开发出技术上更先进的换代产品和具有潜在需求的新产品，因此，这种企业往往实行以新技术、新产品取胜的战略，技术开发成为关键职能，组织结构以技术开发为中心，大力加强开发部门。

(3) 以市场营销为关键职能的组织结构。有的企业面临的市场经常处于供过于求的状况，各生产厂家在竞争中不容易建立质量和价格优势，这就需要把市场营销放在关键位置上，形成以市场营销为中心的组织结构，把市场营销部门的地位提高到决策性的管理层次。

(4) 以生产管理为关键职能的组织结构。有的企业产品在市场中属短线产品，供不应求，战略重点就是搞好生产，大力提高产量，因此，其组织结构是一种以生产管理为中心的模式。

此外，还有以成本管理为中心的组织结构，以及以资源管理为中心的组织结构等。一个企业的关键职能设计的类型是相对稳定的，但不是一成不变的。随着外部环境和内部条件的变化，企业战略会有所调整，组织结构也会调整，关键职能的设计也会随之改变。

3. 职能分解

职能分解就是将已确定的基本职能和关键职能逐步分解，细化为独立的、可操作的具体业务活动。

职能分解的目的一方面是为了将各项职能具体化，使之能够执行和落实。企业中的各项基本管理职能，如生产、营销、财务等，具有许多具体的工作内容，需要许多人员以至于几个部门来共同承担，因此必须通过职能分解，列出各项基本职能的具体业务工作内容，作为分派工作的依据，指定专人或某个部门负责执行，以保证该项职能的落实。另一方面是为后续的其他组织设计工作提供前提条件。例如，部门划分、职权结构的确立、管理规范的制定等，都要建立在职能分解的基础上。

(二) 管理层次设计

管理层次是指企业管理组织在纵向分级管理的基础上形成的组织层次。企业有着众多的员工，企业领导者不可能面对每一个员工进行指挥和管理，这就需要设置管理层次，在各管理层次上进行逐级指挥和管理。

1. 管理层次的划分

一个企业往往有多个管理层次，它既存在于企业的直线指挥系统中，如工厂、车间、工段、班组等组织层次，也存在于企业的职能参谋系统中，如厂部、专业职能部、职能科室等组织层次。一般而言，企业组织的管理层次可分为高层管理层、中层管理层和基层管理层，不同管理层次在企业中的地位不同，其职能和权限也不同。

高层管理层的主要职能是对整个企业的管理负有全面责任，负责制定企业的大政方针，沟通企业与外界的交往联系，对企业生产经营活动实行统一指挥和综合管理等。高层管理层对企业的发展战略、计划与目标、资源安排拥有充分的权力，高层决策正确与否，直接关系到企业的成败。

中层管理层的主要职能是贯彻高层管理层所制定的大政方针，拟订和选择计划的实施方案、步骤和程序，对计划的实施进行控制，并指挥基层管理层的活动。中层管理层在管理组织中起承上启下的作用。

基层管理层的主要职能是按照规定的计划和程序，协调基层组织的各项工作和实施生产作业，直接指挥和监督现场作业人员，保证上级下达的各项计划和指令的完成。基层管理者直接与具体作业人员打交道，是整个管理系统的基础。

2. 管理幅度的确定

管理幅度是指一个上级管理人员直接指挥的下级人员的人数。其对组织结构的最终形成有着重要的影响。一般来说，在一定的组织规模条件下，管理者管理幅度的多少，在很大程度上制约着组织层次的多少。管理幅度与组织层次的关系是反比关系，即在组织成员数量一定的条件下，管理幅度加大，组织层次就会减少，反之，管理幅度缩小，组织层次就要增加。

对一个组织而言，管理幅度过大和过小都是不好的。

管理幅度过小，会导致组织层次过多。这会有明显的缺点：一是要大量增加管理人员，导致管理费用的增加；二是会导致上下级关系的复杂化，致使信息沟通迟缓，易失误；三是导致计划工作和控制工作的复杂化；四是不利于下属人员积极性的发挥。管理幅度大，组织层次少的组织，一般能够克服上述缺陷，具有减少管理人员和费用、信息沟通迅速、易于管理的特点。

管理幅度过大，也有其不利之处，一是管理人员管理的下属越多，则对下属提供的具体指导就会越少；二是可能由于管不过来而导致对下属管理的失控。

一个企业组织的管理层次设置多少个为好，各个层次的管理幅度究竟以多大为宜，要受多种因素的综合影响。一般的影响因素有领导者的能力、下属人员的素质、上级对下级授权的明确程度、计划的完整程度、组织政策的稳定程度、考核标准的明确程度、信息沟通的效率和组织的凝聚力程度，等等。

（三）部门结构设计

部门结构是按照水平专业化分工的原则，将每个管理层次划分为若干个管理单位。

部门化是建立组织结构的基本途径，在组织管理中具有重要意义。常见的部门划分方法有多种。

1. 职能部门化

职能部门化是指按管理职能划分管理单位，即将具有相同管理职能的人集中在一个部门工作，如将企业组织结构划分为研究开发、生产、销售、财务等部门（如图 5-7 所示）。这是部门划分中最为广泛采用的一种方法。它的优点在于能充分反映专业化分工的原则，有利于提高各职能部门的工作效率，有利于提高管理人员的专业化水平。它的缺点在于部门的局部利益有可能导致部门间的协调困难，从而降低企业组织整体效能的发挥。

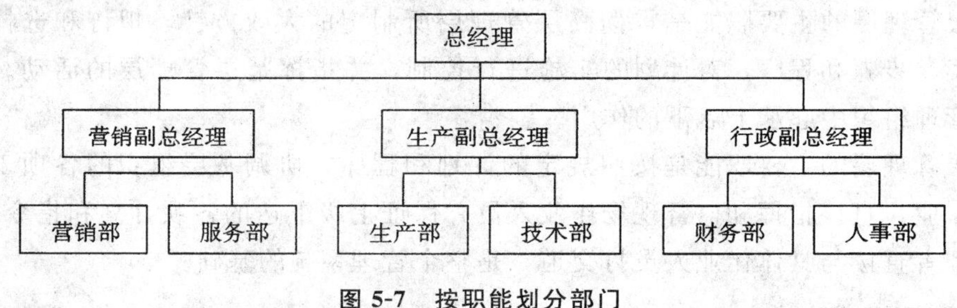

图 5-7 按职能划分部门

2. 产品部门化

产品部门化是指按行业或产品划分管理单位，即根据一个产品或一类产品建立部门，把涉及该产品的所有生产经营活动组织在一起，并给予相应的责权（如图 5-8 所示）。它的优点是符合专业化生产的原则，有利于发挥各类专业技术力量的特长，提高产品专业化生产的工作效率和效益。其缺点是需较多的具有全面管理能力的人才，总公司与产品部门的职能机构设置重叠，加大管理成本。

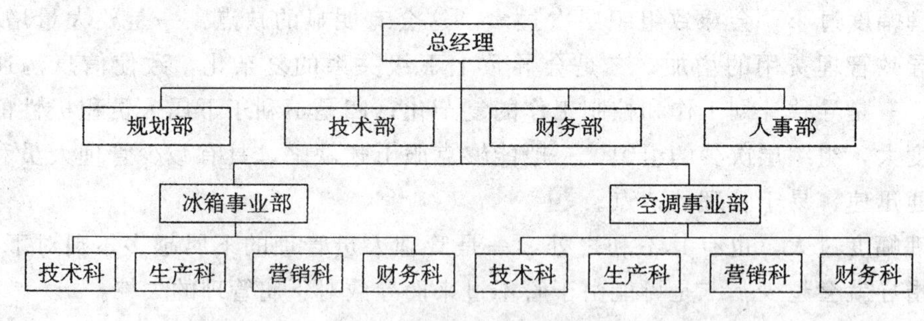

图 5-8 按产品划分部门

3. 地区部门化

地区部门化是指按照地理位置划分管理单位，即在企业的生产经营活动涉及的地区范围较大时，按地理位置划分若干个部门，以便于各部门能够根据本地区的特点，有针对性地开展生产经营活动（如图 5-9 所示）。它的优点在于可以谋求地方化经营的效果，使企业更好地了解市场，接近顾客，适应市场。它的缺点在于企业的管理难度大，管理人员与费用增加。

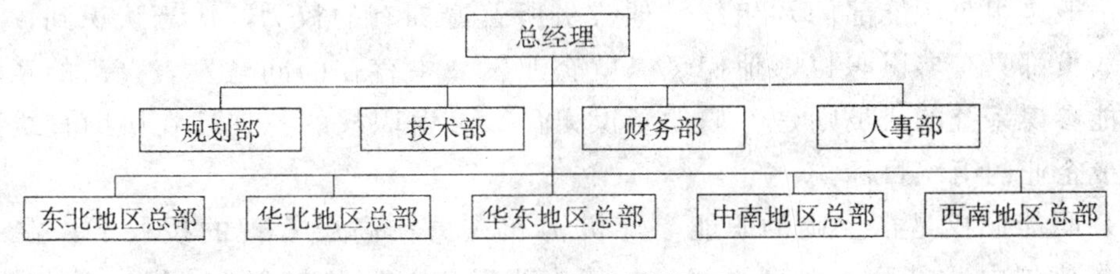

图 5-9　按地区划分部门

4. 人数部门化

人数部门化是指按人数多少划分管理单位，即在一个组织中由于人数较多，不易管理，而将人们划分为几个部分，各部分大小均以人数多少为标志。此类划分方法主要见于一些企业的基层组织。

5. 服务对象部门化

服务对象部门化是指按企业不同的服务对象划分管理单位，即针对具有不同性质要求的服务对象，分别设置部门，以便于各个部门能更好地满足服务对象的要求。例如，按不同的顾客类别划分，可以有效地迎合不同顾客的要求，为不同的顾客提供分门别类的服务。

6. 工艺过程部门化

工艺过程部门化是指按照生产技术工艺特点划分管理单位，即将具有相同工艺特点的人员、设备、工作业务集中在一个部门内，以便于提高工艺专业化水平，提高工作效率。

部门划分的各种方法，最终都是为了实现企业的目标。每种方法都有其优缺点，每个企业的横向部门结构都可能是多种方法的综合。企业组织结构设计时，应综合考虑，慎重选择。

（四）职权结构设计

职权结构是与企业的管理层次结构和部门结构相对应的。职权结构将不同类型的职权合理分配到各个层次和部门，明确规定企业上下级之间和同级之间的权力关系，为企业各部门认真履行职责、实现企业目标提供保证。

1. 职权的划分

企业组织内部的各种职权按其性质划分，主要有直线职权、参谋职权和职能职权，三种职权由各种不同类型的人所拥有，并在管理中有着不同的作用。

（1）直线职权是指上级指挥下级工作的权力，表现为上下级之间的命令权力关系。直线职权主要存在于企业组织内的各个层次及各个部门中有着上下级领导与被领导者关系的场合，是指上级领导者为实现目标而负有直接责任的权力。直线职权主要表现为命令和指挥的职权。

(2) 参谋职权是指在组织活动中的顾问性、服务性、咨询性、建议性的权力。参谋职权一般是组织职能部门及组织其他成员所普遍拥有的权力。应当认识到，企业中的任何成员都具有参谋职权，他们可以就企业发展中存在的问题发表自己的意见，而企业职能参谋系统的成员则是专职的参谋人员。参谋职权的行使旨在协助直线职权有效地完成企业的组织目标。

(3) 职能职权是指企业的职能参谋机构和人员在高层管理的授权下，在一定的职能工作范围内，向下一级直线部门或其他部门和人员发布命令、提出要求的权力。职能职权的实质是企业的直线主管人员将本属于自己的一部分直线职权分离出来，授予了职能参谋机构和人员。这种授权适应了现代企业管理复杂化、专业性强、领导工作负担重、部门和层次增加等对管理工作提出的要求，有利于发挥专业管理职能的作用，减轻直线领导人员的工作负担；有利于加快信息传递的速度，提高管理工作效率。

职权划分应该保证企业内部管理指挥的集中统一。若统一性遭到破坏，就会出现多头领导、多头指挥，管理将产生混乱。因此，职权设计中必须处理好直线职权、参谋职权和职能职权的关系。

首先，直线职权与参谋职权的关系可概括为“参谋建议、直线命令”的关系。确定这一关系主要是为了在组织的活动中贯彻命令统一性的原则。在组织活动中，若是所有的职能部门都拥有直线命令的权力，就会出现政出多门、多头领导的局面，从而导致管理上的混乱。因此，在组织中只有各层次的直线人员才应拥有直线职权，掌握命令和指挥的权力；而参谋人员所拥有的参谋职权，只是建议权而不是指挥权，参谋人员提出的建议只有被直线人员采纳后由直线人员做出决定并向下发布命令才能有效(如图 5-10 所示)。

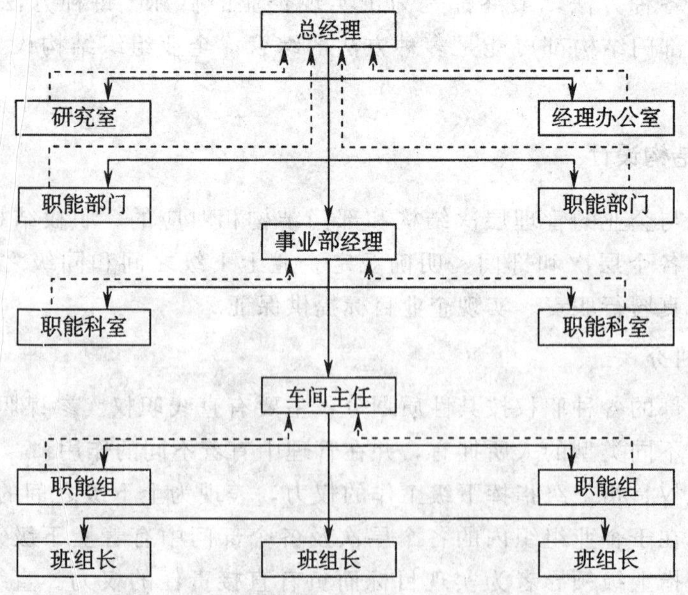

图 5-10 直线职权与参谋职权关系图

其次，职能职权的授予应注意把握一定的限度。高层管理人员将一些职能职权授予一些部门和个人，使这些部门和个人拥有了对下级直线组织的指挥权力，当这些职能职权扩大到一定程度时，下级管理人员就可能失去对本部门工作的控制。因此，从维护权力的统一性而言，在企业组织中应限定职能职权的范围和其作用的层次（如图5—11 所示）。

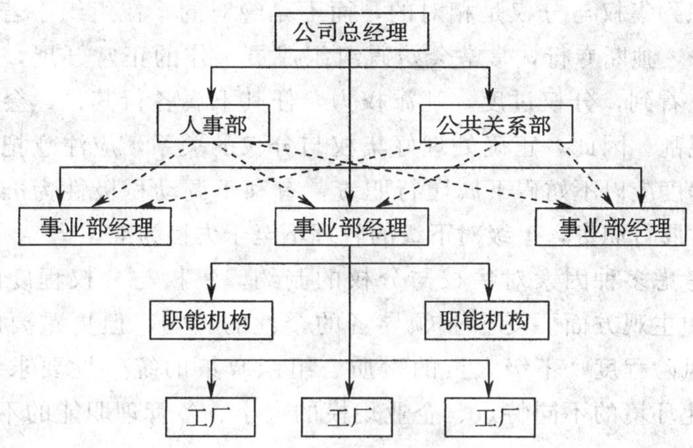

图 5-11　直线职权与职能职权关系图

2. 集权和分权

不同企业组织在管理层次之间的权力分配上有着不同的要求和表现，从而构成了企业组织权力系统的不同类型。企业组织权力系统的基本类型可以根据决策权的集中与分散程度划分为集权型与分权型两种基本类型。

(1) 集权型的企业组织是把企业的生产经营管理权限较多地集中在企业最高领导层的一种组织形式。此类组织经营决策权一般由高层领导掌握，中下层管理人员只有一般业务决策权，上级对下级的控制较严，一切行动听上级指挥；企业组织具有统一对外经营、统一核算的特点。其优点是有利于集中领导，统一指挥，提高职能部门的管理专业化水平和工作效率。其缺点在于限制了中下层人员积极性的发挥，延长了信息沟通的渠道，使企业组织缺乏对环境的灵活性和适应性。

(2) 分权型的企业组织是把企业经营管理权限适当分散在企业中下层的一种组织形式。此类组织的重大经营决策权仍由高层领导掌握，但中下层可有一般的经营决策权，上级对下级的控制较少，以考核目标为主，不干预其日常生产经营过程，使下级能够在一定的权限范围内自主地决定问题，自行履行工作职责；中下层在一定程度上有对外独立经营、独立核算的权力。分权的依据主要是职能、地区或产品。其优点在于可充分调动中下层人员的积极性，使高层领导免于陷入日常事务，企业对市场环境的适应性强。其缺点在于不利于部门间的协调，管理难度大。

集权与分权反映了企业领导层在权力分配上的两种不同做法。在相同的组织技术条件下，集权制与分权制的组织体制往往有不同的管理效果，因此必须正确认识和把握好集权与分权的关系。

首先，应认识到集权与分权都是开展企业管理活动必不可少的手段。一方面，集权是组织行动统一性的要求。企业有着统一的目标，要使组织成员的行动达到协调一致，则集权下的统一命令和指挥是必不可少的。另一方面，也应看到分权是组织分工的必然要求。企业成员的共同劳动是以分工为基础的，要为企业成员创造履行分工职责的条件，这就要求给予下级履行职责的充分权力。

其次，应认识到集权与分权是相对的，而不是绝对的。在组织中若是集权过度，领导者权力集于一身，独断专行，常常会妨碍组织成员工作的正常开展，制约人们积极性的发挥。另外也应看到，分权过度，乱派权力，任其下属各行其是，会导致管理上的失控，造成组织的混乱。因此，正确处理好集权与分权的关系，应注意把握好集权与分权的适度。集权的程度应以不妨碍下属履行职责，有利于调动积极性为准；分权的程度则应以下级能够正常履行职责，上级对下级的管理不至于失控为准。

最后，还要考虑多种因素对集权与分权的制约。集权与分权程度的确定要受多种因素的影响，其中主观方面要受企业领导者的个性的影响，但更重要的是客观因素的影响，如决策的风险程度、下级人员的素质、组织政策的统一性要求、控制系统的健全程度，以及企业环境的不同特点、企业规模的大小、各管理职能的不同要求等因素。

3. 授权

授权是指上级领导者给予下级一定的权力，使下级在一定的监督之下，拥有相当的自主权。授权者对被授权者有指挥和监督的权力，被授权者有行使权力的权利，并负有向授权者汇报情况和完成任务的责任。

正确的授权是正常开展组织活动的基本保证，关系到组织目标及其战略能否得到正确的贯彻实施。为保证正确的授权，在授权中应坚持以下原则。

(1) 明确目标，清楚授权的内容和目的。明确目标是授权的基本前提。这里需要明确三个问题：一是授权者及被授权者首先应清楚地知道为什么要授权；二是要明确授权的内容是什么；三是要明确被授权人工作的考核目标。在实际的管理活动中，组织领导层在向各职能部门授权时，必须向被授权者明确所授事项的任务目标及权责范围，使被授权者清楚地知道该做什么及应达到的程度。这样既有利于下属完成任务，也可避免下属推卸责任。

(2) 要做到正确用人。在组织中的任何一项职责和权力都与组织总体目标的实现有着密切的联系，因此正确授权一定要建立在合理用人的基础上，要保证接受权力的人能够履行职责，正确行使权力。在现实的管理活动中，合理用人应做到：一要“因事设人”，而不要“因人设事”；二要“视能授权”，选择具有自觉履行职责的意愿，同时又具备行使权力所需能力的人作为授权对象。

(3) 授权要适度，所授权力与承担的职责要相当。首先应认识到，科学授权应做到权力和责任的有机结合。这是因为履行职责是组织成员的工作任务，而拥有一定的权力是履行职责必不可少的手段，因此在明确职责的基础上，上级应授予下级履行职责所必需的权力。例如，企业组织领导层在向销售部门的主管授权时，既要明确提出销售目标，也要赋予其制定营销策略、决定针对市场的应变措施、调配相应的资源等权力，使其能正常履行工作职责。其次也应认识到，授权不能过度。要明确授权者与被授权者责任的绝对性。授权的实质是上级将权力委托给下级代为行使，而权力的所有权仍然由上级掌握。因此就责任而言，应明确两个方面：一是下级接受了权力就要对上级负责，二是上级仍对权力负有最终的责任。过度放权，会导致对被授权者的管理失控。

（4）要保证授权过程的集中统一。为了保证组织活动中的集中命令、统一指挥，正确的授权应坚持命令统一性的原则。一方面应注意要逐级授权，不应越级授权，即一个上级只能向自己的直接下属授权，而不应该越过自己的下属，向更下一个层次的人员授权；另一方面应注意，一个下级只应接受一个上级的授权并对其负责。在现实的组织活动中，越级授权，或者一个下级同时接受来自多方面的授权并担负多方面的责任，容易造成管理上的混乱，导致工作效率的降低。

（5）要加强对授权后的有效控制。首先应认识到，授权不是放权，由于授权者最终掌握着权力的所有权，并要对被授权者的行为负有责任，因此授权后，授权者仍应对被授权者履行职责的过程进行监督控制，以保证下级能够履行责任并正确行使权力。

（五）横向协调设计

管理作为一个整体系统，各个组成部分之间必然有着相互联系和相互制约的关系，各部分之间只有在相互协调的基础上，才能发挥各自的效能，以及组织的整体效能。因此，搞好部门间的协调，是组织结构设计的重要内容。

1. 组织结构的协调

组织结构的协调是指针对组织结构自身的缺陷而需要进行的协调。在组织活动中，常常出现由组织结构设计不合理导致的问题，如由于管理层次或部门划分的不合理，从而出现管理真空或管理重复；由于缺少保证横向联系的部门和人员，从而无人解决因部门分工而产生的矛盾；或者由于机构设置和职权关系存在缺陷，妨碍了横向关系的协调等，此时就需要进行调整。

涉及组织结构的协调方式，一般需要对组织结构做出调整。常见的方式有：

（1）设置联络员、临时性或永久性的任务小组或委员会，主管部门之间的横向联系和协调任务；

（2）建立职能部，将工作联系较为密切的职能科室划归职能部领导；

（3）建立事业部，把以某类业务有关的所有部门集中统一领导；

（4）建立矩阵结构，围绕某项任务的完成，将职能部门进行纵横交错的组织等。

2. 组织运行的协调

组织运行的协调是指针对组织的动态工作过程出现缺陷而需要进行的协调活动。如在组织活动中，由于工作流程不科学、管理标准不合理或者管理规范不健全，工作人员的业务活动得不到必要的指导和约束，工作的主观随意性强，从而造成工作的混乱，此时就要做出调整。涉及组织运行的协调，目的在于调整和改善组织的动态工作过程，并不涉及组织结构的调整。常见方式有：

(1) 明确岗位工作标准，制定科学的管理工作规范，以利于各部门统一标准，协调配合；

(2) 定期召开工作例会，提出和研究解决工作中存在的矛盾和问题；

(3) 跨部门直接沟通，部门之间直接联系解决问题；

(4) 联合办公和现场调度等。

3. 人际关系的协调

人际关系的协调是指为了防止或解决人际关系缺陷而需要做出的协调活动。在组织活动中，管理人员是组织结构和组织运行的主体，如果人际关系不合，如互相抱有成见、彼此存在误解等，就会使部门之间的横向联系受阻。因此，良好的部门之间的协调还有赖于良好的人际关系的支持。人际关系方面的协调对于组织的运转具有一种长期的、潜在的“润滑”作用。常见方式有：

(1) 推行大办公室制，实行集体办公，加强员工之间和部门之间的沟通，创造和谐的环境和氛围；

(2) 建立员工联谊组织，建立跨部门的横向联谊活动，增进员工之间的感情；

(3) 为各级人员建立、疏通反映意见的正式渠道；

(4) 建立基层运营组织，建立各种自我管理的委员会，实现基层自主管理，培养员工的管理能力，增进他们之间的交流与感情；

(5) 倡导人际关系和谐的组织文化等。

(六) 组织结构模式设计

企业组织结构的形式，不同的行业，不同生产规模的企业是不同的，常见形式有以下几种。

1. 直线制组织

直线制组织结构形式是工业发展初期的一种最简单的组织结构形式，其特点是企业中的各种职位，都是按照垂直系统直线排列，不存在管理的职能分工，一个下属人员只接受一个上级主管人员的命令和指挥。如图 5-12 所示。

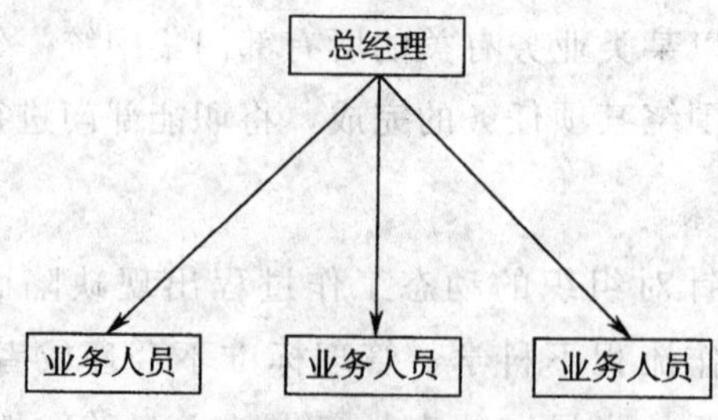

图 5-12 直线制组织结构形式

直线制组织结构形式具有机构简单、权力集中、责权分明、联系简捷、命令统一等优点。缺点是总经理不仅从事直线指挥工作，而且要承担企业的各种专业管理职能，一旦企业规模扩大，业务复杂的情况出现后，则一个人的能力就难以负担全部管理工作。这种组织结构形式，一般只适用于那些没有必要按职能实行专业管理的小型企业，或应用于现场作业管理。

2. 直线-职能制组织

直线-职能制组织结构形式是企业较为广泛采用的一种组织结构形式。其特点是：在组织结构中具有两套系统，一是由直线指挥人员构成的按自上而下的组织层次划分的直线指挥系统，他们在相应的层次上具有对下级人员的指挥命令权；二是由专业职能人员构成的按照管理职能专业分工划分的横向职能系统，他们不具有对组织各层次的指挥命令权，而是为其所对应的直线指挥人员充当参谋，提供建议，协助工作。如图 5-13 所示。

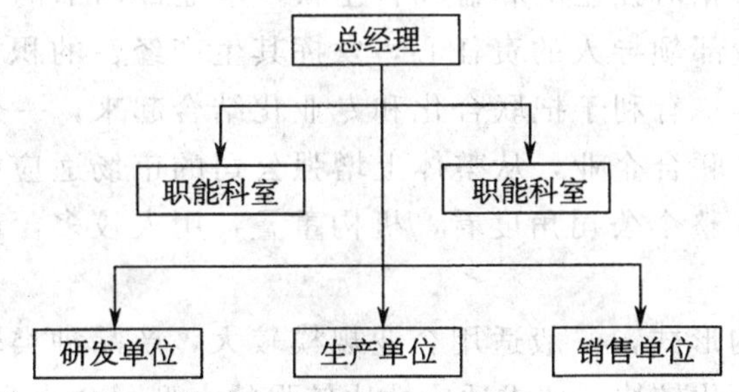

图 5-13　直线-职能制组织结构形式

直线-职能制组织结构形式有利于集中命令，统一指挥，有助于提高直线指挥人员管理的有效性；管理职能实行专业化分工，有助于提高管理人员的专业管理水平，提高工作效率。但是也易存在权力过于集中、不利于下属人员积极性和主动性的发挥，管理职能的专业化分工较细，部门之间横向沟通差，协调的难度大等问题。

直线—职能制组织结构形式，一般在企业规模比较小、产品品种比较简单、工艺比较稳定、市场销售情况比较容易掌握的情况下采用。

3. 事业部制组织

事业部制组织结构形式按照“集中政策，分散经营”的原则，根据企业的生产经营活动，按产品或地区的不同建立事业部。总公司主要负责研究和制定公司的各种政策和涉及公司整体发展的重大决策；事业部是一个利润中心和责任中心，在总公司领导下，实行独立核算，自负盈亏，对公司负有完成利润计划的责任，但在总公司的宏观控制下，有经营管理的自主权，可以独立地从事生产经营活动。如图5－14 所示。

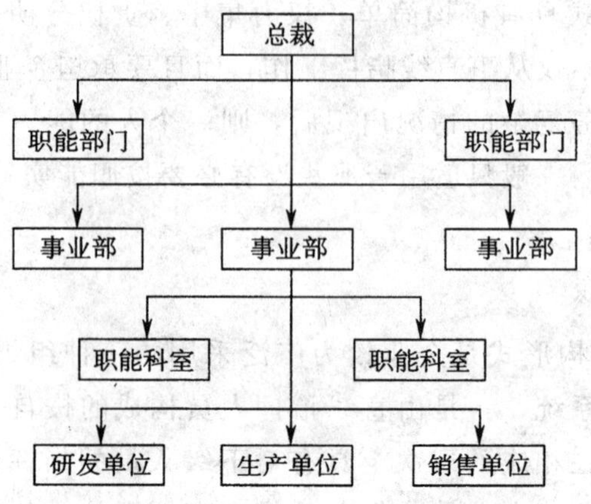

图 5-14　事业部制组织结构形式

事业部制组织结构有利于公司的最高管理层摆脱日常行政事务，搞好战略决策和长远规划；各事业部有相对独立的利益和自主权，事业部内部的生产经营活动比较容易协调，并能加强事业部领导人的责任心，发挥其生产经营的积极性和主动性，有助于全面管理人才的培养；有利于把联合化和专业化结合起来，一个公司可以经营种类很多的产品，形成大型联合企业，从整体上增强公司的市场适应能力和竞争能力。但是事业部制组织结构从整个公司角度看，机构重叠，用人较多，事业部之间的协调难度较大。

事业部制组织结构形式，一般适用企业规模较大，产品种类较多，产品之间工艺差别较大，市场条件变化较快，要求适应性比较强的大型联合企业。

4. 矩阵制组织

矩阵制组织结构形式是把按职能组合业务活动，以及按产品或项目组合业务活动的方法结合在一起的组织结构形式。在企业组织结构中既有按职能划分的垂直领导系统，又有按产品或项目划分的横向领导系统。如图 5-15 所示。

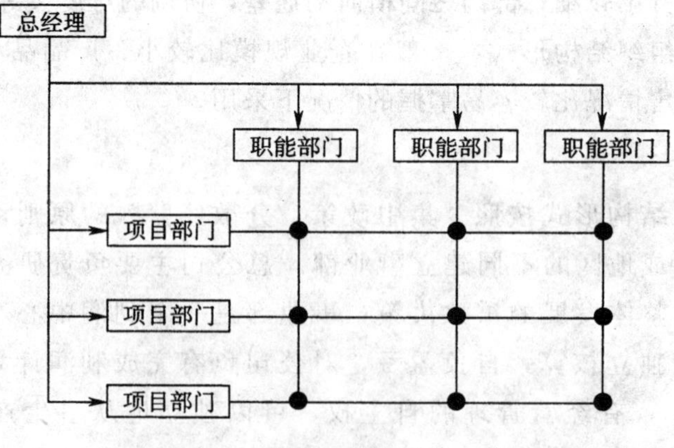

图 5-15　矩阵制组织结构形式

该形式的运作方式是：为了完成某项任务，例如新产品开发，组成专门的产品或项目小组去执行。在研究、试制、制造的各个阶段，有关职能部门的人加入小组，以利于协调各有关部门的活动，保证任务的完成。矩阵制组织结构形式是固定的，但每个产品或项目小组是暂时的，任务完成以后就撤销，成员回原单位，再去执行别的任务。

这种组织结构灵活性、适应性强，具有各种专长的人员组织在一起，便于沟通意见，协调各职能部门之间的协作。缺点则在于组织的稳定性差；小组成员既接受小组的领导，也接受其原职能部门的领导，双重领导易产生多头指挥、责任不清的局面。

随着企业经营环境的变化，为提高企业对环境的适应能力，这种组织结构在越来越多的企业中有着广泛运用的趋势。

5. 集团控股型组织

现代企业的经营已经超越了企业内部边界的范围，企业与企业之间开始结成比较密切的长期的联系。这种联系在组织结构上的表现就是形成了集团控股型组织。通常是以一个实力雄厚的企业为核心，以产权联系为主要纽带，通过产品、技术、经营契约等多种方式，把多个企业联结在一起，而形成的多层次的法人联合体。

联合体中起主导作用的是一个具有较强经济实力的控股公司，它通过控股、参股所拥有的控制权实现对成员企业的投资决策、人事安排、发展规划以及生产、营销、开发等经营活动的控制和干预，协调和维持成员企业行为的一致性。成员企业之间根据相互控股、参股的程度和协作关系的不同，分为核心层企业、紧密层企业、半紧密层企业和松散层企业。

控股型结构是建立在企业间资本参与关系的基础上。基于这种持股关系，对那些企业单位持有股权的大公司便成为了母公司，也称为集团公司，被母公司控制和影响的各企业单位则成为子公司（指被绝对或相对控股的企业）或关联公司（指仅被一般参股的企业）。子公司、关联公司和母公司一道构成了以母公司为核心的企业集团。如图 5-16 所示。

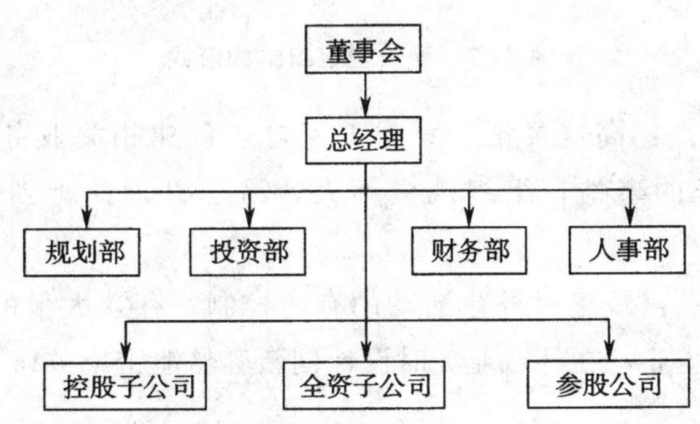

图 5-16　集团控股型组织结构形式

集团公司或母公司与它所持股的企业单位之间不是上下级之间的行政管理关系，而是出资人对被持股企业的产权管理关系。母公司作为大股东，对持股单位进行产权管理控制的主要手段是：母公司凭借所掌握的股权向子公司派遣产权代表和董事、监事，通过这些人员在子公司股东会、董事会、监事会中发挥积极作用而影响子公司的经营决策。

6. 网络型组织

网络型组织是利用现代信息技术手段而建立和发展起来的一种新型组织结构。现代信息技术使企业与外界的联系加强了，利用这一有利条件，企业可以重新考虑自身机构的边界，不断缩小内部生产经营活动的范围，相应地扩大与外部单位之间的分工协作。这就产生了一种基于契约关系的新型组织结构形式，即网络型组织。

网络型组织结构是一种只有很精干的中心机构，以契约关系的建立和维持为基础，依靠外部机构进行制造、销售或其他重要业务经营活动的组织结构形式，如图 5-17 所示。被联结在这一结构中的两个或两个以上的单位之间并没有正式的资本所有关系和行政隶属关系，但却通过相对松散的契约纽带，透过一种互惠互利、相互协作、相互信任和支持的机制来进行密切的合作。

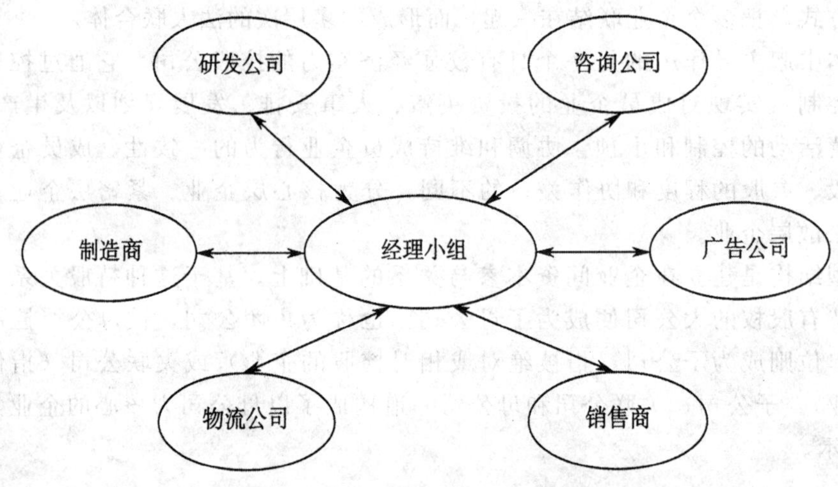

图 5-17 网络型组织结构形式

网络型组织的优点：高度灵活性；减少了自己创建相关业务部门的成本；组织集中精力做它最擅长的事情；组织规模不大，易于管理；所创造的人均效益往往较高。

网络型组织的缺点：缺乏对外包活动的有力控制；存在大量的沟通协调成本；以设计为其核心业务的企业，在外包业务时设计创新容易泄密或被窃取。

第四节　现代企业控制

一、控制工作及其作用

(一) 控制工作的含义

控制工作是指企业在动态的环境中为保证企业目标的实现而采取的各种检查和纠偏等一系列活动或过程。控制既可理解为一系列的检查、调整活动，即控制活动，也可理解为检查和纠偏的过程，即控制过程。

控制是贯穿于管理全过程的一项重要职能。在现代企业中，管理者要有效组织众多人共同劳动，要使企业的各项活动达到协调一致，管理者就必须依赖于控制手段监督管理劳动的全过程。管理者进行控制的根本目的，在于保证企业活动的开展能够与预定的企业目标和计划协调一致，保证企业目标的最终实现。

(二) 控制工作的作用

1. 可以有效应付环境的不确定性对企业活动的影响

现代企业所面对的环境具有复杂多变的特点，再完善的计划也难以将未来出现的变化考虑得十分周全，因此为了保证企业目标和计划的顺利实施，就必须要有控制工作，以有效的控制应付环境的各种变化对企业活动的影响。

2. 使复杂的企业活动能够协调一致地运作

由于现代企业的规模有着日益扩大的趋势，企业的各种活动日趋复杂化，要使企业内众多的部门和人员在分工的基础上协调一致地工作，完善的计划是必备的基础，但计划的实施还要以控制为基本手段。

3. 可以避免和减少管理失误造成的损失

由于企业所处环境的不确定性，以及企业活动的复杂性，管理中的失误不可避免。控制工作通过对管理全过程的检查和监督，可以及时发现企业中的问题，并采取纠偏措施，以避免或减少工作中的损失，为执行和完成计划起必要的保障作用。

二、企业控制系统

有效的控制必须以健全的控制系统为基础，建立有效的控制机制。企业的控制系统的基本要素一般包括以下几种。

(一) 控制的目标体系

任何控制活动都是有目的的活动，控制的目的就是要保证企业目标的实现。因此，控制目标的确定应以企业目标为依据，控制的目标体系要与企业目标体系相协调。

控制的目标体系反映控制与计划的关系，应能满足以下要求。

1. 要有明确的切实可行的企业目标和计划

在管理职能中，计划职能与控制职能是两项密不可分的工作。控制标准的确定是以计划指标为依据的，控制工作的展开也是针对计划实施的全过程。因此，实现有效控制的基本前提是要有一套切实可行的企业计划，计划的可行性差，控制得再好，也只是无效的控制。

2. 要能全面反映计划的实际要求和特点

控制作为一种管理职能是普遍存在的，它为企业目标服务。但是对于不同的企业、企业内的不同层次或部门、不同的工作性质、不同的对象，控制的目的都是有差异的。一个企业控制系统的设计，必须要与其特定的目的相适应，要能正确反映企业各项工作的性质和需要。例如，对于生产冰箱、彩电的企业，由于消费者需求的变化以及市场竞争激烈的特点，控制工作的重点应放在产品质量、服务质量及新产品的开发上；而对于从事矿产品采掘的企业，如何提高生产效率、降低生产和运输成本，则应是控制工作的重点。

3. 要有一套切实可行的控制标准

控制标准是控制过程中对实际工作进行检查的衡量尺度，是实施控制的必要条件。因此，实施控制工作一定要把确定控制标准作为控制过程的首要环节。为了保证企业目标和计划的实现，控制标准的确定要以企业目标和计划为基本依据。

（二）控制的主体

控制工作是要靠人来实施的，企业中承担控制工作的管理者及其相应的职能部门就成为控制的主体。控制的主体水平的高低是控制系统发挥作用大小的决定性因素。企业中不同层次、不同部门的管理者都有其相应的控制工作，一般中低层管理者从事的主要是例行的、程序性的控制，高层管理者从事的主要是例外的、非程序性的控制。

控制的主体反映了控制工作与组织工作的关系，应能满足以下要求。

1. 企业内部的权责关系明确

企业机构内部各个层次和部门以及每个企业成员权责关系的明确，是实施有效控制的基本保证。一个企业内部的结构越是明确，职责分工越是清楚，越有利于控制工作的开展。在实际工作中，企业内部结构及其职责关系的不明确，常常导致出现问题后人们相互推诿责任，因而失去解决问题的时机，使工作遭受更大损失。明确的企业结构的好处就在于：一是在计划的实施中，一旦出现偏差，有利于迅速查明偏差产生的原因和责任；二是有了明确的权责关系，一旦出现偏差，有利于主管人员迅速采取措施，以保证计划的顺利实施。

2. 要有专职的控制职能部门和人员

控制的对象涉及整个企业的活动，涉及管理的各个方面，为保证对各项活动的有效监督，企业应设有专职的控制机构和人员，赋予相应的责任和权限，建立和健全规章制度，以保证控制工作在企业活动中的权威性。

3. 应重视对主管人员素质和能力的培养

人们工作中的偏差往往是由主管人员缺乏知识、经验和判断力造成的，即由人为的管理失误造成的，如工作方法不当、领导不利等因素。越是合格的主管人员，其在工作中出现偏差的可能性越小，即使出现偏差，也会自觉地及时采取措施纠正偏差。因此，应重视对主管人员素质和能力的培养，通过提高主管人员的素质和能力，来达到防止和减少偏差的目的。

（三）控制的对象

控制的对象应是整个企业的活动。确定控制对象应有整体的观点，要把企业的各种资源、企业结构的各层次各部门、企业工作的各阶段各环节都纳入控制的对象，才能使控制工作协调一致，取得良好效果。

控制对象的确定要处理好主要矛盾和次要矛盾的关系，应能满足以下要求。

1. 要科学地选择控制点，突出控制工作的重点对象

控制工作的对象是整个企业的活动，但这并不意味着企业事无巨细的各种活动都是控制的直接对象。企业中的各个层次和部门以及每一个企业员工的工作，对企业目标实现的影响程度是有差别的：有的起着直接作用，有的起着间接作用；有的一旦出现问题会严重影响企业目标的实现，有的则影响作用小。这就要求控制工作应善于认识和正确处理主要矛盾和次要矛盾的关系，控制工作的重点应是计划的关键点，即有效的控制应着重于那些对计划的完成有举足轻重的关键问题，以重点控制达到控制全局的目的。

2. 控制工作要有经济的观点

控制是一项需要投入人力、财力和物力的活动。是否进行控制，控制到什么程度，都涉及投入问题。为进行控制而支出的费用和由控制而增加的收益都直接与控制程度相关。因此，控制工作一定要坚持适度性的原则。从经济性角度考虑，控制系统并不是越复杂越好，控制力度也不是越大越好。控制系统越复杂、控制工作力度越大，意味着控制的投入越大，而且，在许多情况下，这种投入的增加并不一定会导致计划的更顺利实施。

3. 主管人员要把注意力集中在例外情况上

在一项计划的实施过程中，既有易出现偏差的地方，也有不易出现偏差的地方；而可能出现的偏差也是多种多样的，有的偏差可能在允许的限度之内，有的则会超出允许的限度；有的偏差即使超出允许的限度，对工作造成的损失并不大，而有的偏差一旦出现则可能对工作造成较大的损失。所谓例外情况的原则强调的是，控制工作的主要着眼点应是一些重要的偏差，即应在易出偏差和偏差出现会造成较大损失的地方，这样控制工作的效率和效能才能达到最高。

（四）控制的技术系统

控制的技术系统主要包括控制机构、控制方法和手段。企业的控制机构从纵向看

可分为各个不同管理层次的控制，从横向看可分为各种不同性质的专业控制。控制工作应注重采用先进的控制方法和手段，以不断提高控制工作的效率和效果。

随着市场经济和社会化大生产的发展，企业所面对的经营活动也日趋复杂化，从而对企业的控制工作水平提出了更高的要求，过去传统的单纯依靠经验的控制方法已难以适应。现代企业控制工作必须借助于各种科学的控制技术和方法。在实际工作中，各种控制方法都有其优缺点，应能根据各种不同的控制问题和实际条件加以灵活运用，特别是应善于将定性方法和定量方法有机结合，以不断地提高控制的科学性。

（五）控制的信息反馈系统

控制过程是通过信息的传输和反馈得以实现的。也就是说，既有控制部分将控制信息输入到受控部分，也有受控部分将反馈信息输送到控制部分，形成闭合回路。控制正是根据反馈信息才能比较、纠正和调整它发出的控制信息，从而实现有效控制。

控制的信息反馈系统应能反映以下要求。

1. 要有健全的信息反馈渠道

控制工作的过程是对计划实施过程的检查与调整，要随时掌握工作实际并与标准进行比较，以便从差异中寻找问题，纠正偏差。这一过程的顺利进行是以信息的及时获取和反馈为前提的，具备畅通的信息渠道，才能有利于问题的及时发现和解决。

2. 要有健全的管理信息系统

管理信息系统是一个由人、计算机等组成的能进行管理信息的收集、传递、存贮、加工、维护和使用的系统。健全的管理信息系统可以监测企业的各种运行情况，利用过去的数据预测未来，从全局出发辅助企业进行决策，利用信息控制企业的行为，以期达到企业的计划和目标。

三、控制的基本类型

在企业活动的实际控制过程中，由于工作性质、工作场合、工作要求的不同，所采用的控制也是不同的。应根据不同的适应条件选用不同的控制方法。

企业中最常用到的控制类型有前馈控制、现场控制和反馈控制，见图 5-18。

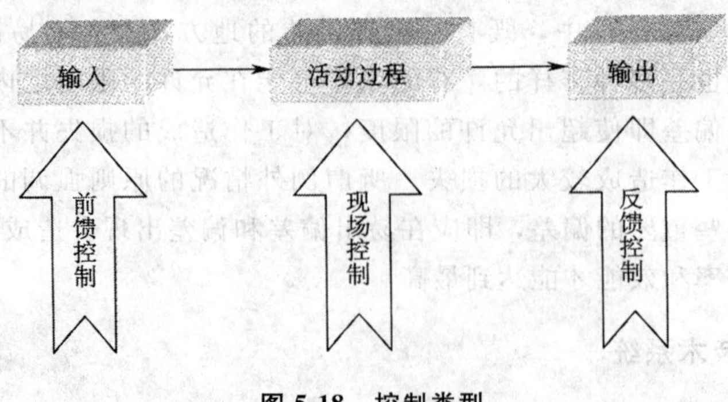

图 5-18　控制类型

（一）前馈控制

前馈控制是指对未来可能出现的结果进行的预防性控制，即主管人员运用所能得到的最新信息，包括上一控制循环中所产生的经验教训，对可能出现的结果进行预测，然后将其同计划要求进行比较，从而在必要时调整计划或控制影响因素，以确保目标的实现。

前馈控制属于一种预防性控制，它的工作重点并不是控制工作的结果，而是提前采取各种预防性措施，以防止工作过程中可能出现的偏差。如企业为了开发一种能够有效满足消费者需求的产品，预先对消费者的实际需求进行的市场调查，再如对新加入企业的成员进行的岗前培训等，这些都属于前馈控制的范畴。

前馈控制较之反馈控制而言，其主要优越性在于克服了反馈控制中因时间滞后而带来的缺陷，使主管人员能够及时预见到工作过程中可能出现的偏差，并预先采取预防措施以杜绝偏差的产生。

（二）现场控制

现场控制是指在某项活动或工作过程中进行的控制，即主管人员在现场对正在进行的活动给予指导与监督，以保证企业的各项活动按既定的计划进行。现场控制是企业控制工作的基础，是企业的基层管理人员主要采用的控制方法。如企业中生产制造过程的进度控制、对生产工人正在加工的产品进行的抽检等，都属于现场控制的范畴。

现场控制的主要工作内容包括：对下级人员进行必要的工作指导；监督下级人员的工作，以保证计划目标的实现；对工作中出现的偏差及时采取纠正措施。

要保证现场控制的有效性，应注意以下几个问题：（1）要授予主管人员相应的权力，使他们能够用经济或非经济的手段对下属施加影响。（2）要切实把企业的计划、目标、战略、政策、规范和制度等落实到基层，以便使基层工作的控制标准更为明确和具体。（3）要重视主管人员的个人素质、工作作风、指导的表达方式等对下属的影响，这些方面不注意，现场控制会引起下属人员的抵触情绪，影响现场控制的有效性。

（三）反馈控制

反馈控制是指根据已发生的情况而对现在或未来进行的控制，即主管人员将工作的执行结果与控制标准相比较，从中发现已经出现或即将出现的偏差，在分析偏差产生原因的基础上，采取纠偏措施，以防止偏差的进一步发展或今后再度发生。

反馈控制的实质属于一种事后控制，它的工作重点是对事物发生后的结果进行分析，并采取纠偏措施。如企业对成本报表进行分析，从中分析在生产制造过程中各种资源消耗的合理状况；对企业的产成品进行抽检，分析产品在设计、制造过程中的缺陷；对企业成员的工作成效进行考评，从中分析企业成员在工作中的问题及能力和素质上存在的问题等，这些都属于反馈控制的范畴。

反馈控制与其他控制方法相比，存在的最大缺陷是时间的滞后性。这是因为在从发现偏差到纠正偏差之间存在着时间延迟现象。在分析偏差产生的原因、制定出正确纠偏措施并实际执行纠偏时总要花费一定的时间，这就可能导致在进行纠偏时，实际情况已发生变化，从而降低了控制的有效性。

反馈控制虽然存在着时间滞后的缺陷，但由于现在企业中的很多活动尚无法进行准确的预测，因而反馈控制仍然在企业中被大量采用。其中用得较多的控制方法有财务报告分析、成本报告分析、质量控制分析和工作人员工作绩效的考评等。

四、常见控制手段

控制的对象是企业的活动，其主要内容是对企业中的人、财、物等各方面资源运用状况和成效的控制。常用的控制手段主要有计划控制、时间控制、数量控制、质量控制、安全控制和人员行为控制等。

（一）计划控制

计划控制又称程序控制，是管理控制的基本方式之一。在计划控制中，控制的手段是预先编制好的计划，被控对象按计划指令运行，以保证企业的各项活动不偏离计划轨道。

在管理活动中，不论是目标责任者的自我控制，还是上级对下级的宏观控制，都需要以计划为依据。计划是在目标实施之前对决策目标的进一步展开和落实。一个好的计划，如同在现实状态和目标状态之间架设了一座桥梁，可以使人们在目标实施时方向明确，步骤有序，工作协调。

（二）时间控制

时间控制是指对企业计划中所规定的各项活动的时间期限以及各项活动之间的时间衔接进行的控制，目的是为了保证计划的如期完成。时间是一种重要的资源，从某种意义上来说，时间是比人、财、物等更加重要的资源。任何企业的活动都是在一定的时间内进行的，对时间进行控制，可以使企业对其实现目标过程中的各项工作做出合理的安排，有利于缩短工作周期，提高工作效率。

时间控制的关键是要确定各项活动的进行是否符合预定时间表的安排。在时间控制中，甘特图和网络技术是两种常用的工具，它们都有助于物资、设备、人力在指定的时间到达预定的地点，使之紧密地配合，以完成任务。

（三）数量控制

数量控制是指企业在活动中对各种资源的投入量和产出量及其利用效率的控制。数量标准是衡量企业各项活动工作业绩的尺度，是控制标准的主要组成部分。有效的数量控制可以降低成本，提高资源的利用效率。

控制数量，关键是要确定控制的数量标准。标准是衡量实际业绩的尺度，应合理且为大家所接受。数量控制标准可通过动作研究和时间研究、过去的经验、同业的资料比较等来确定。

（四）质量控制

质量控制是指对企业活动过程中的工作质量及其对客户提供的产品或劳务质量的控制。质量是一个企业工作水平的综合反映。加强质量控制有利于企业综合效益的提高，有利于企业信誉的提高。

影响质量的因素很多，质量控制要有全面的观点，要实行全过程控制。随着影响质量因素的复杂化，提高质量需要企业中每一个人、每一项工作的配合，因此，在质量控制过程中，必须实行全员参加的全面质量管理。努力提高全体人员的责任心和工作能力，树立认真负责、严谨细致、用户至上、质量第一的风气，建立质量经济分析制度，开展质量管理小组活动等，对于加强质量控制都是十分必要的。

（五）安全控制

安全控制是指对企业活动中的人身和财产保障的控制，包括人身安全控制、财产安全控制、资料安全控制等内容。加强安全控制有利于企业成员人心的稳定，有利于企业活动的正常开展。

（六）人员行为控制

人员行为控制是指为使员工的行为更有效地趋向于企业目标而进行的控制。控制工作从根本上来说是对人的控制。人的行为是由人的价值观、性格、经验、社会背景等多种因素综合作用的结果，而这些因素本身又很难用精确的方法加以描述，这就使得对员工行为的控制成了控制中最复杂和困难的一部分。

在人员行为控制中经常用到的控制方法是规章制度和对员工工作绩效的考核。规章制度规定了企业中员工必须遵守的行为准则。工作绩效的考核对员工的工作表现定出标准，定期鉴定，并根据鉴定结果进行奖惩，这是企业中最重要的控制手段之一。

五、常见控制方法

（一）预算控制

预算是一种以货币和数量表示的计划，它是按财务项目或非财务项目表明的企业的预期成果，反映了企业在未来某一时期的综合计划。预算控制是管理控制中运用最广泛的控制方法。预算将计划规定的活动用货币或数量表达出来，因而实现了计划的具体化，为控制工作提供了明确的控制标准，更加有利于控制工作的开展。

预算常见的种类有多种。

（1）收支预算，即以货币单位表示的企业的收入和费用支出计划。企业的基本收入主要是销售收入。由于企业的收入预算是企业支出预算和盈利预算的基础，所以收入预算应尽可能涉及可能有的各方面的收入，并准确地估计各项收入的量和时间。企业的费用支出项目往往比收入项目多且杂，如企业的经营费用支出预算会涉及如材料费、管理费、水电费、人工费、差旅费、招待费等众多项目。在编制支出预算时，各种可能产生的费用开支均应尽可能地予以考虑，并应在支出预算中安排一笔适当的不可预见费，以应付一些额外的开支。

（2）实物量预算，即不以货币为计量单位而以实物量为计量单位的预算方法。主要是指以时间、空间、原材料消耗量、产品产量等为计量单位的预算。以货币量作为计量单位的收支预算会受到商品价格波动的影响，从而造成收支预算和实物量投入产出之间的不一致，因此一般要由实物量预算作为货币收支预算的补充和印证。这里所指的实物量，不仅指实物产量，也指其他一些指标，如直接工时、机台时数、占用场地面积、产品产量、原材料数量、劳动力的消耗量等。

（3）投资预算，也叫基本建设费用预算或资本支出预算，即企业在特定时间内固定资金运用情况的预算。投资预算主要包括投资于厂房、机器设备等各项设施，以及增加固定资产的各项支出。由于投资支出一般数额较大、回收时间也较长，因此在进行预算时要慎重考虑，并应与企业的长期计划工作紧密地结合起来考虑。

（4）现金预算，即对企业在未来一定时期内的现金收入与支出的预测。这里所指的现金是指现实的、可立即使用的资金。企业中有些用货币量表示的资金，实际上处于实物形态，并不能自由使用，也有些资金只是挂在账上，而在实际上并没有到手，这些资金均非现金，它们虽然也是企业的资产，但不能像现金那样自由使用。通过现金预算，可以估算计划期内可能提供的现金和所需支付的现金，可以据此衡量企业实际现金的使用情况，可求得现金收支的平衡，并为管理人员利用可用的现金余量（盈余）制订营利性投资计划提供所需的信息。

（5）资产负债预算，主要用于预测企业的资产、债务、所有者权益及其相互关系。资产负债表是以企业的资产、负债和所有者权益的静态状况来说明企业某一特定日期的财务状况。因此，利用资产负债表的资料，可以了解企业拥有或控制的资产总额及其构成情况、企业负债和所有者权益状况，评价企业的偿债能力和筹资能力，考察企业资本的保全和增值情况，分析企业财务结构的优劣和负债经营的合理程度，预测企业未来的财务状况和财务安全程度等。

（6）总预算，即由企业中各种预算综合而成的企业在未来一定时期内的总预算。总预算是建立在企业内的各部门和各专业职能预算的基础上，能够全面反映企业计划与目标的要求，使人们全面了解销售额、销售成本、利润、资本的利用，以及投资回收等情况及其相互关系，可以使企业的主管人员全面了解实现企业目标的进展情况。

（二）损益控制

损益表又称损益计算书，是综合反映企业在一定时期内经营成果，提供该期间企业的收入、成本、利润或亏损等信息的会计报表。它根据“收入－费用＝利润”这一平衡公式，依照一定的标准和次序，把企业一定时期内的收入、费用和利润项目予以适当排列编制而成。损益表是企业的主要会计报表之一，利用损益表的资料，可以了解企业一定时期实现利润或发生亏损的情况，评价企业该时期经营业绩的好坏，检查影响利润（或亏损）变动的原因，分析企业的盈利能力和经济效益。

由于企业组织的生存与发展必须依赖于盈利，因此企业一定时期的损益状况可以作为一个明确的标准，用于表明企业的经营是否成功。企业可以利用损益分析原理作为一种控制手段，对企业内部的具有相对独立权益的部门进行控制。

（三）目标管理

目标管理，即企业的最高领导层根据企业面临的形势和社会需要，制订出一定时间内企业经营活动要达到的目标，然后层层落实，要求下属各部门主管人员以至于每个员工根据上级制定的目标，分别制订自己的目标和保证措施，形成一个目标体系，并把目标的完成情况作为各部门或个人的考核依据。

目标管理作为一种控制方法的特点是标准清晰、明确，各级管理者容易做出判断。由于整个企业或系统的目标分解成为各个子系统的目标，若各个子系统能达成目标，就能够确保整个企业达成目标，这在某种程度上说提高了控制的可靠程度。目标管理的核心是各级企业成员都参与自己目标的制订、员工的行为和态度与企业目标更加接近，这使人员行为的控制容易了许多。

（四）网络计划技术

网络计划技术的基本原理是：利用网络图来表达计划任务的进度安排及各项工作之间的相互关系；在此基础上进行网络分析，计算网络时间，找出关键工序和关键路线；不断改善网络计划，选择最优方案，并付诸实践；最后，在计划的执行过程中，进行有效的控制与监督，保证最合理地使用人力、物力和财力，达到预定的计划目标。

网络计划技术与传统的计划和控制方法相比有其明显的优点，有助于主管人员对计划和控制工作的重视，有助于计划工作的全面开展，有利于对关键点的控制，具有前馈控制和易于动态管理的特点。

（五）统计分析法

统计分析法是运用各种数量分析方法，对有关的历史数据进行统计分析，从而了解有关因素的发展情况，并据此进行趋势预测的方法。对企业运作和管理的各个方面进行数量化统计分析以及进行趋势预测，对于管理者进行控制来说都是十分重要的。根据分析的结果，管理者就可以采取相应的措施，纠正已经发生的错误，预防可能发生的偏差。

（六）审计法

审计是常用的一种控制方法，它包括财务审计与管理审计两大类。财务审计是以财务活动为中心内容，以检查并核实账目、凭证、财物、债务以及结算关系等客观事物为手段，以判断财务报表中所列出的综合的会计事项是否正确无误、报表本身是否可以信赖为目的的控制方法。通过这种审计还可以判明财务活动是否合法，即是否符合财经政策和法令。管理审计是指以管理学基本原理为评价准则，系统地考察、分析和评价一个企业的管理水平和管理成效，进而采取措施使之克服存在的缺点或解决问题的工作过程。管理审计的对象是管理系统的管理质量，所关注的并不是一个企业最终所取得的工作成效如何，而是一个企业是如何进行工作的，关注的是其内在的素质和能力。通过管理审计，找出提高企业及其成员的素质与能力的关键所在，从而能够确保企业及其主管人员有效地从事管理工作。

审计还有外部审计和内部审计之分，外部审计是指由企业外部的人员对企业的活动进行审计，内部审计是企业自身专门设有审计部门，以便审计本企业的各项活动。

（七）全面质量管理

全面质量管理是企业为了保证和提高产品质量，综合运用一整套质量管理体系、手段和方法所进行的系统管理活动。具体地说，就是组织企业全体员工和有关部门参加，综合运用现代科学和管理技术成果，控制影响产品质量的全过程和各种因素，经济地研制、生产和提供用户满意的产品的系统管理活动。

全面质量管理具有以下特点：全面质量管理的对象——质量的含义是全面的，就是不仅要管产品质量，还要管产品质量赖以形成的工作质量；全面质量管理的范围是全面的，即要求实现全过程的管理，要求把不合格的产品消灭在它的形成过程中，做到防检结合，预防在先，并从全过程各环节致力于质量的提高；全面质量管理要求参加质量管理的人员是全面的，即全员性的质量管理；全面质量管理用以管理质量的方法是全面的，采取的管理手段不是单一的，而是综合运用质量管理的管理技术和管理方法，组成多样化的、复合的质量管理方法体系。

（八）平衡计分卡

平衡计分卡就是通过建立一整套财务与非财务指标体系，包括财务绩效指标、客户指标、内部业务流程指标和学习与成长绩效指标，对企业的经营绩效和竞争状况进行综合、全面、系统的评价。

在企业和人员行为控制中经常用到的控制方法是对企业和员工工作绩效的考核。人们惯用的传统考核方式以财务衡量为主，存在着一定的片面性，导致其控制力度不强，难以达到控制的效果；而平衡计分卡以企业的战略为基础，并将各种衡量方法整合为一个有机的整体，它既包含了财务指标，又通过客户满意度、内部流程、学习和成长的业务指标来补充说明财务指标，这些业务指标是财务指标的驱动因素。这样，就使企业能够一方面追踪财务结果，另一方面密切关注能使企业提高能力并获得未来增长潜力的无形资产等方面的进展，如图 5-19 所示。

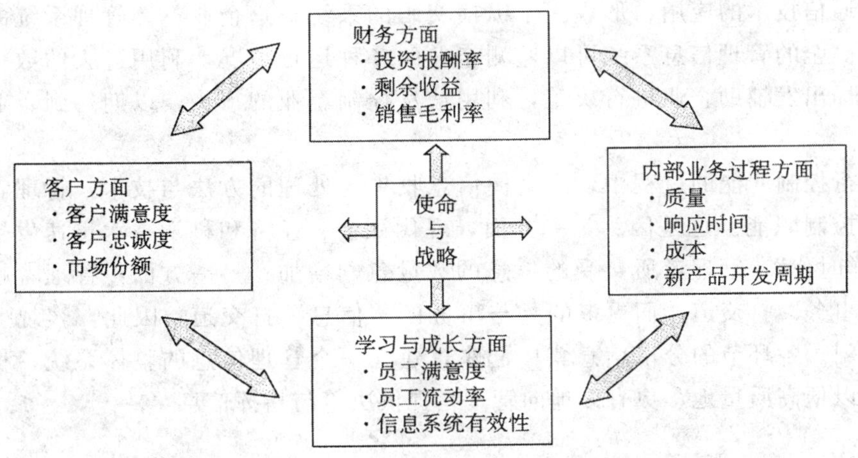

图 5-19 平衡计分卡的内容

（九）企业管理规范

企业管理规范规定了企业员工必须遵守的行为准则，是企业在人员行为控制中经常用到的控制方法。按其性质来看，企业管理规范可以分为管理制度和管理标准两大类。

1. 管理制度

规定各个管理层、管理部门、管理岗位以及各项专业管理业务的职能范围、应负责任、拥有的职权，以及管理业务的工作程序和工作方法，即规定应该“做什么”和“怎样做”的问题。包括：基本管理制度，企业中带有根本性、全局性、综合性的管理制度，如企业领导制度、民主管理制度、经济责任制等；专业管理制度，对企业各项专业管理工作的范围、内容、程序、方法等所做的规定；部门和岗位责任制度，具体规定企业内部各个部门、各类人员的工作范围和应负责任及相应权力的制度，如部门责任制、员工岗位责任制等。

2. 管理标准

即为了更好地行使计划、组织、控制等管理职能，对各项管理工作（主要是各项专业管理工作）所做的各种详细规定。包括：管理业务标准，即对企业中重复出现的、常规性的管理业务，科学地规定其工作程序和工作方法，并制定为标准固定下来，作为开展各项管理业务活动的准则；管理工作标准，对每一工作程序和工作内容提出的工作质量标准；管理方法标准，即管理领域中经常使用、功效显著，而且有普遍推广价值的一些管理方法标准。

（十）管理信息系统

管理信息系统指一个由人、计算机等组成的能进行管理信息的收集、传递、存贮、加工、维护和使用的系统。管理信息系统以管理为基础，用系统的观点、数学的方法、计算机和通信技术的应用，形成一个纵横交织的系统，是企业整体管理系统的有机组成部分。健全的管理信息系统可以监测企业的各种运行情况，利用过去的数据预测未来，从全局出发辅助企业进行决策，利用信息控制企业的行为，以期达到企业的计划和目标。

在执行控制职能的过程中，不掌握信息收集与处理的方法与技术，管理者就无法有效执行控制职能。这是因为，一方面，现代社会、经济和科学技术迅速发展，进入"信息爆炸时代"，管理者所接受的信息的数量急剧增加；另一方面，管理者越来越少与"具体事务"打交道，而更多的是与事务的"信息"打交道。因此，客观上要求必须把各部门、各环节的分散信息集中起来，建立一个管理信息的整体系统，科学地处理信息，以便高质量地、更有效地向管理者提供决策与指挥信息。

第五节　现代企业领导

一、领导的内涵

（一）领导的含义

对不同的管理学著作的作者来说，领导有不同的含义。我们把领导定义为指挥、带领、引导和鼓励部下为实现目标而努力的过程。这个定义包括下列三个要素。

（1）领导者必须有部下或追随者。没有部下的领导者谈不上领导。

（2）领导者拥有影响追随者的能力或力量。这些能力或力量包括由组织赋予领导者的职位和权力，也包括领导者个人所具有的影响力。

（3）领导的目的是通过影响部下来达到企业的目标。

领导和管理的关系如何？从本质上说，管理是建立在合法的、有报酬的和强制性的权力基础上对下属命令的行为。下属必须遵循管理者的指示。在这一过程中，下属可能尽自己最大的努力完成任务，也可能只尽一部分努力完成工作。而领导可能建立在合法的、有报酬的和强制性的权力基础上，但是，领导更多的是建立在个人影响权和专长权以及模范作用的基础上。据研究，主管人员的职权管理能发挥职工能力的60%左右，主管人员引导和鼓励能力激发出的职工能力为40%左右。一个人可能既是管理者，也是领导者，但是，管理者和领导者两者分离的情况也是有的。一个人可能是领导者，但并不是管理者。非正式组织中最具影响力的人就是典型的例子，组织没有赋予他们职位和权力，他们也没有义务负责企业的计划和组织工作，但他们却能引导和激励，甚至命令组织中的成员。一个人可能是管理者，但并不是领导者。领导的本质就是被领导者的追随和服从，它不是由组织赋予的职位和权力所决定的，而是取决于追随者的意愿，因此，有些具有职权的管理者可能没有部下的服从，也就谈不上真正意义上的领导者。从企业的工作效果看，应该选择好的领导者从事企业的管理工作。对非正式组织中有影响力的人参加企业正式组织的管理，会大大有益于管理的成效。对不具备领导才能的人应该从管理人员队伍中剔除或减少。

（二）领导的作用

在带领、引导和鼓舞部下为实现组织目标而努力的过程中，领导者要具体发挥指挥、协调和激励三个方面的作用。

1. 指挥作用

在人们的集体活动中，需要有头脑清晰、胸怀全局，能高瞻远瞩、运筹帷幄的领导者帮助人们认清所处的环境和形势，指明活动的目标和达到目标的途径。领导者只有站在群众的前面，用自己的行动带领人们为实现企业目标而努力，才能真正起到指挥作用。

2. 协调作用

在许多人协同工作的集体活动中，即使有了明确的目标，但因各人的才能、理解能力、工作态度、进取精神、性格、作风、地位等不同，加上外部各种因素的干扰，人们之间在思想上发生各种分歧、行动上出现偏离目标的情况也是不可能避免的。因此需要领导者协调人们之间的关系和活动，把大家团结起来，朝着共同的目标前进。

3. 激励作用

尽管大多数人具有积极工作的愿望和热情，但是这种愿望并不能自然地变成现实的行动，这种热情也不能自动地长久保持下去。在复杂的社会生活中，企业的每一个职工都有各自不同的经历和遭遇，困难、挫折或不幸必然会影响工作的热情。使每一个职工都保持旺盛的工作热情，最大限度地调动他们的工作积极性，引导不同职工朝向同一个目标努力，协调职工在不同时空的贡献，这便是领导者在组织和率领职工为实现企业目标而努力工作的过程中必须发挥的具体作用。

二、领导者的素养

领导者的素质修养，指的是为达到有效的领导目标所要求的水平、素质而做的自我努力过程，简称为素养。领导者的素质是指在先天禀赋的生理素质基础上，通过后天的实践锻炼、学习而成的，在领导工作中经常起作用的内在要素的总和。修养指的是一个人在思想道德、知识、技能方面达到一定水平所要经历的长期学习和实践的过程。

领导者的素养包含以下基本内容。

（一）品德素养

对一个领导者的素养要求是多方面的，但思想品德素养始终是首位的。作为一名优秀的领导者，其品德必须超过被领导的下属，越是高层，品德要求越高。这是因为：首先，一个人的品德会直接影响自己的心理和行为。一个人的能力不仅取决于他的才智，更重要的取决于他的品德。其次，领导者的品德会直接影响下属在工作中的心理和行为。孔子曰："其身正，不令则从；其身不正，虽令不从。"领导者的高尚品德，是无声的命令，比有声的行政命令要起更大的作用。可以说，领导的艺术首先取决于领导的品德，自身不正，就不要指望能发动他人执行决策。

与智商相提并论的"情商"，是领导者人格魅力的另一主要来源。领导者应一心为公，不谋私利；谦虚谨慎，戒骄戒躁；不文过饰非，严于解剖自己；实事求是，不图虚名；艰苦朴素，与群众同甘共苦；不搞特殊化，模范遵守规章制度和道德规范；平等待人，和蔼可亲；心胸开阔，不计较个人恩怨；密切联系群众，关心群众疾苦。

（二）知识素养

1. 马克思主义的理论素养

马克思主义理论对于领导工作的重要作用已为实践充分证明。掌握马克思主义的立场、观点和方法是一个现代领导必须具备的理论素养。

2. 广博的科学文化知识

广博的科学文化知识能有效地辅助领导者塑造其深厚的底蕴，例如，心理学、人才学、行为科学、社会学、经济学、法学、史学、美学、文学等，都是形成领导力的无尽的源泉。作为领导者应该注重随时随处的点滴积累，积小流成江海，形成丰富的学识，厚积而薄发。

3. 专业知识和管理知识

领导者应掌握本行业、本企业的相关专业知识，熟悉本企业的产品结构和制造工艺，了解科研和技术的发展方向；应懂得管理的基本原理、方法和各项专业管理的基本知识。此外，还应学习管理学、统计学、会计学、经济法、财政金融和外贸等方面的基本知识，了解国内外管理科学的发展方向。

（三）能力素养

1. 领导者的综合能力

领导者的综合能力包含许多具体内容，可以从以下几个方面来理解。

（1）信息获取能力。领导者应能在纷繁复杂的众多信息中，透过现象看本质，抓住主要矛盾，运用逻辑思维，进行有效的归纳、概括、判断，及时获得最有效的信息。

（2）知识综合能力。成功的领导是科学理论和实践经验相结合的产物，是一门综合性很强的艺术。领导者必须具备灵活性、创造性地综合运用各种知识的能力。

（3）利益整合能力。国家、集体与个人之间，领导者、管理者与普通员工之间，企业与政府之间等，不同利益主体的各自利益常常在某些时候产生矛盾和冲突。领导者必须有能力调整和协调各种利益关系，消除矛盾冲突，使不同人群或地域的利益达到整合。

(4) 组织协调能力。领导者应熟悉并善于运用各种组织形式，善于运用组织的力量，协调企业内外各种人力、物力和财力，达到综合平衡，获得最佳效果。

2. 领导者的创新能力

领导者的创新能力有多种表现，主要如下。

(1) 洞察力，指敏锐地、迅速地、准确地抓住问题要害的能力。

(2) 预见力，指超前把握事态发展趋势的能力。

(3) 决断力，指迅速做出选择、下定决心、形成方案的能力，也就是实际的决策能力。

(4) 推动力，指善于激励下级实现创新意图的能力。

(5) 应变力，指在事物发展的偶然性面前善于随机处理的能力。

(6) 辨才力，指善于识别和起用人才的能力。

(四) 心理素养

领导者的心理素养，主要是指领导者应该具有的个性品质类型，表现在以下几个方面。

1. 敢于决断的气质

领导者必须具有决断的魄力，敢于决断不是盲目武断，而是要有切实的情报工作和细致的方案比选。俗话说“一将无谋，累死千军”。领导者犹豫不决，是无法动员下属全力以赴地从事工作的。

2. 竞争开放的个性

领导者需要具有充满自信、豁达乐观、乐于进取、勇于竞争、临变不乱、多谋善断等心理素质，以良好的心理状态投入竞争环境。要养成善于与人交往，倾听各方面意见的开放型性格。对上，要尊重，争取帮助和支持；对下，要谦虚，平等待人。对内，要有自知之明，知道自己的长处和短处；对外，要热情、公平而客观。

3. 坚忍不拔的意志

在当前飞速发展的新形势下，领导者必然要面临许多新情况、新问题，既无前人的经验可借鉴，也无现成的公式可套用，特别是在遇到挫折、走弯路的时候，作为一个领导者绝不能悲观、失望、气馁，要以一个领导者坚忍不拔的意志从中吸取教训，解除症结。领导者只有在自己的认知心理上树立起必胜的信心，才能冲破前进中的惊涛骇浪，到达胜利的彼岸。

三、领导方式及其理论

(一) 领导方式的基本类型

早期对领导方式的分类是根据领导者如何运用他们的职权来划分的，认为领导方式的基本类型有专权型领导、民主型领导和放任型领导三种。

所谓专权型领导，是指领导者个人决定一切，布置下属执行。这种领导者要求下属绝对服从，并认为决策是自己一个人的事情。

所谓民主型领导，是指领导者发动下属讨论，共同商量，集思广益，然后决策，要求上下融洽，合作一致地工作。

所谓放任型领导，是指领导者撒手不管，下属愿意怎样做就怎样做，完全自由。他的职责仅仅是为下属提供信息并与企业外部进行联系，以此有利于下属的工作。

领导方式的这三种基本类型各具特色，适用于不同的环境。领导者要根据所处的管理层次、所担负的工作性质以及下属的特点，在不同时空处理不同问题时针对不同下属，选择不同的领导方式。

（二）连续统一体理论

美国学者罗伯特·坦南鲍姆（Robert Tannenbaum）和沃伦·施米特（Warren H. Schmidt）认为，领导方式是多种多样的，从专权型到放任型，存在着多种过渡形式。根据这种认识，他们于1958年提出了“领导方式的连续统一体理论”。图5-20概括描述了这种理论的基本内容和观点。

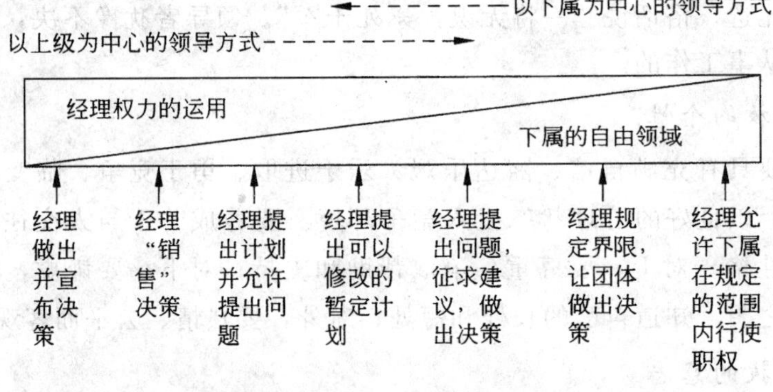

图5-20 领导方式的连续统一体理论

图中列出了七种典型的领导方式。

（1）经理做出并宣布决策。在这种方式中，上级确认一个问题，考虑各种可供选择的解决方法，从中选择一个，然后向下属宣布，以便执行。他可能考虑，也可能不考虑下属对他的决策的想法，但不管怎样，他不给下属参与决策的机会。下属只有服从他的决定。

（2）经理“销售”决策。在这种方式中，如同前一种方式一样，经理承担确认问题和做出决定的责任，但他不是简单地宣布这个决策，而是说服下属接受他的决策。这样做是表明他意识到下属中可能有某些反对意见，他企图通过阐明决策给下属带来利益以消除这种反对。

（3）经理提出计划并允许提出问题。在这种方式中，经理做出决策，并期望下属接受这个决策，但他向下属提供一个有关他的想法和意图的详细说明，并允许提出问题。这样，他的下属可以更好地了解他的意图和计划。这个过程使经理和他的下属能深入探讨这个决策的意义与影响。

（4）经理提出可以修改的暂定计划。在这种方式中，允许下属对决策发挥某些影响作用，但确认问题和决策的主动权仍操纵在经理手中。他先对问题进行考虑，并提出一个计划，但只是暂定的计划，然后把这个计划交给有关人员征求意见。

（5）经理提出问题，征求建议，做出决策。在这种方式中，虽然确认问题和进行决策仍由经理来进行，但下属有建议权。下属可以在经理提出问题后，提出各种解决问题的方案，经理从他自己和下属提出的方案中选择满意者。这样做的目的是充分利用下属的知识和经验。

（6）经理规定界限，让团体做出决策。在这种方式中，经理把决策权交给团体。这样做之前，他解释需要解决的问题，并给要做的决策规定界限。

（7）经理允许下属在规定的范围内行使职权。在这种方式中，团体有极度的自由，唯一的界限是上级所做的规定。如果上级参与了决策过程，也往往以普通成员的身份出现，并执行团体所做的任何决定。

坦南鲍姆和施米特认为，上述方式孰优孰劣没有绝对的标准，成功的经理不一定是专权的人，也不一定是放任的人，而是在具体情况下采取恰当行动的人。当需要果断指挥时，他善于指挥；当需要职工参与决策时，他能提供这种可能。只有这样，才能取得理想的领导效果。

（三）管理方格理论

管理方格理论是研究企业的领导方式及其有效性的理论，由美国得克萨斯州立大学的行为科学家罗伯特·布莱克（Robert R. Blake）和简·莫顿（Jane S. Mouton）提出。管理方格图如图 5-21 所示。

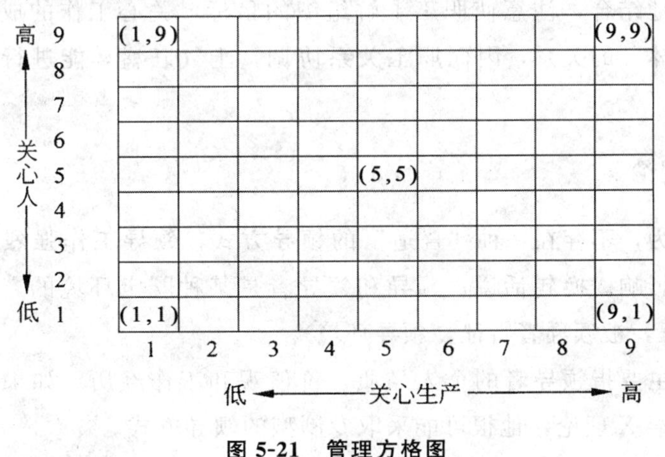

图 5-21 管理方格图

管理方格图是纵轴和横轴各 9 等分的方格图，纵轴和横轴分别表示企业领导者对人和对生产的关心程度。第 1 格表示关心程度最小，第 9 格表示关心程度最大。全图总共 81 个小方格，分别表示“对生产的关心”和“对人的关心”这两个基本因素以不同比例结合的领导方式。其中最典型的有五种。

1.（1，1）型

（1，1）型为贫乏型的管理。对职工和生产几乎都漠不关心，只以最小的努力完成必须做的工作。这种领导方式将会导致失败，这是很少见的极端情况。

2.（1，9）型

（1，9）型为俱乐部型的管理。在这类管理中，领导很少甚至不关心生产，而只关心人。他们促成一种人人得以放松、感受友谊与快乐的环境，而没有人关心如何协同努力以实现组织的目标。

3.（5，5）型

（5，5）型为中间型的管理。这种领导对人的关心度和对生产的关心度虽然都不算高，但是能保持平衡。管理者一方面能比较注意在计划、指挥和控制上的职责，另一方面也比较重视对职工的引导鼓励，设法使他们的士气保持在必需的满意的水平上。但是，这种领导方式缺乏创新精神，只追求正常的效率和满意的士气。

4.（9，1）型

（9，1）型为任务第一型的管理。领导作风专制，领导集中注意于对生产任务和作业效率的要求，注重于计划、指导和控制职工的工作活动，以完成组织的目标，但不关心人的因素，很少注意职工的发展和士气。

5.（9，9）型

（9，9）型为团队式管理。即对生产和人都极为关心，努力使职工个人的需要和组织的目标最有效地结合，注意使职工了解组织的目标，关心工作的成果。这种管理建立了“命运共同体”的关系，因而职工关系协调，士气旺盛，能进行自我控制，生产任务完成得极好。

（四）权变理论

权变理论认为，不存在一种“普适”的领导方式，领导工作强烈地受到领导者所处的客观环境的影响。换句话说，领导和领导者是某种既定环境的产物，即领导方式$=f$（领导者特征，被领导者特征，领导环境）。

领导者特征主要指领导者的个人品质、价值观和工作经历。如果一个领导者决断力很强，并且信奉 X 理论，他很可能采取专制型的领导方式。

被领导者的特征主要指被领导者的个人品质、工作能力、价值观等。如果一个被领导者的独立性较强，工作水平较高，那么采取民主型或放任型的领导方式比较适合。

领导环境主要指工作特性、组织特征、社会状况、文化影响、心理因素等。工作是具有创造性还是简单重复，组织的规章制度是比较严密还是宽松，社会时尚是倾向于追随服从还是推崇个人能力等，都对领导方式产生强烈的影响。

美国当代著名心理学家和管理学专家弗雷德·菲德勒（Fred E. Fiedler）提出了领导权变理论。他于芝加哥大学获得博士学位，现为美国华盛顿大学心理学与管理学教授。菲德勒的领导权变理论是比较具有代表性的一种权变理论。该理论认为各种领导方式都可能在一定的环境内有效，这种环境是多种外部和内部因素的综合作用体。

菲德勒将领导环境具体化为三个方面，即职位权力、任务结构和上下级关系。所谓职位权力是指领导者所处的职位具有的权威和权力的大小，或者说领导的法定权、强制权、奖励权的大小。权力越大，群体成员遵从指导的程度越高，领导环境也就越好；反之，则越差。任务结构是指任务的明确程度和部下对这些任务的负责程度。如果这些任务越明确，部下责任心越强，则领导环境越好；反之，则越差。上下级关系是指群众和下属乐于追随的程度。如果下级对上级越尊重，群众和下属越乐于追随，则上下级关系越好，领导环境也越好；反之，则越差。

菲德勒设计了一种问卷来测定领导者的领导方式。该问卷的主要内容是询问领导者对最不与自己合作的同事（least－preferred coworker，LPC）的评价。如果领导者对这种同事的评价大多用敌意的词语，则该种领导趋向于工作任务型的领导方式（低LPC型）；如果评价大多用善意的词语，则该种领导趋向于人际关系型的领导方式（高LPC型）。

菲德勒认为环境的好坏对领导的目标有重大影响。对低LPC型领导来说，他比较重视工作任务的完成。如果环境较差，他将首先保证完成任务；当环境较好时，任务能够确保完成，这时他的目标将是搞好人际关系。对高LPC型领导来说，他比较重视人际关系。如果环境较差，他将首先把人际关系放在首位；如果环境较好，人际关系比较融洽，这时他将追求完成工作任务。领导目标与环境的关系如图5-22所示。

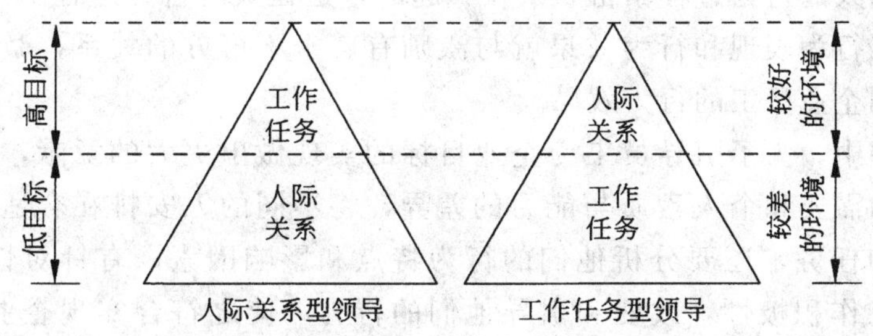

图5-22 领导目标与环境关系示意

菲德勒对1 200个团体进行了抽样调查，得出如表5-3所示的结论。

表 5-3　菲德勒模型

人际关系	好	好	好	好	差	差	差	差
工作结构	简单	简单	复杂	复杂	简单	简单	复杂	复杂
职位权力	强	弱	强	弱	强	弱	强	弱
	Ⅰ	Ⅱ	Ⅲ	Ⅳ	Ⅴ	Ⅵ	Ⅶ	Ⅷ
环境	好			中等			差	
领导目标	高			不明确			低	
工作任务型领导（低 LPC）	人际关系			不明确			工作	
人际关系型领导（高 LPC）	工作			不明确			人际关系	
有效的领导方式	低 LPC			高 LPC			低 LPC	

领导环境决定领导方式。在环境较好的Ⅰ、Ⅱ、Ⅲ和环境较差的Ⅶ、Ⅷ情况下，采用低 LPC 领导方式，即工作任务型的领导方式比较有效；在环境中等的Ⅳ、Ⅴ和Ⅵ情况下，采用高 LPC 领导方式，即人际关系型的领导方式比较有效。

第六节　现代企业员工激励

一、激励的含义

所谓激励，首先是一种人类活动的心理现象，具有加强和推动行为使之朝向预定目标的动力。激励作为一种心理机制和心理体验，不具有直观性，但是它对人的行为的导向和驱动可以由人的行为状态判断其存在和力度。

管理的激励职能，就是组织通过利用适当的诱因、设计有效的手段、营造适宜的环境条件，激发员工的动机，使之产生实现组织目标的特定行为的过程。激励的机制是激发企业成员的动机，鼓励其充分发挥内在动力，朝着企业所期望的目标采取行动。

激励总是和人的行为过程紧密联系在一起的，是在人的行为过程中发生和进行的，所以，企业员工行为表现和行为效果就与激励有着密不可分的关系，激励方向和激励水平直接影响到企业员工的行为效果。

在企业管理中，为了引导员工为企业目标的实现做出更大的贡献，管理者不仅要根据组织活动的需要和个人素质与能力的差异，将不同的人安排在合适的岗位上，赋予相应的职责和任务，还要分析他们的行为特点和影响因素，有针对性地开展工作，以调动他们的工作积极性，改变和引导他们的行为，使之符合实现企业目标的要求。这就是管理者激励工作所要完成的任务。

二、激励过程

心理学研究者证明，人的行为具有目的性。而行为目的源于人的动机，动机则产生于人的需求，需求不满而力求改善是人的行为的根本动力。需求导致动机，动机导向行为，行为指向预定目标，是人类行为的基本模式（见图 5-23）。

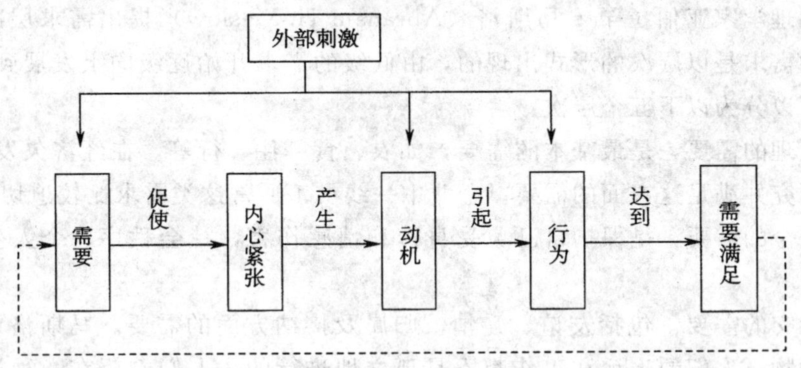

图 5-23　激励过程

需要是人脑对生理需求和社会需求的反应。人在产生某种需要而未能满足时，就会产生欲望，想满足一种需要，它促使人处于一种不安和紧张状态之中，从而成为做事的内在驱动力。心理学上把这种驱动力称作动机。动机产生以后，人们就会寻找、选择能够满足需要的策略和途径，而一个策略确定，就会进行满足需要的活动，产生一定的行为。如果行为的结果使作为行为原动力的需要得到满足，则人们往往会被自己的成功所鼓舞，产生新的需要和动机，确定新的目标，产生新的行为。如果行为的结果未能使需要得到满足，人们或采取积极的继续努力的行为，或产生消极的挫折性行为，或调整期望目标。因此，从需要的产生到目标的实现，人的行为是一个循环往复、不断升华的过程。

在企业中，需要是员工在内外条件刺激下，对某些事物希望得到满足时的一种心理紧张状态。这种状态使企业成员以一种“缺乏感”体验着，以意向、愿望的形式表现出来，最终导致为推动人进行活动的动机。企业管理可以通过环境、条件、诱因的设计，唤起企业成员的需求与动机，进而通过有效的引导和推动，鼓励和推动企业成员在寻求需求满足的努力行为中实现企业的目标。

三、激励理论

激励理论是对于激励的基本规律的系统阐述。激励理论在企业管理理论产生以来就存在，许多管理学家、心理学家和社会学家从不同角度研究了如何激励人的问题，并提出了相应的激励理论，使激励理论不断进步和升华。通常我们把各种激励理论归纳划分为三大类，即内容型激励理论、过程型激励理论和行为改造型激励理论。

(一) 内容型激励理论

内容型激励理论是从激励过程的起点即需要出发，去研究能够激励职工积极性的问题，旨在了解人的各种需要，解释的是“什么会使职工努力工作”的问题。

1. 需求层次理论

美国心理学家亚伯拉罕·马斯洛（Abraham H. Maslow）提出需求层次理论。他认为人类的需求是以层次的形式出现的，由低级的需求开始逐级向上发展到高级需求。人类需求可以分为以下五个层次：

(1) 生理的需要，是最基本的需要，如衣、食、住、行等。在经济欠发达的社会，必须首先研究并满足这方面的需要。企业中一线员工通常这类需求比较迫切。

(2) 安全的需要，是保护自己免受身体和情感伤害，社会秩序、个人生活保障等需要。

(3) 社交的需要，包括友谊、爱情、归属及接纳方面的需要。马斯洛认为，人是一种社会动物，人们的生活和工作都不是孤立地进行的。人们希望在一种被接受或归属的情况下工作，而不希望在社会中成为离群的孤岛。

(4) 地位和受人尊重的需要，分为内部尊重和外部尊重。内部尊重因素包括自尊、自主和成就感；外部尊重因素包括地位、认可和关注或者说受人尊重。自尊是指在自己取得成功时有一种自豪感，它是驱使人们奋发向上的推动力。这种需求是体现个体的社会存在方式、社会认同和当自己做出贡献时能得到他人的承认。

(5) 自我实现的需要，包括成长与发展、发挥自身潜能、实现理想的需要。这是一种追求个人能力极限的内驱力。

马斯洛的需要层次对于激励理论有突出的贡献。作为企业管理者应认识到：人的需要是客观存在的，需要是人们动机和行为产生的最根本原因，管理者应充分认识需要对人们积极性的影响；要善于将组织目标与组织成员的个人需要结合起来，以充分调动人们的积极性，保证组织目标的实现；不同的需要有着不同的满足途径，管理者应善于针对不同层次的需要，找出相应的激励方法；组织中的不同人有着不同层次的需要，管理者应善于观察分析每个人的需求，并针对每个人采用不同的激励方法。

2. 双因素理论

美国心理学家弗雷德里克·赫茨伯格（Frederick Herzberg）提出了双因素理论。20 世纪 50 年代后期，赫茨伯格和其助手在匹兹堡地区的 11 个工商业机构中，向近 2 000名工程师和会计师进行了一项调查研究。他通过调查，发现人们对诸如本组织的政策和管理、监督、工作条件、人际关系、薪金、地位、职业安定以及个人生活所需等，如果得到了满足则没有不满，得不到满足则产生不满。他把这些因素统称为“保健因素”。此外，他还发现人们对诸如成就、赏识（认可）、艰巨的工作、晋升和工作中的成长、责任感等，如果得到则感到满意，得不到则没有不满。他把这一类因素统称为“激励因素”。保健因素通常与工作条件和工作环境有关，而激励因素与工作内容和工作本身有关。赫茨伯格认为，保健因素不能直接起激励职工的作用，但能防止职工产生不满的情绪；保健因素改善后，职工的不满情绪会消除，并不会导致积极后果，职工只是处于一种既非满意，又非不满意的中性状态，激励因素才能产生使职工满意的积极效果。

这个理论产生后，受到许多人的非议。有人认为，人是复杂的，若是对他的调查仅以满意或不满意作为指标，而且又没有进一步证实满意感和生产率的关系，那么，其调查结果的可信度是值得怀疑的。但是 20 世纪 60 年代中期以来，这一理论还是越来越受到人们的关注。这一理论也向我们揭示，如果主管人员能够提供某些条件以及满足保健性需要，也可能会保持组织中人们一定的士气水平。

3. *激励需求理论*

美国心理学家戴维·麦克利兰（David C. Mcclelland）提出激励需求理论。麦克利兰认为，除了生理需要外，还存在一些基本的需要引导着人的行为，即成就的需要、归属的需要和权力的需要，与个体工作过程中的激励程度高度相关。所有这三种需要与管理工作都有特别的关系。

（1）权力的需要。麦克利兰发现，具有较强权力欲的人对施加影响和控制表现出极大的关心。这样的人一般寻求领导者的地位，他们十分健谈、好争辩、直率、头脑冷静、善于提出要求、喜欢讲演、爱教训人。有着强烈权力需要的人，会有较多的机会晋升到组织的高级管理层。原因在于，成就的需要可以通过任务本身得到满足，而权力的需要只能通过上升到某种具有高于他人的权力层次时才能得到满足。

（2）归属的需要。归属的需要是指被他人喜欢和接受的愿望。有高归属需要的人更愿意与他人和睦相处，可能会较少考虑高水平地履行职责。高归属需要者喜欢合作而不是竞争的环境，希望彼此间的沟通和理解。毋庸置疑，很多人都需要和他们的同事保持密切联系。有着强烈归属需要的人可能是成功的“整合者”，如品牌管理人员和项目管理人员等。他们能够协调组织中几个部门的工作，具有较强的人际关系技能，能够与他人建立积极的工作关系。

（3）成就的需要。急需获得成就的人对成功有一种强烈的要求，同样也强烈担心失败。他们愿意接受挑战，为自己树立具有一定难度的（但不是不能达到的）目标。对待风险采取一定的现实主义态度，宁愿承担所做工作的个人责任，对他们正在进行的工作情况，希望得到明确而又迅速的反馈，他们一般喜欢表现自己。麦克利兰的研究表明，对主管人员来说，成就的需要比较强烈，因此，这一理论常常应用于对主管人员的激励。他还认为，成就的需要可以通过培养来提高。他指出，一个组织的成败，与它具有的高成就需要的人数有关。麦克利兰的研究还表明，非管理人员也有取得成就的需要。

激励需求理论的重要性在于，它表明了使员工与其工作相匹配的重要性。与具有高度成就需要的员工不同，高归属需要感的员工则喜欢安定。保险系数高和可预见的工作场所、体贴细心的管理者更适合他们。麦克利兰的研究还表明，下属的三种基本的激励需要是可以通过培训来培育和激发的。在一定程度上，管理者能够通过创造适当的工作环境来提高员工的成就需要，可以赋予员工一定程度的自主权和责任感，逐步使其工作更具挑战性。

（二）过程型激励理论

过程型激励理论主要研究管理者所提供的激励因素是否能够发挥作用，以及是如何发挥激励作用的。有效的管理者不仅应该知道给员工什么，更应该知道如何激励才能更有效果。

1. 期望理论

期望理论是美国心理学家维克托·弗鲁姆（Victor H. Vroom）提出的。期望理论的基本观点是：人们在预期他们的行动将会有助于达到某个目标的情况下，才会被激励起来去做某些事情以达到这个目标。他认为任何时候，一个人从事某一行动的动力，是由他的行动的全部结果（积极的或消极的）的期望值乘以预期这种结果将会达到所要求目标的程度决定的。换言之，他认为，激励是一个人某一行动的期望值和认为将会达到其目标的概率之乘积。用公式表示为

$$\text{激励力} = \text{期望值} \times \text{效价}$$

这里，激励力是指激励水平的高低，它表明动机的强烈程度；效价是指一个人对某一目标（奖酬）的重视程度与评价的高低，即主观认为奖酬价值的大小；期望值是指一个人对自己的行为能否导致所想得到的工作绩效和目标（奖酬）的主观概率，即主观上估计达到目标、得到奖酬的可能性。从公式可以看出，当一个人对达到某一目标漠不关心时，效价是零。而当一个人宁可不要达到这一目标时，那就是负的效价，结果当然是毫无动力。同样，期望值如果是零或负值时，一个人也就无任何动力去达到某一目标。因此，为了激励职工，主管人员应当一方面提高职工对某一成果的偏好程度，另一方面帮助职工实现其期望值，即提高期望值的概率。

根据这一理论，管理者要使员工激励水平达到最大化就必须明确：该团体或个人需要付出多大努力才能达到某一绩效水平；是否真能达到这一绩效水平，概率有多大；达到这一绩效水平后，可以给予什么样的奖赏；所得与付出的努力是否相匹配；实施这一激励能否满足该团体和个人的需求目标，吸引力有多大。期望理论的基础是自我利益，它假设每一个员工都在寻求获得最大的自我满足。期望理论的核心是双向期望，管理者期望员工的行为，员工期望管理者的奖赏。期望激励的前提是管理者应当知道什么对员工最有吸引力。管理学家科恩认为，根据期望理论的真谛，管理者应就任务分配、工作目标、员工需要以及完成特定工作后员工个人的成长机会等，与员工进行商议。

2. 公平理论

公平理论又称社会比较理论，是由美国的心理学家斯塔西·亚当斯（Stacy Adams）于20世纪60年代首先提出来的。该理论侧重于报酬对人们工作积极性的影响，其基本观点是：当一个人做出了成绩并取得报酬以后，他不仅关心所得报酬的绝对值，

而且关心自己所得报酬的相对值。因此，他要进行种种比较来确定自己所得的报酬是否合理，比较的结果将直接影响今后工作的积极性。

公平理论的核心是以下公平方程式：

$$\frac{Q_p}{I_p}=\frac{Q_a}{I_a}\text{或}\frac{Q_p}{I_p}=\frac{Q_h}{I_h}$$

式中，Q_p 为对自己所获报酬的感觉，I_p 为对自己所做投入的感觉，Q_a 为对别人所获报酬的感觉，I_a 为对别人所做投入的感觉，O_h 为对自己过去报酬的感觉，I_h 为对自己过去投入的感觉。

个体的工作投入包括教育、经验、努力水平和能力；工作所得报酬包括认可、薪酬、福利、满意度、安全感、工作分配、惩罚等。

公平理论指出，每个人都会自觉或不自觉地把自己所获得的报酬与所付出的投入相比的收支比率，同其他人在这方面的收支比率做横向社会比较，还同自己过去在这方面的收支比率做纵向历史比较。如果这种比较表明收支比率相等，即上述等式成立，他就感到公平，从而心情舒畅，努力工作。如果比率不相等，即上述等式不成立，则会产生不公平感。

心理学认为，不公平会使人们心理产生紧张和不安状态，因而影响人们的行为动机，导致工作积极性和工作效率降低，旷工率、离职率随之上升。因此，管理者应当在工作任务的分配、工资和奖金的评定以及工作业绩的评价中，力求公平合理，以保护和调动员工的积极性。不过，公平也是一种心理感受，是相对的、主观的，由于受到公平的标准、绩效的评价、个人的感受等诸多因素的影响，绝对的公平是不存在的。此外，人们总是倾向于过高估计自己的投入，而过低估计自己的报酬，对别人的投入和报酬的估计则与此相反。因此，管理者在运用该理论时要注意对当事人正确的公平观的引导，以使其不要盲目攀比，不要无理攀比，不要按酬付劳。应当注意实际工作绩效与报酬之间的合理性，并注意留心对组织的知识吸收和积累有特别贡献的个别员工的心理平衡。

近年来的公平理论研究不仅着眼于分配公平，而且还注意到了程序公平的内容。这是因为，管理者如果想在组织内吸引人才、留住人才和激励员工、减少员工的不满意度，其关键就在于让员工相信管理者能提供程序性公平，即用来确定报酬的程序的公平。事实上，即使人们认为他们得到的结果不公平，但是只要程序公平，他们也会认为自己获得了公平。与分配公平相比，程序公平更能影响员工的组织承诺和对管理者的信任，因为在程序公平的决策过程中，人们可以获得对决策公平性的解释，至少员工能得到公平倾听抱怨的机会、提出问题的时间和信任。如果员工和管理者能够共同制定决策，并关注过程的公平性，那么即使最终员工个人可能未能如愿以偿，他们也能够理解所使用的程序已是尽可能公平的。

3. 波特-劳勒综合模型

1968 年，美国管理学家莱曼·波特（Lyman Porter）和爱德华·劳勒（Edward E. Lawler)在他们合著的《管理态度与工作绩效》一书中，在期望理论的基础上提出了一个综合的激励模型，如图 5-24 所示。

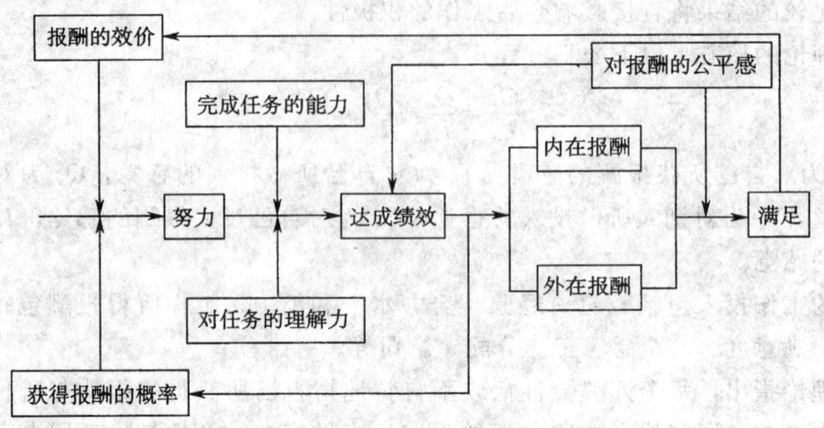

图 5-24　波特和劳勒的激励模型

该激励模型主要包括四个变量：努力、绩效、报酬和满足。

(1) 努力，相当于期望理论的激励力。努力一方面取决于个人对报酬价值的主观评价（效价），另一方面还取决于个人对可能获得报酬的期望概率。

(2) 绩效，主要依赖于个人的努力程度，同时还取决于个人的工作能力、对所承担角色的理解力，即个人对在某项工作中应发挥作用的认识以及所处环境的限制。

(3) 报酬，分为内在报酬和外在报酬两种，前者是指工作本身产生的报酬，如尊重、自我实现等需要的满足，后者是指工作之外的报酬，如工资、工作条件、职业保障等方面需要的满足。

(4) 满足，是个人的一种内在的认知状态，表明个人在实现了预期的目标和报酬之后所得到的满意感觉。

报酬同个人对报酬的公平感结合在一起，影响着个人的满足，其中公平感又受个人对工作绩效的自我评价的影响。同时，一个人最后得到的满意程度又将影响到以后的价值判断。当个人从实现目标和报酬中得到了满足时，就会使他对此项目标所得报酬的评价提高，进而提升此项目标对个人的激励力，使他更加努力。

该模型综合了个体的外部刺激、内部条件、行为表现和行为后果的相互作用等各种因素，把整个激励过程——从激励的激起、绩效的达成、报酬的获得直到满足的实现，表述得比较完备，将前述的期望理论和公平理论有机结合起来，形成了系统化。

在管理实践中，激励和绩效之间并不是简单的因果关系。要使激励能产生预期的效果，就必须考虑到奖励内容、奖励制度、组织分工、目标设置、公平考核等一系列综合因素，并注重个人满意程度在努力中的反馈。另外，需要注意的是，所有的激励理论都是就一般情况而言的，而每个员工都有自己的特点，他们的需求、个性、期望、目标等个体变量各不相同。

（三）行为改造型激励理论

1. 强化理论

强化理论是行为改造型激励理论之一，是由美国心理学家伯尔赫斯·弗雷德里克·斯金纳（Burrhus Frederic Skinner）提出来的。强化是心理学术语，是指通过不断改变环境的刺激因素来达到增强、减弱或摒弃某种行为的过程。强化理论认为，管理者可以利用效果法则，通过对工作环境和员工行为结果的系统管理来修正员工行为，使其行为符合组织目标。有以下四种常见的修正行为的方法。

（1）正强化。在积极行为发生以后，立即用物质的或精神的鼓励来肯定这种行为。在这种刺激作用下，个体感到对他有利，从而增加以后该行为的反应频率。

（2）负强化。在消极行为发生之后，使实施者受到经济上或名誉上的损失，或取消某些为人所喜爱的东西从而减少这种行为。

（3）消极强化。如果一个特定的强化能够防止产生个人所不希望的刺激，就叫作消极强化。消极强化和积极强化有一定的区别，工人努力从工作、组织中获取报酬，这是积极强化；工人努力工作是为逃避不希望得到的刺激结果，如不挨上级的批评，这是消极强化。当然，在这两种情况下，积极行为都能得到加强。

（4）消失。消失是撤销对原来可以接受的行为的强化，由于一定时期内连续得不到强化，这种行为将逐步降低频率，以致最终消失。

管理者可以根据下属的行为情况不同而采用不同的强化方式，它主要分为连续的和间歇的两种。连续的强化是指每次发生的行为都受到强化。间歇的强化是指非连续的强化，它又包括四种形式：固定间隔、可变间隔、固定比率、可变比率。

2. 归因理论

归因理论是美国心理学家哈罗德·凯利（Harold Kelley）等人提出来的。目前归因理论着重研究两个方面：一个方面是把行为归结为外部原因或内部原因；另一个方面是人们获得成功或遭受失败的归因倾向。人们的行为是获得成功还是遭受失败可以归因于四个因素，即努力、能力、任务难度、机遇。这四个因素可以按以下三个方面来划分。

（1）内因或外因。努力和能力属于内因，任务难度和机遇属于外因。

（2）稳定性。能力和任务难度属于稳定因素，努力和机遇属于不稳定因素。

（3）可控制。努力是可控因素，能力在一定条件下是不可控因素，但人们可以提高自己的努力，这种意义上的能力又是可控的，任务难度和机遇是不可控的。

归因理论被用来解释、控制和预测相关的环境以及随这种环境而出现的行为，因而也称“认知理论”，即通过改变人们的自我感觉、自我认识来改变和调整人的行为的理论。

归因理论有助于主管人员了解下属的归因倾向，以便正确指导和训练正确的归因倾向，调动下属的积极性。

3. 心理契约理论

20世纪80年代以来，各种新技术的迅速发展，全球经济模式的转变，给组织发展带来了巨大的压力。为了保持竞争力和迎接挑战，欧美企业对经营战略和运作模式都做出了重大调整，如合并、重组、裁员、缩减开支等。这些调整导致组织内的雇佣关系发生改变。雇佣双方尤其是雇员原先形成的心理平衡被打破了。个人和组织间的雇佣关系通常通过组织中的书面契约来规定，但是合同的制订与理解都是基于一定的文化和知识结构的。在员工脑海中也存在一个心理合同，它是由员工对于管理者行为的一系列假设构成的。

美国管理学家埃德加·沙因（Edgar H. Schein）将心理契约的概念引入管理领域。沙因认为，心理契约就是"组织中每个成员和不同的管理者，以及其他人之间，在任何时候都存在的没有明文规定的一整套期望"。卢克丰富了心理契约的内涵，将"对于义务的承诺与互惠"包含于其中。在任何组织中，心理契约被打破时都会产生情绪和极端的反应，打破期望会产生失望的感觉，打破义务则会产生愤怒的情绪，从而导致人们对于组织的重新评价。研究表明，心理契约对工作满意、离职怠工和组织政策有着显著影响。心理契约对雇员在受伤害期间的行为有重要影响；在对组织效果的预测上，心理契约较组织承诺有更高的解释力：雇佣双方心理契约的一致性越高，雇员对组织的满意度越大。无论双方是否互相信任，心理契约对员工的满意度、激励和组织的有效性都有着重要意义。

一般来说，雇员的心理契约受组织气氛和文化、人力资源管理政策和实践、阅历、期望和可选择性等原因变量的调节，同时又对工作满意、组织承诺、工作安全感、雇佣关系、动机、组织公民行为、缺勤率和离职意向等结果变量产生影响。在管理实践中，良好的心理契约激励作用的基础是所有参与方确信心理契约是一个动态的关系，所有参与方灵活地、积极地、不断地进行协商。一些公司，由于有良好的待遇和员工间的良好关系，在雇佣条件方面已经成功地引入了变革。这些公司通过员工的参与和公司的期望的明晰化，得到了员工的认同。

四、激励的原则

（一）以满足需要为基础的原则

麦克利兰说："不管领袖的思想来源是什么，除非它表达了某种意义上追随者所要求的鲜明目标，否则他就不能鼓舞追随者。"在企业中，我们能够发现企业员工行为与其需求满足程度有着密切的关系，有效激励就要运用这一规律，从员工的需求出发，了解、分析、引导和满足员工需求，善于从满足需要出发调动员工的积极性，并针对不同需要采用不同的激励方法。

(二) 个人需要与组织目标相结合的原则

根据弗鲁姆的期望理论，人的积极性是否能够得到充分发挥，取决于工作目标实现的可能性的大小和相应奖酬对其自身的重要程度，即当人们认为自己承担的工作目标有实现的可能性，且目标实现后所获得的奖酬对满足个人需要具有价值时，人的积极性才能被调动。这一理论揭示了这样一个原则，管理者应善于培育和描述企业愿景，积极参与员工的职业生涯设计，为员工确定合理的工作目标，并创造条件，增强员工实现目标的信心，并且要把企业进步和发展与员工利益改善有效结合起来。任何忽视员工利益或组织发展的短期行为都是有害的。

(三) 内在激励与外在激励相结合的原则

传统管理依靠的是外在激励手段，即对高绩效员工的奖励主要是来自老板、企业或主管。现代企业管理实践同时注重了内在激励的力量，也就是来自工作本身和员工自己的驱动力。内在激励是创造性激励的基础。管理者赋予员工有挑战性的工作、创造发明的机会、个人不断进步和成功的感受等，就能提供鼓舞人们在工作上投入时间和精力、在事业上不断进取、在本职岗位上不断创新的内在激励，内在激励还包括让员工自由地去做最感兴趣的工作等。

(四) 物质激励与精神激励相结合的原则

根据马斯洛的需要层次理论，人的需要可划分为生理、安全、社交、尊重和自我实现五个层次。这说明人的需要既有物质需要，如生理、安全的需要；也有精神需要，如社交、尊重、自我实现的需要。这一理论揭示了这样一个原则，要调动人的积极性，必须将物质激励同精神激励结合起来，物质激励作为基础，以满足劳动者生存的需要；精神激励作为根本，在努力改善员工工作环境和条件、不断提高员工权益和福利的同时，更要加强内在因素的激励。要使人们对企业发展建立信心、对企业事业充满追求、对个人进步与发展充满自信，从而激发人们对工作的热爱，促使工作效率的提高，以满足劳动者提高自身素质的要求。

(五) 奖励与惩罚相结合的原则

美国心理学家斯金纳的强化理论认为，管理者应善于引导人们的行为，使其朝着所希望的目标前进。引导人们行为的策略主要有正强化和负强化之分，正强化主要是指对员工正确行为的肯定和奖励，负强化主要是指对不希望出现的行为的批评和惩罚。这一理论揭示了这样一个原则，管理者应善于运用以奖励为主、惩罚为辅的激励手段，奖优罚劣、扶正祛邪，使企业内部能够形成一个人人积极向上的工作环境。

（六）公平、公开、公正的原则

当代企业越来越重视人性化管理、开放式管理、参与管理。管理的事项越来越具有社会性。很多事件之所以引起广泛关注，并不在于它有多么重大的政治经济价值，而在于它广泛的社会价值。参与企业决策的主体越来越广泛和分化，所以，管理的价值目标，就越来越从效率优先转到注重公平公正。公平、公开、公正给予员工充分的尊重和参与机会，本身就是最有效的激励。美国学者亚当斯提出的公平理论认为，人们对自己获得的劳动报酬要同自己的工作投入相比较，也要同其他人所得报酬与工作投入的情况相比较，以评价是否公平合理，评价结果对员工的积极性起着积极或消极的作用。这一理论揭示了这样一个原则，要调动人的积极性，管理者应将公平作为重要的激励手段，要做到公正无私地对待企业的每一个成员。任何激励都关系到员工个人的利益，激励的公平合理性将直接影响员工对劳动的态度，进而影响劳动生产率的变化。论功行赏还要体现员工在素质、知识、技能、经验水平以及在不同岗位所做贡献的差异，考虑到员工不同的需求。激励应做到原则和标准公正、政策和过程公开、机会和结果公平。

（七）随机制宜，创造激励条件的原则

主管人员的责任在于创造和维持一种有利于调动积极性的工作环境，创造这种有利于激励的环境要做到：

（1）学会判断产生问题的原因。出现问题时，应判断其是否在于缺乏激励。一般地说，由于努力不够而造成目标和结果不一致，就属激励问题。

（2）懂得激励过程。卓有成效的激励应包括五个步骤：①确定欲达到的目标；②确定需要的组织资源；③洞悉下属的需要；④确定有效的激励因素；⑤使组织目标同个人目标达到平衡。

（3）扩大管理者的责任范围。评价管理者的绩效水平时，不要仅仅看他是否完成了一般的工作指示，还应该看他有没有努力促进下属的成长。

（4）奖励制度要明确。要结合实际地制定出奖励标准，明确等级，允许下属接受工作之外的教育和劳动以及发展个人爱好等。

（5）言行一致。行动总是胜于雄辩。主管人员的言行若自相矛盾，下属必然对之失去期望，甚至观其行而仿效之。

（6）避免消极因素。虽然有时下属缺乏积极性并不都是主管人员的过错，但是，他必须要注意到下属的消极情绪，找出消极因素，不能漠然置之。

五、激励方法

(一)目标激励

企业目标能描绘企业愿景,能成为企业及其每一个成员的行动指南,好的目标可以激发员工的工作热情,提高员工参与、追求的欲望,增强员工实现目标的自觉性。

从心理学和行为科学角度分析,人的行为有两大动力系统:一是基于“个人取向”“自我需要”的动力系统,即为了生存、交往、发展甚至实现自我价值而产生的动力系统,在这一系统作用下,人是以“自我”为中心的,一切行为都是为了维护“自我”的利益与机会;二是基于“超个人取向”或者“超越自我”的、完全社会化的动力系统,在这一系统作用下,人是以“社会”为中心的,行为的目的是实现社会的价值、社会的理想,维护的也是社会的利益。“自我动力”是个体为获得一定的利益或机会满足纯“自我”需要而产生的动力。“超我动力”是个体为满足社会(有时表现为组织、企业等)利益、社会需要而产生的动力。每个人的行为都是“自我动力”和“超我动力”共同影响的结果。“自我”与“超我”有机结合,构成了人的主要动力体系。目标激励要建立“自我”与“超我”有机结合的激励机制,创造管理制度与企业文化并重的管理环境,将企业的具体管理模式建立在与员工价值系统和企业目标系统相适应的基础上,注重开发式管理:积极性的开发、创造性的开发、潜能的开发,最重要的是“理念共享、愿景共建、行为互动、共同发展”。

管理者应善于确定合理的组织目标,要将组织目标逐层分解,形成企业各部门乃至每个人的工作目标,并将工作目标与员工的个人需要结合起来,让员工切实体会到完成工作目标与企业兴衰和个人利益所得的密切关系。单纯强调“自我”或者单纯强调“超我”的激励模式都是低效能的。

(二)工作设计与工作丰富化

一个人工作的积极性取决于其所从事的工作是否与其所拥有的能力、动机相适应。管理者要善于通过合理的设计和分配工作,激发员工内在的工作热情,提高其工作业绩。如根据员工每个人的才能结构分配相适应的工作,工作内容要考虑员工的特长和兴趣,工作目标应具有一定的挑战性和创造性,工作内容的丰富化和扩大化等。对原有工作重新构造或重新设计,让员工可以从一个工作转到另一个工作或者增加更高责任的工作。灵活的工作日程是满足员工想得到更多闲暇时间的需要。这种激励计划既能满足员工的需要,同时又能避免员工因长期从事某种工作而感觉枯燥和单调。

（三）参与激励

增强员工的参与意识，可有效地激发员工工作的主动性和积极性。现代管理实践突出了员工参与对于员工绩效的激励意义，员工参与计划已经成为企业的普遍形式。管理者应善于授权，让员工参与到不同层次的管理中，在决策中听取员工的意见，从而增强员工对企业的归属感和认同感。处于平等的地位来商讨组织中的重大问题，可使下级和职工感到上级主管的信任，从而体验出自己的利益同组织的利益、组织的发展密切相关而产生强烈的责任感。让员工参与企业的管理工作可以增加员工的自主性、提高员工的责任感、加强员工之间和员工与管理者之间的联系，从而使得他们的成就需要、归属需要和权力需要得到满足，员工的积极性会更高，对组织更忠诚，对工作更满意。同时，正确地参加管理既对个人产生激励，又为组织目标的成功实现提供了保证。

（四）团队激励

20 世纪 90 年代以来，企业组织中的团队正在改变着传统的企业组织的运作模式，有效地提高了组织的绩效。团队被看成是“未来的推动力”。

项目小组、委员会、质量小组就是常见的企业内部正式团队。有效的团队有出色的产出，能够满足组织内外的需求；成员间有共同的价值观，有助于成员间的沟通和问题的解决；团队的最重要财产之一是凝聚力，凝聚力的重要性在于它有助于成员满意。

团队努力也来自于把团队的任务设计得更有激励性，团队激励使得他们关注自己的正面形象，努力地为团队的工作做贡献，对团队其他成员负责。团队成员之间相互负责，而不是只对管理者负责，责任激发了相互的承诺和信任。团队通过将绩效与相应报酬挂钩获得最大的激励。

（五）感情激励

现代管理理论认为，人不是单纯的“经济人”，而是“社会人”，除了通过劳动获得相应的报酬之外，人们还追求人与人之间的友情、归属感和受人尊重等。情感是人类所独具的，人们的任何认识和行动都是在一定的情感推动下完成的。积极的情感可以焕发惊人的力量去克服困难，消极的情感则会大大妨碍工作的进行。因此，管理者应注重感情因素对员工积极性的影响。要善于建立上下级之间的感情沟通渠道，要在企业内部形成人与人之间关系融洽的团体气氛，增强员工的归属感和凝聚力，促进员工工作热情的提高。

（六）教育激励

员工的工作热情和工作积极性通常与员工的自身素质有密切的关系。因此，企业要通过企业文化培育和弘扬，通过思想教育、职业教育与岗位培训，提高员工素质，引导员工不断增强职业道德、对企业的忠诚感和自信心、进取心，提高个人追求；解决员工思想和心理问题，缓解和释放工作和竞争造成的心理压力，提高员工的工作能力。教育培训是企业获得高质量人力资源的重要手段，也是给予员工的最高福利。对于员工来说，职业发展是人生大事，如果企业能够给予帮助和指导，并且帮助员工增长知识、提高能力、实现自己的理想，那么员工就会为企业尽自己最大的努力，用忠诚和业绩来回报企业。所以，利用员工培训和员工职业生涯开发来激励员工是员工激励的最有效的方法之一。

（七）竞争激励

竞争是自然社会和人类社会的普遍规律。正当的竞争行为，有利于激发人们的进取心和工作热情。管理者应善于在企业管理的各个方面引入竞争机制，如招聘、用人、晋升、考评、奖酬，以及各种技能的劳动竞赛等，以有效地调动员工的积极性。对于企业中的后进员工，管理者要鼓励他们迎头赶上；对于企业里的先进员工，管理者要勉励他们继续领先。在企业内提倡个人竞争，提倡团队竞争，激发员工的工作激情，可以使企业形成良好的比学赶帮超的氛围。

（八）信息激励

人们对客观事物的认识，取决于视觉和听觉所感受到的大量信息，这些信息可以促成人们心理和行为上的反应。管理者应善于利用各种视觉形象和听觉能感受的信息，激发和引导人们的行为。

（九）职工持股计划与股票期权制

员工持股计划给予员工部分企业的股权，允许他们分享改进的利润绩效。员工持股计划实际上是公司以放弃股权的代价来提高生产率水平。员工持股计划使得员工更加努力工作，因为他们是所有者，要分担企业的盈亏。但要使这种激励计划有效进行，管理人员必须向员工提供全面的公司财务资料，赋予他们参加主要决策的权力，以及给予他们包括选举董事会成员在内的投票权。

股票期权制就是赋予获受人按照约定的价格在未来一定期限内购买一定数量股票的权利。期权激励在发达国家中已经成为奖励企业高级管理人员的重要手段，其原因在于：首先，股票期权激励最大限度地降低了获受人的风险，如果企业的股票没有上涨，股票期权的获受人并不会因此有所损失；其次，股票期权能够减少企业所有者的风险，避免经理人员的短期行为和“内部人控制”所带来的风险；最后，股票期权可以充分挖掘经理人员和企业员工的潜力，因为只有企业高增长，才能给经理人员带来高回报。

（十）薪酬激励

薪酬激励是根据按劳分配的原则对员工进行激励，是一种最经常使用的激励手段。但在员工心目中，薪酬绝对不仅仅是口袋中一定数量的钞票，它还代表了个人身份、地位以及在企业中的工作绩效，甚至个人能力、品行、个人的发展前景等。因此，薪酬激励不仅是金钱财富激励，实质上是一种很复杂的激励方式，其中隐含了成就的激励、地位的激励等。

当代企业管理对传统的激励手段——薪酬进行了不断地创新，在薪酬管理上出现了一系列形式新颖的激励方式，主要包括绩效工资、分红、员工持股、总奖金、知识工资和灵活福利等。

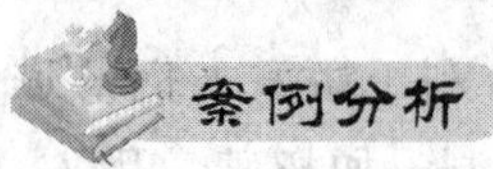

在葛多特的餐厅当服务员

放暑假了，大学生丹妮没有回家和父母一起度假，而是留在波士顿，在一处高档的法国饭店当餐厅服务员。丹妮非常幸运能找到这样的工作。在这里，每小时工资为2.35美元，还有小费。每天两顿正餐中，她的客人所点的菜和酒平均起来达90美元，如果能好好干，争取拿到15％～20％比率的小费，那么，一天下来她能挣得一笔可观的收入。

饭店老板葛多特在雇用丹妮时，强调希望他的员工表现出色，并且谈到公司的将来和大家齐心协力像团队一样工作的重要性。丹妮受到鼓舞，下定决心要竭尽全力做好她的工作。

葛多特工作非常投入和勤奋，但也容易大发雷霆。当餐厅变得拥挤，客人等着上菜的时候，葛多特会冲着厨房对厨师们用法语大声叫喊："快点，慢吞吞的活像蜗牛一样，连我的老祖母也比你们做得快！"

前几周，葛多特从来没有注意到丹妮的存在。听到他对厨师们那样训话，丹妮倒庆幸不被老板注意。不过，她还是有点纳闷为什么几周过去了，他还是没有跟她讲一句话。丹妮的确干得很出色，她的小费不断增加，平均达到20％。客人们称赞她服务快速和高效，因为她已经学会一手托起好几个盘子的本领，这样做可以使她减少在厨房内来回跑动的次数，确保服务质量。她非常明白，提供真正的优质服务意味着要比常人付出更多的努力。

丹妮的热情服务，帮助餐厅从每个客人那里多挣了不少钱。通过学习，丹妮掌握了向客人推荐佐餐酒的技巧。她总是不停地穿梭于餐厅之中，看看客人是否需要添加各种饮料，还能绘声绘色地向客人描述各种高档点心，邀请客人购买。偶尔有法国人光顾该饭店的时候，她能用娴熟的法语与他们交谈。她的记忆力非常好，总是能记住谁点了什么菜并且能及时送到。客人们走的时候，她总是不忘记与他们道别，并欢迎他们再来。

尽管这样，葛多特还是很少注意她。每天当她主动与他打招呼时，他只是敷衍了事。然而，有一天晚上，他终于和她说话了。更确切地说，当她把手中的一碗浓味炖鱼掉在地毯上时，他开始向她咆哮。丹妮感到非常抱歉，并立刻拿来海绵擦拭，但葛多特还是怒气冲冲地用法语向她叫嚷，并且告诉她，需从她的工资中扣除 8.95 美元，这包括浓味炖鱼的鱼加上 5 美元清洗地毯的钱。那天晚上，在回家的路上，丹妮感到非常愤怒和不解。当然，也许她不应该试着一次端四盘菜，但这不过只是一个临时工的偶然失误而已。她为客人做的那些热情服务，老板到底注意到了吗？葛多特似乎从来没注意过这样的事。期待葛多特的赞扬比等待天上掉下百万美元还要难呀！丹妮决定第二天晚上谨小慎微地悠着劲干，以免再一次招致老板的狂怒。这是一个星期五的晚上，餐厅非常拥挤，丹妮每次上菜不敢超过两盘，不过她的小费也随之降到 15%，比她上一个晚上得到的 23%要低许多，虽然她没有摔坏什么东西，但葛多特对她和其他员工仍然感到不耐烦。他的餐厅服务员几乎是用小跑代替走路从厨房进出，葛多特还是在不停地嘟囔："快！快！难道你们的鞋里有铅吗？"

后半个晚上，丹妮对他的牢骚十分反感，她的速度明显地降下来，不幸的是她的小费也跟着往下降。她的确很需要钱，接济下一学期的费用。丹妮迫使自己恢复原来的速度，否则挣不到足够的钱，下学期只好用米饭和面条来充饥了。丹妮祈祷千万别再打破什么东西，她盼望 9 月份的来临，她等待着葛多特能从只知道工作和冷酷无情的状态中摆脱出来。

（资料来源：http：//www. docin. com/p—803046564. html）

案例思考：

1. 葛多特所采取的管理方式有什么特点？你认为它是否有效？为什么？

2. 如果你是葛多特，你将如何管理这家餐厅？

第六章　现代企业创新发展

学习目标

1. 理解企业生命周期理论。
2. 理解企业核心竞争力的含义和特点。
3. 掌握企业核心竞争力的构成与培育。
4. 掌握企业创新的内容和企业创新管理。

第一节　企业生命力

一、企业是一个生命有机体

（一）企业寿命与企业生命力

企业是一个环境中生存和发展的生命有机体。决定其生命周期的是先天的素质（遗传）和后天的生活方式。企业的产生是市场竞争演变的产物，是人类行为的一种特殊方式。现代生物学的相关理论揭示，自然生命系统具有三个基本特征，分别为新陈代谢性、自我复制性与突变性。企业具有一般生命体的这三个生命特征。

首先，企业同一般生命体一样拥有活动能力，符合生命运动的机理。企业需要不断地进行新陈代谢，不断地从外界获得资源，而其内部经营机制将人、财、物、技术、信息等资源结合起来，经过有目的的经营管理循环过程，最终消化吸收为企业内部要素。这些过程本身就是新陈代谢过程。它使企业在消耗投入的同时，形成产出。这一过程一旦停止，企业生命也就会终止。

其次，企业存在自我复制的机制。企业的生产与再生产本身是不断自我复制的过程。在这个过程中，其自身素质和能力得以提高，规模得以扩展，活力增强。活力增强的企业既承传了原有的基因、文化烙印，又形成新的再生与复制功能。企业作为社会的基本经济单元同样拥有很强的新陈代谢、抗干扰、自适应、自协调、自复制与自繁殖能力。

最后，企业也有突变性。生存环境的变化、技术变革的发生、自身机体状况的起伏、市场供求的巨变等，都可能使企业的经营状况发生质变。

（二）企业不同于一般的生命体

首先，一般生物的生命周期是由其内在的遗传因素先天决定的，而企业的生命则既取决于企业的内部因素，如核心竞争力，又取决于企业外部条件，如市场环境。企业生命与企业家能力、产品生命周期、产业结构变革和宏观经济等因素同步振动。企业家、产品和产业的重大变更，可以使企业生命发生重大变革。由于企业不存在与生物具有同等功效的事前决定力量，企业的生命力存在较强的权变性，重大人事或战略调整都可能改变企业生命进程。

其次，企业与生物的进化机制存在明显差异。一般生物的进化必须通过代际传递方式来实现，要经历漫长的岁月才能使一个好的遗传形态被选择和固定下来。而企业的进化可以不通过这种方式进行，企业自身就能有选择性地进行“基因突变”，甚至“器官突变”（如企业重组、虚拟化等），且能在很短的时间内使企业的特征得以改变并被固定下来，因而对企业可实施进化工程操作，即通过工程化操作来实现企业的进化，以超越进化的时间限制。进化本身是一种对环境的选择性适应过程，当一个企业成功地实现了进化时，其生命力就发生了根本性变革。

最后，企业的死亡是相对的。绝大多数企业都存在寿命期限，市场中必然存在企业消亡的现象，但与一般生物是不同的，生物不能够长生不老、不死，而企业的兴衰、存亡是市场发展中优胜劣汰的结果，从本质上讲是因为资源的稀缺和企业间的竞争。企业的生命周期在很大程度上取决于市场需求、市场竞争的态势。世界上有一些长寿公司，如瑞典的斯道拉公司，其历史可追溯到 1288 年，独立经营了 700 多年时间。日本住友商事始于 1590 年，有 4 个多世纪的历史。而百年以上的公司，如劳力士公司、杜邦公司、宝洁、麦当劳、奔驰、强生、可口可乐、中国的同仁堂等企业也广为人知。但是，就全球范围来看，绝大多数的企业平均寿命却不算太长，在欧洲与日本，大小公司的平均寿命只有 12.5 年。

二、企业生命周期理论的发展

企业是一个有生命力的有机体，成长和发展是企业所追求的永恒主题，企业从其诞生的那一刻起，就有追求成长和发展的内在冲动。企业是否存在某种从产生到死亡的周期性规律？企业生命演进过程中将呈现出怎样的阶段性？是什么因素和力量决定着企业从创立、成长到衰亡的全部过程？如何延长企业寿命并使其走向持续成长？诸如此类的问题，在企业经营管理的理论和实践探讨中为人所关注。围绕这些论题的研究形成了一系列的理论观点，这便是企业生命周期理论。

企业生命周期理论的研究目的就在于试图为处于不同生命周期阶段的企业找到能够与其特点相适应并能不断促其发展延续的特定运行模式，使企业建立相对较优的内部机制来保持企业的发展能力，延续企业的成长态势，充分发挥企业的特色优势，进而延长企业的生命周期，实现自身的可持续发展。企业生命周期理论的目的不是要说明企业成长的阶段性，而是要揭示出影响企业生命周期的因素，进而说明如何改善企业的生命周期。

(一)早期企业生命周期理论

早期研究认为,企业生命周期与产业生命周期和企业经营周期密切相关。但是,将企业生命周期波动的原因完全归于外在因素这一理论并没有得到普遍认同,后期的研究结论支持企业的劳动生产率会极大地影响企业经营周期,而经营周期的变化方向基本上与企业生命周期的变化方向是一致的。研究企业生命周期必须研究企业经营周期。

微观经济学创始人阿尔弗雷德·马歇尔(Alfred Marshall),是较早系统观察与研究企业的经济学家。他认为,一国企业群体构成一个巨大的系统,犹如一片巨大的森林系统,大大小小的企业则如森林中参差不齐的树木,都有生存与成长的机会。与森林中新生的树木面临原有树木浓荫的遮挡一样,企业要成长,就得不断在竞争中获得空间。然而随着其生长壮大,也会逐渐失去生命力,竞争力下降,面临被淘汰的危险。马歇尔对企业系统的深邃洞察及其巧妙的比喻,被称为“企业森林原理”。企业理论的基础由交易费用经济学所奠定。罗纳德·科斯(Ronald Coase)等人对企业性质的界定,侧重于产品价值的实现过程,认为企业存在的目的或功能就在于降低产品价值实现过程中的交易成本。从这个角度来看,一家企业若无法保证其内部成本长期低于外部成本,即当企业内部成本长期高于外部成本时,其衰亡将不可避免。正是受到上述经济学大师系列洞察的启示,人们开始观察企业生命力现象,由此直接导致了企业生命周期概念与理论的提出。

(二)现代企业生命周期理论

将企业生命问题由经济学领域移入管理学领域的先驱是美国学者约翰·戈登尼尔(Johon W. Gardner)。1965 年他以“如何防止组织的停滞与衰老”为论题,系统地探讨了社会组织的生命力与生命周期问题,提出两个重要观点:一是人们可以预测自然生命体的生命周期,但无法预期一个社会组织的生命周期;二是一个组织在经历了停滞后仍有可能恢复生机。由此得出结论:一个组织可以持续不断地实现自我更新。

马森·海尔瑞(Mason Haire)首先提出了可以用生物学中的“生命周期”观点来看待企业,认为企业的发展也符合生物学中的成长曲线。在此基础上,他进一步提出企业发展过程中会出现停滞、消亡等现象,并指出导致这些现象出现的原因是企业在管理上的不足,即一个企业在管理上的局限性可能成为其发展的障碍。

1972 年,美国哈佛大学教授拉芮·格雷纳(Larry E. Greiner)在《组织成长中的演变和变革》一文中,第一次提出了企业生命周期概念,并围绕这一概念进行了较为广泛的探讨,由此最终挑明了一个长期为经济学家与管理学家关注的论题,即企业生命周期问题。这被视为这一理论的开端。

从 20 世纪 60 年代开始,对于企业生命周期理论的研究比前一阶段更为深入。戈登尼尔指出，企业和人及其他生物一样，也有一个生命周期，但与生物学中的生命周期相比，企业的生命周期有其特殊性，主要表现在以下三点。第一，企业的发展具有不可预期性。一个企业由年轻迈向年老可能会经历20～30年时间，也可能会经历好几个世纪的时间。第二，企业的发展过程中可能会出现一个既不明显上升也不明显下降的停滞阶段，这是生物生命周期所没有的。第三，企业的消亡也并非是不可避免的，企业完全可以通过变革实现再生，从而开始一个新的生命周期。

在20世纪70年代到80年代中，对企业生命周期理论开始注重用模型来研究企业的生命规律，这一阶段是企业生命周期理论研究的繁荣阶段。

丘吉尔和刘易斯从企业规模和管理因素两个维度描述了企业各个发展阶段的特征，提出了一个五阶段成长模型，即企业生命周期包括创立阶段、生存阶段、发展阶段、起飞阶段和成熟阶段。根据这个模型，企业整体发展一般会呈现“暂时或永久维持现状”“持续增长”“战略性转变”和“出售或破产歇业”等典型特征。

格雷纳认为，企业通过演变和变革而不断交替向前发展，企业的历史比外界力量更能决定企业的未来。他以销售收入和雇员人数为指标，根据它们在组织规模和年龄两方面的不同表现组合成一个五阶段成长模型：创立阶段、指导阶段、分权阶段、协调阶段和合作阶段。该模型突出了创立者或经营者在企业成长过程中的决策方式和管理机制构建的变化过程，认为企业的每个成长阶段都由前期的演进和后期的变革或危机组成，而这些变革能否顺利进行直接关系到企业的持续成长问题。

伊查克·爱迪思（Ichak Adizes）是企业生命周期理论中最有代表性的人物之一。他在《企业生命周期》一书中，把企业成长过程分为孕育期、婴儿期、学步期、青春期、盛年期、稳定期、贵族期、官僚化早期、官僚期以及死亡期共十个阶段，认为企业成长的每个阶段都可以通过灵活性和可控性两个指标来体现：当企业初建或年轻时，充满灵活性，做出变革相对容易，但可控性较差，行为难以预测；当企业进入老化期，企业对行为的控制力较强，但缺乏灵活性，直到最终走向死亡。

三、企业发展与企业生命周期

企业作为一个生物有机体，具有一定的生命周期，即出生、成长、老化、死亡。企业生命周期是指企业初创、成长、成熟、衰退，直至死亡的过程。很多学者对企业生命周期理论进行了研究和总结，比较普遍的归纳一般分为四个阶段：初创期、成长期、成熟期和衰退期。

初创期的企业处于刚成立阶段，就像襁褓中的婴儿一样是脆弱的，随时都有夭折的可能。此时企业存活的关键取决于能否摄取足够的营养（注入资本）以及创办人的承诺。这一阶段企业规模小、资本实力薄弱，人员多数来自创业者周围圈子，企业不论是财务资本、人力资本、技术水平、治理能力都停留在较低水平。初创期企业的业务比较单一，管理多采用的是个人独断的“家长制”，各项制度缺乏。所以，这一阶段的企业应加强制度建设、强化创办人承诺，抓住市场机会，集中力量迅速发展核心业务，增加资金供给。

成长期的企业已经在市场上基本站稳脚跟，面临进一步扩大市场份额和企业规模的任务。这一阶段，企业产品日趋成熟，创新能力有所加强，市场范围有所扩大。同时，企业面对的主要问题是高速发展与科学、有效管理之间的矛盾。首先，快速增长的利益驱动导致对规模和多元化经营的欲望膨胀，可能导致决策的盲目性和发展的盲目性；其次，快速扩张带来人力资源和规范管理的滞后。因此，这一阶段的企业应努力从家族式、家长式组织管理中走出来，引进优秀的管理人才，科学分析事业发展的机遇与风险，提高企业的管理水平。

成熟期是企业生命力极强的阶段，企业的事业处在巅峰。企业具有一定的规模，业绩水平不断提升，同时具有较强的控制力。这一阶段企业可能遇到的是创新和扩张的问题。企业如果不能坚持在观念、技术、产品和市场等方面不断创新，就会提早进入衰退期；企业如果不能开拓新兴事业领域，整合朝阳产业资源，就会失去发展动力。所以，企业应在这一时期注重经营战略的选择、社会资源的整合、核心竞争力的培育。

衰退期的企业显现出业绩下滑、故步自封、团队涣散的征兆。企业经费越来越多地花在控制系统、福利措施和一般设备上；人们越来越拘泥于传统，注重于形式；企业内部越来越缺乏创新机制；市场客户资源不断流失；最为明显的行为特征是企业内部冲突不断、谣言四起，企业各部门的注意力集中到内部地位之争，人们更多强调的是谁造成了问题，而很少考虑去采取补救性措施以解决问题。防止企业衰亡的有效措施是引入新鲜血液，开辟新的发展空间。

企业在生命周期的不同阶段有不同的特点，因此，企业在生命周期的不同阶段所面临的风险和要解决的问题也是不同的。这些风险的规避与问题的解决可以说关系到企业的生死存亡，如果稍有偏差，企业就会走向死亡，所以认识企业的生命周期是自觉地进行企业诊断、制定企业发展战略、决定企业管理方式的关键。

第二节　企业核心竞争力

一、企业核心竞争力的含义和特点

（一）企业核心竞争力的含义

核心竞争力是企业在长期经营过程中的知识积累和特殊技能（包括技术的、管理的等）以及相关资源（如人力资源、财务资源、品牌资源、企业文化等）组合成的一个综合体系，是保证企业赢得竞争优势、可持续发展而独有的、难以模仿的综合能力。核心竞争力是一种整体资源，它涉及企业的技术、人才、管理、文化等各方面，成为企业特有的应对变革与竞争的、能够取胜于竞争对手的能力集合。

1990年，美国密歇根大学商学院教授普拉哈拉德和伦敦商学院教授哈默尔在其合著的《公司核心竞争力》一文中首先提出核心竞争力这一概念。他们的定义是：“在一个组织内部经过整合了的知识和技能，尤其是关于怎样协调多种生产技能和整合不同技术的知识和技能。”他们认为，这一定义至少包括了三层意思：首先，核心竞争力应该有助于公司进入不同的市场，成为公司扩大经营的能力基础；其次，核心竞争力对创造公司最终产品和服务的顾客价值贡献巨大，它的贡献在于实现顾客最为关注的、核心的、根本的利益，而不仅仅是一些普通的、短期的好处；最后，公司的核心竞争力应该是难以被竞争对手所复制和模仿的。

（二）企业核心竞争力的特点

核心竞争力是企业竞争力中那些最基本的、能使整个企业保持长期稳定的竞争优势，获得稳定超额利润的竞争源泉，它包括企业技能资产和运作机制有机融合的各个方面。企业拥有的竞争优势并不直接构成核心竞争力，竞争优势转化成为核心竞争力，必须具备以下特点。

1. 具备充分的客户价值

企业能够为客户提供实质性的效用和利益，这些效用和利益特别有助于实现顾客所追求的价值。同时，这种能力在企业创造价值和降低成本方面具有核心地位，能显著提高企业的运营效率，能明显超越竞争对手。

2. 具备独特性

核心竞争力与一般竞争优势的区别之一就是竞争对手难以模仿和寻找替代。核心竞争力是企业的一种专门资产，而且具有资产专用性的特征。这种专长的独特性和持久性在很大程度上由它赖以存在的基础所决定。不同于某种个别专利或普通技术，不同于某些管理者或技术骨干的专长。核心竞争力内化于企业整个组织体系中、建立在系统学习经验的基础上，这种内化和隐性、系统和累积的特点决定了此种技能的稀缺性、不可替代性和难以模仿性，从而给企业带来独特的竞争资源。

3. 具备一定的延展性

作为一种独特的资源，企业核心竞争力具有弥散和渗透的力量。它能够支持企业向朝阳产业和新兴的、有价值的领域进军，能够凭借核心技术创造多种产品和服务市场，对企业在一系列经营管理活动中形成竞争优势有促进作用。

4. 具备相对持久性

核心竞争力随着企业发展逐渐积累和增强，企业一旦运用自如就会稳定支持自身的需要，形成企业持续领先的竞争优势。随着科学技术日新月异的进步，产品和技术的生命周期不断缩短，有形资产提供可持续利润的持久性大大降低，而对于企业核心竞争力这样的无形资产却受到很少的影响。核心竞争力的应用不会因使用而削弱，反而还会在使用过程中得到加强。

二、企业核心竞争力的构成

现代企业的核心竞争力是一个以知识、创新为基本内核，企业一些关键资源或关键能力的组合，是能够使企业在一定时期内保持现实或潜在竞争优势的动态平衡系统。因此，企业核心竞争力并非是企业拥有的某项独特资产或者技能，而是一个融合一体的支持体系。

（一）企业的人力资源

人力资源是企业最宝贵的资源，在知识与资本日趋融合的知识经济时代，人力资源是企业知识和技能的承载者，对企业竞争力的作用毋庸置疑。人是企业中最积极最活跃的因素，企业之所以成功，首先是因为这个企业拥有并且有效发挥了人力资源的作用。核心竞争力的形成归根结底是企业人才的积累和使用，而人力资源是企业文化、技能、学习与积累的综合，而且可以不断开发、提升和利用。

（二）核心技术

核心技术包括技术核心和设计核心，是受到法律保护的专利技术以及一系列技术秘密。核心技术是企业基于对产业、市场和用户以及环境的深刻洞察，长期孕育形成的，有独特的市场价值，能够持续解决企业发展和市场开拓问题的能力。核心技术是一个研发技术体系，原创性研究开发能力是企业竞争力的重要组成部分，保证企业获得持久专业技术或专利技术从而获得长期利润。拥有自己的核心技术是企业获得核心竞争力的必要条件。

（三）企业声誉

商誉源于有效的管理及对诸要素有效整合的结果，是企业通过长期努力精心培育的无形资产。商誉是“企业获取超额收益的能力”，是一种企业所独有的、在经营上具有优越获利能力，可以在未来带来超额经济收益的经济资源，包括杰出的管理队伍、优秀的资信级别、具有战略性的地理位置、良好的社会形象、良好的公共关系、优良的员工培训计划、拥有某些卓越工艺和技术、商标等。

（四）营销能力

营销能力包括了企业的营销技能、营销网络和高效营销资源。营销技能是企业向顾客提供满足其价值需要的商品和劳务的手段、技能，取决于企业的营销理念、营销队伍经验的积累，技术手段和营销信息系统的应用；营销网络是企业推销产品和服务的渠道网点、配送中心、信息系统等；营销资源是企业拥有的高端产品价值、和谐客户关系、良好服务体系、品牌知名度和美誉度等。企业营销能力是企业有效开展市场营销活动的能力，是一种资源能力。

（五）管理能力

管理能力是企业竞争力的核心内容。这种管理能力不是指超越某个具体职业与行业特定的知识和技能、一切管理者应当共同具备的基本的能力和才干，而是属于本企业独特的管理素养、管理技能、管理机制等，如人本管理的知识化、运营管理的信息化、流程管理的创新化等，企业家素质、企业管理团队的效能、管理制度的先进性、执行能力、管理技术和手段的水平等。这些能力决定着企业对自身资源的利用水平和对外部环境的适应能力。

（六）企业文化

企业文化如愿景、使命、价值观是企业经营理念及其具体体现的集合。核心竞争力的核心是核心价值观。企业文化是企业的灵魂，核心价值观是企业文化的核心。一个拥有核心竞争力的企业一定是拥有优秀企业文化的企业。核心价值观是企业对于客观事物的基本信仰，是关于好坏、善恶、美丑的判断，是企业生存与发展的指导思想和基本准则。一个企业的文化将反映在企业的管理、营销、研发、生产、服务、财务、市场拓展、人力资源等各个方面。IBM公司前总裁托马斯·沃森（Thomas J. Watson）说过："就企业相关业绩来说，企业的经营思想、企业精神和企业目标远比技术资源、企业结构、发明创造及随机决策重要得多。"

三、企业核心竞争力的培育

核心竞争力理论引发了企业对基本价值观的重新思考和企业思维方式的嬗变，使企业管理者着眼于企业深层次竞争力的构建。企业只有充分调动和有效运用各种资源，卓有成效地培养和强化企业的核心竞争力，才能获得长期稳定的竞争优势，从而在激烈的市场竞争中立于不败之地。企业核心竞争力的形成是企业自身内部因素与外部环境因素共同作用的结果。

（一）企业打造核心竞争力的外部途径

企业核心竞争力形成的外因是指存在于企业系统之外的、作用于企业核心能力形成的外部环境因素。外部环境因素主要分为产业环境因素与宏观环境因素两种。产业环境因素是指与产品所处产业直接相关的因素，主要包括企业间的竞争、产品间的竞争、消费者需求；宏观环境因素是指对企业核心能力的形成发生间接影响的因素，主要包括自然环境、社会环境、经济环境、法律政策环境等。这些外部环境因素能够诱导、唤起、驱动或转化为企业的内在因素，来实现企业核心能力的形成。企业是社会经济系统的子系统，外部环境的种种变化，可能给组织带来两种不同程度的影响：一种是为企业的生存和发展提供新的机会，比如新资源的利用可以帮助企业开发新的产品，宏观经济社会形势的变化可能导致产业政策的修订；另一种可能是环境在变化过程中对组织的生存造成某种不利的威胁，比如技术条件或消费者偏好的变化可能使企业产品寿命周期变化。因此，企业培育核心竞争力，就要积极地利用外部环境变化中提供的有利机会，同时也要积极采取对策，努力避开各种变化可能带来的威胁。而且只有借助于外部环境因素的诱导和推动，企业才能不断地构建、培育和优化自己的核心能力。打造核心竞争力的外部途径有以下几种。

1. 通过企业兼并获得核心竞争力

企业兼并是企业迅速扩大规模、快速进入其他竞争领域的一种有效途径。通过兼并，企业可以重新整合自己的内部资源，构造新的企业经营格局，调整产业结构与产品结构，构建新的企业经营机制，从而达到优化资源配置、提高市场竞争力的目的。

2. 努力培育更多的更忠诚的稳定顾客群

从产品、价格、渠道、促销到公关宣传等营销的各个方面着手，努力培育自己的顾客群，以增强自己的核心竞争力。

3. 通过知识联盟获得企业核心竞争力

知识联盟有助于一个企业学习另一个企业的专业能力，有助于两个企业的专业能力优势互补，创造新的交叉知识。

4. 保持与环境的动态均衡

环境变化和企业自身的波动，都可能造成企业核心竞争力不足。选择适合自身的目标、行业、战略及管理方式，适应环境，抓住环境提供的机会，要持续改进，不断进行竞争战略分析，了解竞争态势和不断挖掘自身潜力，形成动态快速反应机制。

（二）企业打造核心竞争力的内部途径

企业核心竞争力的形成内因是指存在于企业系统之内的、作用于企业核心竞争力形成的自身内部因素。其提升的途径主要有以下几种。

1. 保持企业资源与能力的相对优势

企业保持竞争优势的关键在于企业内部的资源和能力，而这些资源和能力又构成了企业核心竞争力的基本要素，是企业核心竞争力形成的基础。企业必须在资源上具有价值性、稀缺性、难以模仿性等优势，通过资源的有效积累与合理配置、赋予资源的异质性来获得企业核心竞争力。

2. 创新

这是企业核心竞争力形成的根本。现代企业制度体现的是企业资源配置的高效率，而这种高效率能否充分发挥，主要依靠核心技术和技术创新。从可持续发展目标出发，从市场环境的变化出发，不断进行技术、管理、制度、市场、战略等诸多方面的创新，其中又以技术创新为核心。模仿也能使企业迅速缩短同竞争对手的差距，但是，简单的模仿不能产生企业的独有专长，必须在模仿学习的基础上吸收、消化、综合、创新，才能使企业能力转化为核心能力。

3. 有效整合与协调

企业核心能力具有整体性，要求企业能够将形成的要素达到最佳动态组合。集中企业资源从事某一领域的专业化经营，在这一过程中逐步形成自己在经营管理、技术、产品、销售、服务等诸多方面与同行的差异。在发展自己与他人上述诸多方面的差异中，就可能逐步形成自己独特的、可以提高消费者特殊效用的技术、方式、方法等，有效地整合和协调创新后的要素，使其贡献于企业核心能力这个整体。对企业不同资源的整合，形成企业的独特能力；对不同能力的整合，转换为企业的核心竞争力；对不同的业务单元整合，形成企业独特的个性和价值。

4. 提高管理水平

企业核心能力的形成是人的主观能动性得以充分发挥的结果，管理水平是企业核心竞争力形成的根本保障。管理水平是企业核心竞争力其他形成因素的服务工具，推动其他形成因素发生功能上的耦合、裂变、系统化、强化，发挥出企业整体大于部分之和的组织效应，从而最大可能地发挥出各个因素的潜力，发挥出共同的作用。因此，不断完善企业管理制度和机制，使之更科学、更合理、更规范、更现代化，为核心竞争力的培育和提升提供制度保证。

5. 塑造独特的企业文化

优秀的企业文化不仅是核心竞争力生成的加速器，而且是核心竞争力得以持久的黏合剂。企业文化不仅能够强化传统管理的一些功能，而且能够形成传统管理不能替代的功能，如导向、凝聚、激励、规范等功能，这些功能的发挥，可以直接或间接地提升企业核心竞争力。优秀的企业文化能够创立员工真心向往的共同愿景，使他们对企业目标产生真心的追求和持久强大的精神动力。利用向心力和凝聚力，挖掘人力资本的智慧，一方面通过将知识转化为价值，另一方面节约产品的研发成本、制造成本、营销成本和管理成本等途径来促进企业核心竞争力的提升。

第三节 企业创新

一、企业创新的概念

创新是创造和革新的过程，是根据一定目的和任务，运用现有资源和条件，产生出新颖、有价值的新成果的（精神的、社会的、物质的）活动过程。通常创新具有两个层次：一个层次是以科学为基础的创新，具有里程碑意义，能够改变人类的生活；另一个层次是在已有技术基础上的仿效，在仿效中实现功能的扩展、延伸、重组。

“企业创新是指企业主动适应环境，把握机会，不断开发新产品和新技术，突破束缚，变革障碍，实现组织发展的过程。”（周亚峰、梁明辉，2009）较早提出企业创新这一概念的是美籍经济学家约瑟夫·阿罗斯·熊彼特（Joseph Alois. Schumpeter），1912年他在《经济发展理论》中提出，企业创新定义为“新的生产函数的建立”，即“企业家对生产要素之新的组合”。按照这一观点，创新包括技术创新（产品创新与过程的创新）与组织管理的创新。

创新与核心竞争力的生长是相伴共生的。当今世界，企业只有不断创新，才能在竞争中处于主动，立于不败之地。经营管理学家吉福德·平肖在其《创新者与企业革命——2000年的经理与企业家》一书中指出：“我们生活在这样一个时代，即进行有效创新的能力已经成为事业成功的基本决定因素。如果竞争就是创新，就是创造和改进产品、服务和加工过程，那么，不创新就是死亡。”在知识经济时代的今天，一个企业要持续发展，更依赖于企业的创新能力和创新精神。创新是企业的生命，创新是企业走向可持续发展的必由之路。

二、企业创新的内容

企业创新最初集中于产品和技术的创新，知识经济时代企业创新涵盖企业的方方面面，包括思维创新、管理创新、组织与制度创新、技术创新、营销创新和文化创新等不同形态，它们是相互依赖、协同发展的综合体。

（一）思维创新

思维创新是一切创新的前提。企业要积极倡导创新理念，因为创新欲望是思维创新的动力源泉，一方面，创新欲望的大小直接决定思维创新活动的启动、持续和终止；另一方面，思维创新所带来的各项创新成果也会进一步激发人们创新的热情。思路决定出路，任何企业、任何个人陷入封闭思维和思维定式，都会严重阻碍创新。创新思维的方法可以有：寻找新规律、按照逻辑和常规推导的顺向思维；审时度势、超越常规、反向探索的逆向思维；系统观察、灵活权变的转向思维，如前向思维、后向思维、自上而下的思维、自下而上的思维；民主参与、咨询求教的借脑思维等。

（二）管理创新

管理创新是指企业将管理要素以新的模式和方法进行组合，或加入新的管理要素，从而形成新的管理机制、管理模式、管理方法等，创造一种新型的、有更高效率的管理方式。管理创新既可以是针对有效整合资源以达到组织目标的全过程管理，也可以是某个局部、细节的个性管理。管理创新包括理论创新、组织创新、制度创新、手段创新、方法创新等诸多方面。

（三）组织与制度创新

企业的组织与制度创新表现在两个层面：一是指随着企业经营发展，企业基本制度所决定的组织形式的创新，如股份制、股份合作制等，是改变企业原有的财产组织形式或法律形式，使其更适合经济发展和技术进步。二是通过调整优化管理要素人、财、物、时间、信息等资源的配置结构，以提高现有管理要素的效能为目标，以组织结构为重点的变革和创新，如重新划分或合并部门、流程改造、改变岗位及岗位职责、调整管理幅度。制度创新是指引入新的制度安排，如企业的组织形态、运行机制，包括新的用工制度、新的管理机制、公司兼并和战略重组、对公司重要人员实行聘任制和选举制、企业人员的调整与分流等等。

（四）技术创新

技术创新是一个比较宽泛的概念，既包括新的发明创造研究和取得成果的过程，也包括新发明、新创造的应用和实施过程，还包括了这些新技术成果的商品化、产业化的市场推广过程。主要表现在以材料创新、设备创新、人力资源创新为核心的要素创新，以生产工艺与生产过程的组合为核心的要素组合方法的创新，以及围绕产品品种、结构、效用诸方面所进行的产品创新。就一个企业而言，技术创新不仅指商业性地应用自主创新的技术，还可以是以创新方式应用合法取得的他方开发的新技术或已进入公有领域的技术创造市场优势。

（五）营销创新

营销创新是指企业根据市场竞争的需要和消费者需求的变化，对企业营销策略、渠道、方法、广告促销策划等方面的创新。营销创新的目的是为企业带来更多利润，只有通过为消费者创造价值，使消费者满意，并能够超越竞争对手才能达到目标。营销创新是基于这一前提，对营销理念、营销模式、营销产品和服务、营销手段、营销方式、营销策略的一系列创新。

（六）文化创新

企业文化是企业成员共有的价值和信念体系，它决定企业成员心智模式和行为特点。企业文化创新就是企业在成长和发展进程中，对自身文化理念和文化要素的重新审视、定位和完善的活动。伴随着企业内外条件变化，企业要自觉对自身文化相应进行调整、更新、丰富、发展，包括核心价值观、文化理论体系、文化表现形式、企业形象等。

三、企业创新管理

美国管理大师彼得·德鲁克（Peter Drucker）说："创新就是创造一种资源。"他认为，新企业通常不做管理，而老企业则通常不搞创新，因此创新和管理常常被割裂开来。现代企业管理和创新是一体两面的，没有科学管理的企业不能存活很久，缺乏创新管理的企业也不会存活很久。无论是现在还是未来，持续的创新能力对大多数企业意味着可持续的竞争优势。企业管理现代化也必然要进入到管理创新的新阶段，不断倡导创新精神、激发创新意识、引导创新方向、鼓励创新行为、提升创新能力，是现代企业管理的方向和职责。

（一）企业创新的途径管理

从创新途径来看，企业创新通常有两种基本途径，即源自内部的封闭式创新和源自外部的开放式创新。

封闭式创新主要源自企业内部，其基本特点是：企业依赖自己进行发明创造，最先把新技术转化为产品，最先把新产品推向市场，确保本行业内最优秀的人才都在为本企业工作，创意是行业里最好的，牢牢地控制住自己的知识产权。

开放式创新则强调在企业外部拥有广泛的知识和技术，企业可以通过市场的方式使用这些技术。开放式创新的基本特点是：通过合作，让企业内外部的所有人才为企业而工作，让企业能充分利用企业内部和外部的所有好的创意。企业并非仅仅靠自己的研究获利，而是建立一个能利用一切研究成果的模式，从别人对自己的知识产权的使用中获利，同时也可以购买别人的知识产权，如曾经被很多企业效仿和利用的杠杆管理、供应链管理、ERP 管理等。

（二）企业创新的过程管理

在一个竞争的市场环境中，企业要获得长期竞争优势，不能只满足于某一次创新的成功，停留于已有的资源优势。在市场竞争中长期保持竞争优势的企业，不是依赖某一次技术创新成功来维护其竞争地位的，而是在不断的技术创新中获得创造性突破，不断提升其资源优势。企业创新的过程管理就是分析、研究和驾驭企业持续创新的实现途径，使其摆脱对传统资源的依赖，把企业塑造成创新型企业。

1. 强化创新意识，转变思维定式

任何伟大的创造发明，都源于创新意识。企业创新必须具备创新进取的精神。能够长期持续不断发展的企业其共同特点是，从企业的领导到全体员工，不以现状为满足，始终抱有创新进取，向新、向上的雄心壮志。惰性思维、思维定式是企业创新的最大障碍。许多时候，企业组织中的创新失败并非由于缺乏技术能力、市场机会和人才优势，而是存在于组织结构与文化中的惰性思想与保守行为限制了技术能力的发挥和市场机会的把握，扼杀了组织成员的创造与创新愿望。创新意识是一种独特的思维方式，能引发创造性成果。企业技术的进步，管理水平的提高，制度的不断完善，都离不开创新意识这个核心。例如，由单纯追求利润指标增长速度向追求全面可持续发展的思维转变；由单纯追求产品功能改变向更好满足客户的情感需求、创造顾客价值转变；再如，抢占先机并不仅仅是企业在推出创新成果方面占先，而更强调领先一步将技术和发明创造成果转化为产品或现实的生产能力并成功市场化。这些都是创新思维定式的改变。

2. 关注发展趋势，抓住创新机遇

企业的创新活动是针对企业未来的努力，而企业未来具有一定的不确定性，因此，企业需要做出努力，根据市场和社会变化，敏锐地观察原有事物的缺陷，准确地捕捉新事物的萌芽，提出大胆新颖的推测和设想，促进企业创新的进行。德鲁克认为，创新的机会源于“变化”，成功的创新就是利用了这种变化，而持续的企业创新本身也构成了变化，创新的机会是隐藏在各种变化之中的。这与环境发展的规律是一致的，而各种变化趋势要成为企业的研发方向，还需要企业进行周密的创新论证。如社会流动性的增强，移动频率越来越高，移动空间越来越大，满足商务旅途中信息各方的需求就生成了产品服务的创新机会。又如信息时代、网络时代的来临，人们的沟通方式、生活方式、购物行为都在发生变化，网上购物、网上理财等电子商务服务非常流行。总之，种种变化的趋势都会驱动创新。如果企业抓住其中的一点，就有可能进入一片蓝海。创新机遇的把握需要企业有良好的运作组织，需要管理层有极为敏锐的观察发现能力。

3. 构建创新组织，强化创新激励

创新思想和创新能力的形成，需要建立一个有利于创新的环境和一整套机制，包括人才获取机制、人才成长环境、激励机制、企业内部民主及沟通渠道、知识管理机制等等。适当的组织和激励，是企业创新的推动力。首先，根据创新的需要，构建相应的创新组织。创新活动的组织打破传统组织的等级和规程，推行较为松散灵活的组织形式，进行分散的创造性活动，推进科技创新人员之间多种形式的自由沟通交流。建立柔性组织结构，柔性蕴含灵活性和多样性、变化和革新、稳健性和复原力，以及持续的优势和适应变化的能力。其次，强化创新激励。创新应成为企业文化的内涵，在企业中建立创新文化，鼓励各种创新活动。正确对待创新的风险，宽容创新中的失败，鼓励从失败中寻找迈向成功道路的努力。企业应制定创新激励的规则，及时、公平地对创新成果进行奖励。

4. 寻找科学方法，强化执行能力

企业创新需要用对方法，如果只有创新概念，却无方法执行，终究无法将概念变为利润。企业需要根据行业的特性和在能够为客户产生更多价值的地方来创新方法，只有方法对才能让创新真正发挥效力，提升企业的核心竞争力。大量的实证研究证明，企业创新不是单独技术部门的责任，而是企业系统整合过程。这些整合包括企业内部各个部门（如研发部门、生产制造部门、营销部门、企业发展部门等）的整合，组织内部高层、中层与基层之间的整合，组织内部资源与外部资源以及技术与市场的整合等，实现这些资源整合就需要多样化的手段和方法。管理流程设计应该尽可能地有利于创新信息在组织内部广泛而迅捷地传递，所有的流程最终应使得整个企业真正融入创新之中。执行力是贯彻战略意图、完成预定目标的操作能力。企业如何制订有效的创新流程和执行方案，是企业创新成败的关键所在。“创新”不能只流于口头，而需要将每个步骤执行到底，通过监控运营系统，保证以最有效的方法执行彻底。

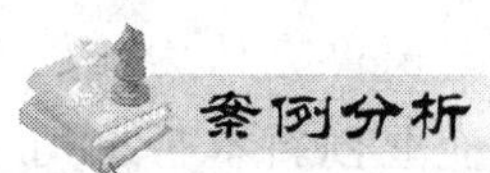

肯德基在中国的创新

1987 年，肯德基在北京开设第一家店，29 年来已成为中国规模最大、发展最快的快餐连锁企业。这样神奇的发展速度与其在美国本土多年的停滞不前形成了鲜明的对比。“不断创新、勇争第一”一直是百胜餐饮集团追求的目标。创新是什么？在中国，肯德基的理解就是从美国文化的束缚中解脱出来，实现本土化。

过去，肯德基店的食品就是以美国式炸鸡为主，这种单一且不健康的食品结构曾遭到质疑。肯德基在前几年提出一个口号，叫作肯德基“为中国而改变，全力打造新快餐”。肯德基从未停止过创新，总能变换花样针对中国人的口味推出刺激味蕾的新食品，如京味的老北京鸡肉卷、川味的川香辣子鸡、粤味的咕咾肉等。每年肯德基都推出超过 20 种新产品，这是全世界快餐业都不敢想象的一个速度。当初肯德基进入中国的时候只有 8 种产品，现在长期供应的产品有 52 种。

肯德基“中国化”是其创新的一个集中表现，那就是不断地实行“变脸”，无论是店面的装饰风格还是食品的种类。还有服务创新化，让服务对象感受新鲜。讲究“规定动作到位，自选动作创新”。肯德基品牌就在这“变”中形成了自己独具的特色，也在这“变”的过程中带来了“不变”的消费者，而且都体现了本土企业难以做到的“万变不离其宗”——质量不变、服务不变、理念不变。

（资料来源：http：//news. sina. com. cn/o/2015 — 11 — 23/doc — ifxkwaxv2680868. shtml）

案例思考：

为什么说肯德基在中国的“本土化发展”是一种创新？肯德基实施创新的依据是什么？

第七章 现代企业营销管理

学习目标

1. 掌握市场营销的概念和功能，明确市场调查的分类。
2. 理解市场调查的步骤和市场细分的方法，熟悉市场细分的标准。
3. 掌握目标市场策略及其选择。
4. 掌握市场营销策略。
5. 理解网络营销的概念和功能。
6. 掌握网络营销的模式，能够分析网络营销环境下企业面临的挑战。

第一节 市场营销概述

一、市场营销的含义、功能

（一）市场营销的含义

市场营销是市场经济高度发展的产物，是一种经济活动。关于市场营销的含义也有多种提法，1985 年美国市场营销协会提出的市场营销定义为："市场营销是对产品、思想和服务进行构思、定价、促销和分销的计划和实施的过程，从而产生能满足个人和组织目标的交换。"营销学大师菲利普·科特勒（Philip Kotler）对市场营销的定义是："市场营销是个人和集体通过创造，提供出售，并同别人交换产品和价值，以获得其所需要之物的一种社会和管理过程。"市场营销活动是指企业以满足顾客各种需要与欲望为目的，运用一定的方法和手段，使企业的产品或服务有效地转移到买方手中的各种活动的总和。市场营销策略是企业经营战略的组成部分。企业市场营销管理是计划和执行关于商品、服务和思想的观念、定价、促销和分销，以创造能符合个人和组织目标的交换的一种过程。

市场营销活动的前提是，顾客将从那些他们认为提供最高顾客让渡价值的公司购买商品。顾客让渡价值是指总顾客价值与总顾客成本之差，包括总顾客价值和总顾客价格。总顾客价值就是顾客期望从某一特定产品或服务中获得的一系列利益，包括产品价值、服务价值、人员价值和形象价值；总顾客价格包括货币价格、时间成本、精力成本和体力成本。

(二) 市场营销的功能

市场营销的根本任务，就是通过努力解决生产与消费之间的各种分离、差异和矛盾，使得生产者方面各种不同的供给与消费者或用户方面各种不同的需求与欲望相适应，实现生产与消费的统一。因而，市场营销在求得社会生产与社会需要之间的平衡方面发挥着重要作用。

市场营销通过其功能，创造出经济效用，来发挥其解决种种产销矛盾的作用。市场营销的功能分为三类：交换功能、物流功能和便利功能。

1. 交换功能

科特勒曾说：“市场营销是这种社会过程：个人和团体通过创造以及与别人交换产品和价值来满足其需要和欲望。”市场营销的交换功能包括购买和销售两个方面。除了两者都要实现产品所有权的转移外，购买的功能还包括购买什么、向谁购买、购买多少、何时购买的决策；销售的功能还包括寻找市场、销售促进、售后服务等决策。购买和销售都离不开价格，定价也就成了交换功能的应含之义。

2. 物流功能

市场营销中的物流功能也称实体分配功能，包括货物的运输与储存等。运输是为了实现产品在空间位置上的转移；储存是为了保存产品的使用价值，并调节产品的供求矛盾。物流功能的发挥是实现交换功能的必要条件。

3. 便利功能

便利功能是指便利交换、便利物流的功能，包括资金融通、风险承担、信息沟通、产品标准化和分级等。借助资金融通和商业信用，可以控制或改变产品的流向和流量，在一定条件下能够给买卖双方带来交易上的方便和利益。风险承担是指在产品交易和产品运输中，必然要承担的某些财产损失，如因产品积压而不得不削价处理，产品损坏、短少、腐烂而造成的经济损失等。市场信息的收集、加工与传递，对于生产者、中间商、消费者或用户都是重要的，没有信息的沟通，交换功能、物流功能都难以实现。产品的标准化和分等分级，可以大大简化和加快交换过程，不但方便储存与运输，也方便顾客购买。

二、市场营销调查与预测

(一) 市场营销调查及其内容

市场营销调查是指企业为了特定的市场营销目标，通过科学方法有目的地收集和分析有关企业外部环境和经营管理方面的各种信息和资料，为制定适当的市场策略提供依据。市场营销调查的作用可以从企业了解消费者需求、对产品更新，以及获取和维持竞争优势三个方面体现出来。

市场营销调查是与现代市场营销观念相适应的行为，它渗透于营销的各个方面，对市场营销全过程中所需要的信息，进行周密的调查、收集、整理和分析，并做出有关的结论。随着经济的发展，市场营销调查已越来越受到重视，成为企业生存和发展的重要手段。

(二) 市场营销调查的分类与内容

市场营销调查是一项十分细致复杂的工作，范围广泛，主要有以下几个方面。

1. 市场需求调查

企业能否满足消费者需求，是企业经营成功的关键，因此市场需求调查是市场营销调查的关键内容，这包括以下几点。

(1) 现有市场对产品的需求量。

(2) 潜在市场的调查。

(3) 本企业的销售数量、本企业的市场占有率以及企业所面临的细分市场。

(4) 同类产品的需求情况和替代产品的需求情况调查等。

2. 消费者和消费者行为调查

消费者的需求贯穿于市场营销的始终，因此对消费者情况的调查就显得很有必要，调查内容包括以下几点。

(1) 现有消费者数量、地区分布状况、年龄结构、购买力大小。

(2) 消费者购买动机、行为和程序，影响购买者决策的主要因素。

(3) 消费者对本企业产品和劳务的满意程度，他们的意见和要求等。

3. 企业因素调查

这主要是指企业经营诸要素中的可控要素，通过调查以调整企业的策略，组成一个最优化的整体营销策略。

(1) 产品调查。调查现有产品满足需求的情况、新产品的市场潜力、产品的售后服务、生命周期，以及新产品对老产品的更替等。

(2) 价格调查。调查影响价格变动的主要因素、产品的价格弹性的大小、新产品的定价策略，以及老产品的价格调整等。

(3) 销售情况调查。销售情况调查包括促销与分销两个方面。促销方面包括广告媒体的选择、效果比较、推销员的作用评价，以及销售服务方式选择及公共关系工作开展的可行性与范围等；分销情况调查方面包括现有销售渠道中各个组成部分的情况，各地零售网点的分布、销售费用、产品运输手段与储存状况等。

4. 竞争对手调查

主要调查与竞争对手有关的基本情况，包括：

(1) 竞争企业的数量、规模以及本行业之地位。

(2) 竞争企业的产品价格、性能、质量和包装情况，以及生产工艺与生产成本等。

(3) 竞争对手采用的营销策略。

(4) 潜在竞争对手的情况调查。

5. 宏观环境调查

宏观环境主要指政府方针、政策、法令，国家的政治状况，宏观经济状况，文化教育水平，宗教信仰，以及风俗习惯等。

(三) 市场调查的步骤方法

市场营销调查一般由四个主要步骤组成，包括确定问题及调查目标，制订调查计划，实施调查计划，调查结果的解释与报告，如图 7-1 所示。

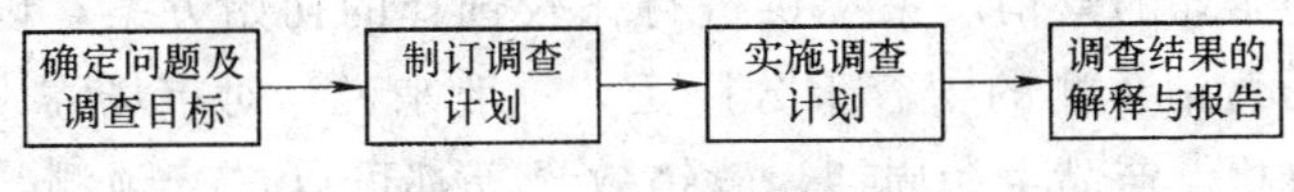

图 7-1 市场营销调查程序

1. 确定问题及调查目标

营销调研中的第一步，是确定营销中存在的问题及调研工作所要达到的目标。确定目前企业营销中存在的问题，要求营销管理人员能从企业纷繁的活动中找出问题的对象。对一个调查问题范围的确定要适当，范围太宽会使调查人员得到许多不必要的信息；太窄则会束缚调查人员的手脚，不能开阔思路。寻求调查课题的目的主要有三种：一是正在进行的业务出现了问题，必须及时调查，分析原因和采取措施；二是针对潜在的问题，需要防微杜渐；三是为了规划新的营销活动，需要从市场营销的规律和趋势去探索问题。

2. 制订调查计划

市场营销调查过程中的第二个步骤是制订调查计划。在这一步骤中，首先要明确营销决策需要哪些信息，然后再确定如何有效地收集这些信息，最后提交书面的调研计划。

3. 实施调查计划

调查计划的实施主要包括收集、整理、分析信息等工作。收集信息的过程可由企业内部的营销调研人员完成，也可委托外部专业的调查公司来完成。企业自己收集信息的好处是，可加强对调查过程和信息质量的控制，但是专业调查公司则可更快地完成调查过程，而且成本较低。收集来的信息必须经过分析和处理，调查人员应协同营销管理人员，利用标准的计算程序和表格等将这些数据整理好。有时调查人员还要采用营销分析系统提供的更先进的统计技术或决策支持系统来分析这些数据，以发现那些有助于营销管理决策的信息。

4. 调查结果的解释与报告

市场营销调查的最后一步是对调查结果做出解释，得出结论后向营销管理部门提交调查报告，这是整个调查过程中极其重要的一个步骤。调查报告不能只是一系列的数据，而应当是简明扼要的结论和说明，并且这些结论和说明应当对营销决策具有直接意义。

在很多情况下，对同一调查资料可能做出不同的解释，因此调查人员应当与营销管理人员紧密合作，协调一致，共同探讨可能的最恰当的解释。此外，管理人员还要检查调查目标是否达到，所需要的分析是否完成，以及是否还有新的问题需要补充。最后，营销管理人员还要决定是否采用调查人员提出的建议。

（四）市场营销预测及其方法

市场营销预测就是根据过去和现在的情况，在市场调查的基础上推测未来的发展，并通过分析研究为企业的营销决策提供进行比较选择的初始方案，以及实施这些方案的最佳途径。市场营销预测的内容十分广泛，一般来说，对市场需求、商品资源、市场占有率、市场价格、产品生命周期、营销效果等都可以进行预测，其中市场需求预测在市场营销预测中占有很重要的地位，因此一般情况下市场营销预测主要是指市场需求的预测。

市场需求预测就是指在市场调查的基础上，对市场未来需求的变化及其影响因素进行估计和判断。市场需求预测是竞争的需要，是企业减少经营风险的重要手段之一。

1. 市场需求预测的程序

企业对未来市场需求的预测一般采用三段式程序进行。首先是宏观经济环境预测，其内容包括经济周期、通货膨胀、失业率、利率、消费者支出、储蓄、工商业投资、政府开支、出口额等情况的变动，得出对国民生产总值及其增长率的预测。其次是在宏观经济环境预测的基础上对行业市场进行预测，这个主要是在已知的环境和既定的营销支出下，预测该行业的发展规模、发展方向和速度，从而对该行业未来的市场销售量变动情况做出估计。最后是根据该行业中本企业的市场占有率情况，做出本企业未来的销售预测，即预测企业的销售量。

2. 市场需求预测的方法

市场需求预测的方法很多，一些复杂的方法涉及许多专门的技术。对于企业营销管理人员来说，应该了解和掌握的企业预测方法主要有定性预测法和定量预测法两种。

（1）定性预测方法。定性预测方法就是依靠决策人员的知识、经验和综合分析能力，对产品未来市场需求的变化做出推断和描述的预测方法。定性预测方法主要有：①德尔菲法；②集合意见法；③社会调查法。

（2）定量预测方法。定量预测方法是通过对经济现象量的方面的描述，来解释经济现象的发展规律或发展趋势，并在定性分析的基础上，对未来经济发展的程度及数量关系进行预测的一种方法。定量预测方法比定性预测方法更完善、更成熟，预测结果更为精确、更详尽，适用于经常性的预测。定量预测方法主要有：①时间序列预测法；②因果关系分析法。

总之，市场营销人员总是在不停地寻找能更好地测量目前需求和预测未来需求的方法，以便为那些希望做出更有效的营销决策的管理人员提供有关市场营销的更可靠的数据资料和分析手段。

第二节　市场细分与目标市场

现代企业面对复杂多变、购买者众多、分布广泛、需求多样的市场，企业应在分析研究市场环境和消费者行为的基础上，有针对性地根据消费者的不同需求选择不同的营销战略，即在市场细分的基础上选择对本企业最有吸引力、可为之提供有效服务的市场部分作为目标市场，实行目标市场营销，并在目标市场上为产品确定适当的竞争地位。这是关系到企业生存和发展的重大战略决策，是实施各项具体营销策略的基本前提。

一、市场细分及其作用

所谓市场细分，是依据消费者需求和购买行为等方面的明显差异性，把某种产品的整体市场划分为不同类型顾客群即若干同质细分市场（亦称子市场或亚市场）的过程。市场细分有利于企业分析、发掘新的市场机会，形成新的富有吸引力的目标市场；有利于企业集中使用资源，增强企业市场竞争能力；有利于企业制定和调整市场营销组合策略，实现企业市场营销战略目标；有利于企业集中资源进行针对性营销，提高经济效益。

二、市场细分的标准与方法

市场细分建立在市场需求差异性的基础上，因而形成需求差异性的因素，就可以作为市场细分的标准或依据。由于市场类型不同，市场细分的标准也有所不同。

（一）消费者市场的细分标准

1. 地理环境细分

根据消费者所处的地理位置、自然环境等地理变量来细分市场称为“地理环境细分”。地理环境细分变量包括国家、地区、城市、农村、城市规模、人口密度、气候、地形、地貌、生产力布局、交通运输和通信条件等。

地理环境细分的主要理论依据是：处在不同地理环境的消费者，他们对企业的产品有不同的需求和偏好，他们对企业所采取的市场营销组合策略会有不同的反应。

2. 人口状况细分

根据人口统计因素来细分市场称为“人口状况细分”。人口状况细分变量包括性别、年龄、职业、家庭规模、家庭收入、民族、宗教、文化程度、国籍、家庭生命周期等。人口状况细分变量与消费者需求之间存在着密切的因果关系。不同人口状况的消费者需求必然是不同的。

3. 消费者心理细分

根据消费者心理特征细分市场称为“消费者心理细分”。消费者心理细分变量包括消费者的生活方式、个性、购买动机、消费态度等。

4. 消费者行为细分

根据消费者不同的消费行为细分市场称为“消费者行为细分”。消费者行为细分的变量包括消费者购买时机、消费者进入市场的程度、消费者使用率、消费者对品牌的忠诚程度等。

（二）组织市场的细分标准

由于组织市场的买主及购买目的与消费者市场不同，所以组织市场细分的依据也与之有所区别。

1. 用户的行业类别

用户的行业类别包括农业、轻工、食品、纺织、机械、电子、冶金、汽车、建筑等。用户的行业不同，其需求也有很大差异，企业应在市场细分的基础上采取不同的营销策略。

2. 用户规模

用户规模包括大型、中型、小型企业，或者大用户、小用户等。不同规模的用户其购买力、购买批量、购买频率、购买行为和方式各不相同。一般来说，大用户数目少，但购买量大，对企业的销售有着举足轻重的作用，应予以特殊重视，可保持直接的、经常的业务联系；对小用户则相反，数目众多但单位购买量较少，企业可以更多地利用中间商进行产品推销工作。

3. 用户所处的地理位置

用户所处的地理位置对于企业的营销工作，特别是产品的上门推销、运输、仓储等活动有很大的影响。按用户的位置细分市场，有助于企业将目标市场选择在用户集中地区，有利于提高销售量，节省推销费用，节约运输成本。

三、目标市场策略及其选择

目标市场就是企业决定要进入的市场。企业在对整体市场进行细分之后，要对各细分市场进行评估，然后根据细分市场的市场潜力、竞争状况、本企业资源条件等多种因素决定把哪一个或哪几个细分市场作为目标市场。

有三种不同的目标市场策略供企业选择，它们是：无差异市场营销策略、差异市场营销策略、集中市场营销策略。

（一）无差异市场营销策略

无差异市场营销策略就是企业不考虑细分市场的差异性，把整体市场作为目标市场，对所有的消费者只提供一种产品，采用单一市场营销组合的目标市场策略。

无差异市场营销策略适用于少数消费者需求同质的产品；消费者需求广泛、能够大量生产、大量销售的产品；以探求消费者购买情况的新产品、某些具有特殊专利的产品。采用无差异市场营销策略的企业一般具有大规模、单一、连续的生产线，拥有广泛或大众化的分销渠道，并能开展强有力的促销活动，投放大量的广告和进行统一的宣传。

无差异市场营销策略的优点是有利于标准化和大规模生产，有利于降低单位产品的成本费用，获得较好的规模效益。因为只设计一种产品，产品容易标准化，能够大批量地生产和储运，可以节省产品生产、储存、运输、广告宣传等费用；不搞市场细分，也相应减少了市场调研、制定多种市场营销组合策略所要消耗的费用。

无差异市场营销策略的缺点是不能满足消费者需求的多样性，不能满足其他较小的细分市场的消费者需求，不能适应多变的市场形势。因此，在现代市场营销实践中，无差异市场营销策略只有少数企业才采用，而且对于一个企业来说，一般也不宜长期采用。

（二）差异市场营销策略

差异市场营销策略是在市场细分的基础上，企业以两个以上乃至全部细分市场为目标市场，分别为之设计不同产品，采取不同的市场营销组合，满足不同消费者需求的目标市场策略。

差异市场营销策略适用于大多数异质的产品。采用差异市场营销策略的企业一般是大企业，有一部分企业，尤其是小企业无力采用，因为采用差异市场营销策略必然受到企业资源和条件的限制。

较为雄厚的财力、较强的技术力量和素质较高的管理人员，是实行差异市场营销策略的必要条件，而且随着产品品种的增加，分销渠道的多样化，以及市场调研和广告宣传活动的扩大与复杂化，生产成本和各种费用必然大幅度增加，需大量资源作为依托。

差异市场营销策略的优点是能扩大销售，减少经营风险，提高市场占有率。因为多品种的生产能分别满足不同消费者群的需要，扩大产品销售。由于某一两种产品经营不善的风险可以由其他产品经营所弥补。如果企业在数个细分市场都能取得较好的经营效果，就能树立企业良好的市场形象，提高市场占有率。

（三）集中市场营销策略

集中市场营销策略是企业以一个细分市场为目标市场，集中力量，实行专业化生产和经营的目标市场策略。

集中市场营销策略主要适用于资源有限的中小企业或是初次进入新市场的大企业。中小企业由于资源有限，无力在整体市场或多个细分市场上与大企业展开竞争，而在大企业未予注意或不愿顾及而自己又力所能及的某个细分市场上全力以赴，则往往容易取得成功。实行集中市场营销策略是中小企业变劣势为优势的最佳选择。

集中市场营销策略的优点是目标市场集中，有助于企业更深入地注意、了解目标市场的消费者需求，使产品适销对路，有助于提高企业和产品在市场上的知名度。集中市场营销策略还有利于企业集中资源，节约生产成本和各种费用，增加盈利，取得良好的经济效益。

集中市场营销策略的缺点是企业潜伏着较大的经营风险。由于目标市场集中，一旦市场出现诸如较强大的竞争者加入、消费者需求的突然变化等，企业就有可能因承受不了短时间的竞争压力，而立即陷入困境。因此，采用集中市场营销策略的企业，要随时密切关注市场动向，充分考虑企业对未来可能意外情况下的各种对策和应急措施。

第三节　市场营销策略

一、产品策略

(一) 产品的概念

对于产品的定义从不同的角度出发，有多种不同的表述。从市场营销的角度来看，产品可分为三个层次，如图 7-2 所示。

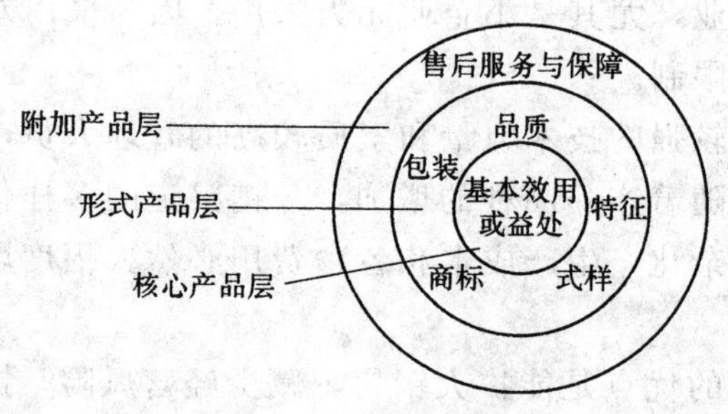

图 7-2　产品的层次

1. 核心产品

这是从产品的使用价值来分析的，是指产品能够提供给消费者的基本效用或益处。人们购买产品都是为了达到一定的目的，即满足某种生理或心理的需求，产品如果不含有核心产品层次，就失去了存在的必要，消费者就不会为其付出。因此，对于一个企业来说，生产产品首先要考虑到核心产品，明确地确立产品能够提供的实际效用与益处。因而核心产品是产品的核心内容。

2. 形式产品

这是产品在市场上出现时的具体物质外形，它主要表现在五个方面：品质、特征、式样、商标、包装。这五个方面的内容一般是可感知的，并且是有形的，所以又称为有形产品层次。由此可见，形式产品是产品的外壳，核心产品则通过形式产品被体现出来，这两个层次相辅相成，缺一不可。

3. 附加产品

产品的消费是一个连续的过程，在消费者消费产品的这一段持续的时间内，为了使产品的效用充分发挥出来，企业还要提供与产品使用有关的各种售前、售后服务等，这就是产品的附加产品层次。这一层次包括了产品的质量保证、使用指导、安装维修等。

产品的三个层次说明，任何一件产品缺了其中一个层次，就会成为不合格的产品，也就难以受到消费者的欢迎。这三个层次组成了整体产品概念，清楚地理解产品的三个层次对实施产品策略具有极其重要的意义。

营销学家菲利普·科特勒在《营销管理》一书中，进一步提出了产品的五个层次。他认为，任何一个产品都可以分解为核心利益、形式产品、附加产品、延伸产品和潜在产品五个层次。

延伸产品是顾客在核心利益需要得到满足的前提下，所产生的关联性需要的满足，其表现为需求满足程度的进一步提高。

潜在产品即顾客可能产生的对某些产品的新的需求的满足，这会促使企业不断地对产品进行更新和改造，并努力开发新产品。

（二）新产品开发策略

产品生命周期理论说明，企业的生存和成长的关键在于不断地创造新产品和改进旧产品，创新是企业永葆青春的唯一途径。有远见的企业把新产品的开发作为一项必不可少的投资，持续的新产品的开发，促使企业在某些产品面临衰退之前，另一些新产品已快速进入成长期，这样就能使企业保持竞争优势。

1. 新产品的概念

市场营销中新产品可以分为以下几种。

(1) 完全创新产品，即完全采用新原理、新材料及新技术而制成的产品，与现有的产品完全没有关系。完全创新产品往往是源于科学技术发展上的突破。

(2) 换代新产品，是指性能有重大突破与改进的产品。

(3) 改良新产品，是指材料、结构、性能、造型，甚至颜色、包装等做出改进的产品，它是由基本型产品派生出来的改良型产品。

(4) 模仿新产品，指企业根据市场上已有的产品进行模仿而生产出来的产品。

2. 新产品的开发程序

企业开发新产品要承担很大的风险，为了减少风险，就必须以一定的程序来进行，一般来说，新产品的开发程序可以分为七个阶段。

(1) 构思。构思是对新产品的结构的设想。构思的相关信息主要是从企业的内部和外部获得的，主要来源是消费者、竞争对手、中间商、科技人员，以及企业的营销管理人员等，其他的相关机构，如大学、科研机构、专利机构、咨询公司、广告公司等也是构思信息来源的渠道。

（2）筛选。即企业根据市场竞争状况和自身的实际状况，对构思方案进行综合评定选择。

（3）产品概念的发展和测试。产品概念就是产品构思的具体化。一个产品构思可以转化为多个产品概念，企业应当对这些概念进行市场定位以便于确定最终的产品发展方向。概念的测试则是测定消费者对产品概念的看法，即让消费者来判定产品的概念是否可行。

（4）商业分析。商业分析即进行经济效益分析，通过分析了解新产品成功的可能性。常用的商业分析方法有：盈亏平衡分析法、投资回收期法、投资报酬率法、净现值法、内部收益率法等。

（5）开发试制。产品构思经过概念发展与测试，又通过商业分析被确定是可行的话，就进入到具体的开发试制阶段，即把新产品从设想变成消费者能够接受的实体产品。这个阶段需要企业的科研生产部门和营销管理部门共同去完成。

（6）市场试销。市场试销是为了测试市场对新产品的接受程度。市场试销包括几层含义，它可以是针对新产品性能、质量的试销，可以是针对产品价格的试销，也可以是针对销售渠道和广告促销的试销。实际上，市场试销就是对消费者对新产品反应的测试。通过试销，一方面可以帮助企业对新产品进行改进，另一方面也可以帮助企业制订出有效的营销组合方案。

（7）正式上市。这是新产品开发的最后一个阶段，新产品进入这一阶段意味着产品周期的开始。在新产品正式上市前，企业要做出以下几个决策，即在合适的时间、合适的地点、合适的促销上制订出一个明确的上市方案。从某种意义上讲，这一阶段是新产品开发的最重要的阶段。

二、价格策略

价格策略主要是指企业以按照市场规律制定价格和变动价格等方式来实现其营销目标，其中包括对与定价有关的成本价格、折扣价格、津贴、付款期限、商业信用，以及各种定价方法和定价技巧等可控因素的组合与应用。

（一）影响产品价格的因素

产品成本是影响价格的基本因素；市场供求状况是影响价格的重要因素，市场供求的变动与产品的价格是相互影响的；市场结构与市场竞争状况是影响产品价格的不可忽视的因素。除此之外，在现实的市场中，产品的价格还受到企业的产品策略、渠道策略、促销策略，以及政府的经济政策等多种因素的影响。因此，企业必须在产品价值的基础上，认真研究影响价格的各方面的因素，才能做出保证营销目标实现的合理价格。

（二）定价方法

一般来说，不同企业、不同市场竞争能力的企业以及不同营销环境中的企业所采取的定价方法是不同的。从价格制定的不同依据出发，定价方法主要有以下三大类。

1. 成本导向定价法

（1）成本加成法。成本加成法也叫总成本加成定价法。

价格＝总成本×（1＋加成率）

这种方法以商品的总成本为基础，再加上一定百分比的预期利润来定价。

企业在实际进行核算的时候，不管是不是采用了总成本加成定价法，都可以把它作为企业定价的参考值。采用总成本加成定价法的关键，是根据市场环境、行业特点等多种因素确定一个合理的成本利润率，成本是企业自己来核算的，算出的价格乘以利润率，所以利润率很重要。如果利润率估计过高，就会导致价格制定过高，也许就会使商品销售不出去，所以在实际操作中通常要根据经验、行业的情况来确定利润指标。

（2）变动成本定价法。

单位产品价格＝单位变动成本＋单位边际贡献

使用这种方法定价要注意以下几点：①当边际贡献大于固定成本时，企业就有盈利；②当边际贡献小于固定成本时，企业就会亏本；③边际贡献等于固定成本，则企业不盈不亏。

所以企业要决定在什么情况下继续生产，就要比较边际贡献与固定成本。如果边际贡献大于或等于固定成本，就可以继续生产，小于就不能生产了。这种方法对生产企业判断什么时候进行生产，什么时候不生产有比较大的参考价值。

（3）目标利润定价法。

单位产品价格＝（总成本＋目标收益额）/预期销量

实际上就是把总成本加上一个目标收益额。目标收益额相当于企业期望的利润，再除以一个企业预计的销量，它实际上是一种倒推法，假设在某一个时刻企业已知销售了多少，收益了多少，然后就可以算出单价，就知道应该卖多少钱。这种方法对企业的预期销量要求比较高，如果预期销量高估了，会使价格报得偏低，低估了就会使价格偏高。因此，在实际的运作中对大多数的经营性的企业而言，很少采用目标收益定价法，因为目标收益和预期销量难以确定。这种方法通常应用于需求量变化不大的大型制造业，如飞机制造企业、电力企业等，还有一些包括大型的公共事业、劳务工程等，由于需求比较稳定，预期销量可以比较准确地预测，就可以采用目标收益定价法。

2. 需求导向定价法

在市场经济环境中，卖方市场逐渐向买方市场转变，消费者的需求对价格的制定起主要的作用。需求导向法主要有以下两类。

（1）购买者理解价值法。“理解价值”也称“感受价值”“认知价值”，就是说，这个产品值多少钱和它的成本没有必然的联系，消费者认为它值多少钱，它就值多少钱。这种定价方法认为，某一产品的性能、质量、服务、品牌、包装和价格等，在消费者心目中都有一定的认识和评价，企业就根据这种认识和评价来确定价格。理解价值法的定价方法有以下三种。

①直接价格评定法，即由一些专家直接给企业的产品确定一个价格，作为企业制定价格的参考。

②相对价值评分法，即把企业的产品和竞争对手的产品进行比较，然后来确定价格。

③属性诊断评价法，即一个产品有不同的属性，外观、重量、尺寸等，企业根据这些属性来打分，最后确定产品的价格。

（2）需求差别法。根据需求的不同，在同一时间对同一商品制定不同的价格就是需求差别定价法。在营销中，企业一定要给自己的产品制造出一些差别来。这里所说的产品主要有两种，一种是同质性的，一种是异质性的。同质性的产品，比如说水笔，大家用水笔写字，一般来说不会关心是什么品牌的，使用时也不会感觉到它有多大的差别，这样的产品叫同质产品。企业不希望把自己的产品定位为同质产品，而是希望把产品定位为异质产品，要尽量使自己的产品与别人的产品有所差别，以便制定差别价格。

影响需求差别法的因素有以下五种。

①批零差价因素，指同一种商品在同一时间、同一市场里零售价与批发价之间的差额。即零售价减去批发价的余额。由于它反映的是批发商与零售商的利益分配关系，所以批零企业定价时应考虑合理的差价，这样才有利于双方对商品的销售。

②季节性差价因素，指同一商品、同一市场、不同季节之间价格的差额。主要由于商品供求在时间上的矛盾而造成。企业应准确预测商品需求的季节变化。

③质量差价因素，指同一种商品在同一市场上因产品质量差异而形成的价格差额。

④平议差价因素，指同种商品在同一市场中国家计划价格与市场价格间的差额。

⑤用途差价因素，指企业同一商品在不同用途上的价格差额。

3. 竞争导向定价法

企业在制定价格决策时，主要以同类对手的定价为依据，而不是过多地考虑成本及市场需求因素，这就是通常所说的竞争导向定价法。竞争导向法包括以下三种。

（1）随行就市定价法。即企业按照行业的平均现行价格水平来定价。企业产品价格定高了，卖不出去；价格定低了，人们以为是低档的产品。所以要参照市场上已经有的同类的、同质量的相关产品的价格，来制定企业产品的价格。也就是说，别人制定什么价格我就制定什么价格。这种方法的好处就在于能够保证企业的平均利润。

（2）招（投）标定价法。即一个企业根据招标方的条件，主要考虑竞争情况来确定标的价格的方法。

（3）拍卖定价法。拍卖是一种古老的定价机制，包括增价拍卖和减价拍卖两种形式。

增价拍卖又称“英国式拍卖”或“估低价拍卖”，这是经常用到的拍卖方式，是指价格上行的拍卖方式，即拍卖物的竞价由低至高，依次递增（按一定的级数），直到最高价格成交为止。

减价拍卖又称“荷兰式拍卖”或“估高价拍卖”，是指价格下行的拍卖方式，即拍卖物的竞价由高到低、依次递减，直到以适当的价格成交为止，它与英国式拍卖正好相反。

三、分销渠道策略

分销渠道就是指产品从生产者向消费者转移时所经过的路线，它是指流通领域中联系生产者、中间商、消费者的纽带，反映着他们的经济关系和利益（图 7-3）。企业必须对分销渠道加以认真分析研究，以便做出正确决策和运用适宜的策略。

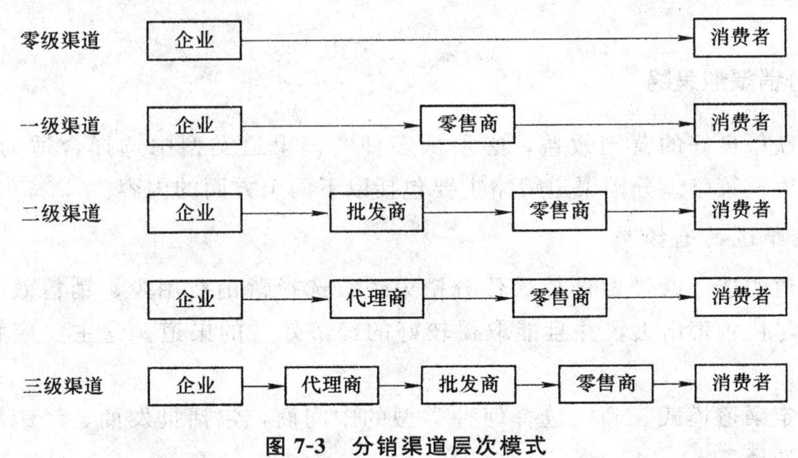

图 7-3 分销渠道层次模式

（一）分销渠道的类型

正确地划分分销渠道是选择分销渠道的前提，根据分销渠道的类型和特点，可以将其分为以下四种类型。

1. 长度不同的分销渠道

产品在从生产者流向最终消费者的过程中，每经过一个对产品拥有所有权或者负有销售责任的机构，成为一个“层次”。经过层次多的分销渠道称为长渠道，经过层次少的渠道称为短渠道。

2. 宽度不同的分销渠道

分销渠道的宽度是指一个分销渠道的每个层次中，使用同种类型中间商的多少，各个层次中使用中间商多的渠道称为宽渠道，反之则为窄渠道。

3. 直接渠道和间接渠道

直接分销渠道是产品从生产者流向最终消费者的过程中不经过任何中间商的分

销渠道，它是两个层次的最短的分销渠道；间接分销渠道是产品从生产者流向最终消费者的过程中经过若干个中间商转手的分销渠道，是两个层次以上的较长的渠道。直接分销渠道是工业品营销渠道的主要类型，间接分销渠道是消费品营销渠道的主要类型。

4. 传统渠道和垂直渠道

分销渠道如果按照一条渠道中渠道成员相互联系的紧密程度可以分为传统渠道和垂直渠道。传统渠道是按生产者、批发商、零售商到最终消费者的顺序进行的，这种渠道上的每个成员都各自为政、各行其是，缺乏统一的目标。垂直分销渠道指的是分销渠道中的成员都采取不同程度的一体化经营或联合经营。大公司为了控制和占领市场，实现集中和垄断，往往采取一体化经营或联合经营。另一方面，广大中小批发商、零售商为了在激烈的竞争中生存和发展，也往往走联合经营的道路。垂直渠道可以对相关营销参与者通过公司式控制、契约式控制或者相互协商等方式来实现。

（二）分销渠道策略

企业要获得良好的营销效益，必须从多种营销渠道类型中选择合适的分销渠道，这就是分销渠道策略。分销渠道策略主要包括以下两个方面的内容。

1. 分销渠道的选择

分销渠道的选择就是要选择最佳分销渠道，选择营销费用少、销售效率高，能使企业的产品尽快销售出去，并且能取得较好的经济效益的渠道。这主要应解决好两个方面的问题。

(1) 确定渠道模式。确定选择何种类型的中间商，包括批发商、经销商、代理商及零售商的选择。

(2) 确定中间商的数目。即在同一时期内，生产者是大量利用中间商，实行密集式分销，还是精选少数中间商实行选择式分销，或者是在一定地区只选择一个中间商实行独家分销等。中间商的选择首先要考虑其经营能力，包括资金、人员、仓储设施等；其次要考察其经营水平，包括其对环境变化的应变能力、营销创新能力，以及对消费者的吸引力等；最后还要考察其偿债能力、资金筹集能力、债权回收能力等。

2. 分销渠道的管理和协调

分销渠道策略的中心环节是生产者与中间商、消费者的协调问题。分销渠道的参与者都有自己的利益，因此在营销过程中就必然会由于利益等问题相互之间产生矛盾和冲突，对这些问题的处理会极大地影响企业营销目标的实现。

分销渠道管理与协调的主要内容有：与中间商长期伙伴关系的建立；对中间商情况的调查与日常管理；根据需要适时地调整原有分销渠道或开辟新渠道等。

四、促销策略

促销是企业市场营销的基本策略之一，它指企业以各种有效的方式向目标市场传递有关信息，以启发、推动或创造对企业产品和劳务的需求，并引起购买欲望和购买行为的综合性策略活动。

(一) 促销手段的分类和组合

促销手段一般包括广告、人员推销、营业推广和公共关系等具体活动。促销的本质是企业同其目标市场之间的信息沟通。

1. 广告

广告是指企业在付出一定的费用以后，通过特定的媒体传播商品或劳务的信息，以促进销售为主要目的大众传播手段。

2. 人员推销

人员推销是一种古老的推销方法，也是现代产品销售中一种重要的销售方式，它由销售人员直接与潜在消费者接触，以谈话的方式做口头说明、示范和演示，以达到销售产品的目的。随着买方市场的形成和市场竞争的激烈化，人员推销在企业推销活动中的作用日益重要。

3. 营业推广

营业推广也叫销售促进，它是一种配合广告、人员推销的辅助性销售促进活动，是以唤起短期需求为目的的各种促销形式。

4. 公共关系

公共关系是促销组合的另一个重要组成部分。公共关系不限于企业与消费者之间的关系，更不限于买卖关系，而是一种以长期目标为主的间接的促销手段。按照菲利普·科特勒的定义，作为一种促销手段的公共关系是指这样的一些活动：争取对企业有利的宣传报道，协助企业与有关的公众建立和保持良好的关系，建立和保持良好的“企业形象”，以及消除和处理对企业不利的谣言、传说和事件等。

(二) 促销策略的组合

以上四种促销手段各有其特点，适用于不同企业、不同产品、不同时机、不同场合的促销需要。具体促销手段的选择一般要考虑到以下几个因素。

1. 产品类型

产品因素往往是企业选择促销手段必须考虑的问题。例如，对于服装、化妆品等时尚性商品，以及一般日用消费品，消费者比较倾向于品牌偏好，因此提高这类产品的知名度是很关键的，对于这类产品，广告和公共关系等促销手段效果比较明显。

2. 市场状况

企业目标市场的不同状况，也影响着促销手段的选择，因为目标市场的特性决定了其对于信息的接受能力和反应规律。如目标市场的面比较窄且又相对集中，人员推销和营业推广等手段就比较理想，广告的相对成本就可能大为提高。此外，目标市场的购买习惯、文化水准、经济状况，以及信息接收的便利程度都会对各种促销手段效果的发挥产生不同的影响。

3. 产品生命周期

产品生命周期包括四个阶段，即产品的导入期、成长期、成熟期和衰退期。在产品生命周期的不同阶段，所选择的促销手段也应有所不同。例如，在产品导入期，扩大产品的知名度是企业的主要任务，此时的促销手段就应以广告宣传为主，有可能在短期形成良好的品牌效应；而一旦产品进入了成长期，仅有广告就不够了，推销人员的积极推销往往能争取到犹豫不定的消费者；在成熟期，应用公共关系再辅助于其他促销手段能有效地巩固和扩大企业的市场份额；到了衰退期，随着企业营销重点的转移，对于剩余的产品，一般采取以营业推广为主的营销手段，以求迅速地销售产品，回收资金，并将资金投入新产品的生产。

4. 营销环境

企业的营销环境会在一定程度上影响企业促销手段的选择，如大众传播媒体状况、大型的社会活动、当地有关的政策、法令、政治形势等。

对各种促销手段加以适当地组合，就有可能产生出积极的综合效应。

第四节　网络营销

20 世纪 90 年代以来，随着国际互联网在全球的迅猛发展，一种区别于传统营销的，将企业营销实践与现代信息通信技术、计算机网络技术相结合，并以网络为载体的全新营销方式——网络营销日益受到重视，并得到了飞速的发展。

一、网络营销的概念和功能

(一) 网络营销的概念

网络营销是指企业以现代营销理论为基础，利用电子信息技术，以计算机网络为媒介和手段而进行的各种营销活动的总称，包括网络调研、网络促销、网络分销、网络服务等。网络营销的主要任务是为产品从生产者向消费者转移提供方便，主要优势是增强了生产者与消费者的直接联系。借助于互联网的网络营销有市场全球化、产品个性化、价格公开化、渠道直接化、服务大众化与交易虚拟化等特点。

（二）网络营销的功能

认识和理解网络营销的功能和作用，是实现和利用网络营销功能和作用的基础与前提。网络营销主要有以下功能。

1. 信息搜索功能

信息搜索功能是网络营销进击能力的一种反映。在网络营销中，可以利用多种搜索方法，主动、积极地获取有用的信息和商机；将主动地进行价格比较，将主动地了解对手的竞争态势，将主动地通过搜索获取商业情报，进行决策研究。搜索功能已经成为营销主体能动性的一种表现，一种提升网络经营能力的进击手段和竞争手段。随着信息搜索功能由单一化向集群化、智能化的发展，以及向定向邮件搜索技术的延伸，网络搜索的商业价值得到了进一步的扩展和发挥，寻找网上营销目标将成为一件易事。

2. 信息发布功能

发布信息是网络营销的主要方法之一，也是网络营销的又一种基本职能。无论哪种营销方式，都要将一定的信息传递给目标人群。但是网络营销所具有的强大的信息发布功能，是古往今来任何一种营销方式所无法比拟的。网络营销可以把信息发布到全球任何一个地点，既可以实现信息的广覆盖，又可以形成地毯式的信息发布链，既可以创造信息的轰动效应，又可以发布隐含信息。信息的扩散范围、停留时间、表现形式、延伸效果、公关能力、穿透能力，都是最佳的。

更加值得提出的是，在网络营销中，网上信息发布以后，可以能动地进行跟踪，获得回复，可以进行回复后的再交流和再沟通。因此，信息发布的效果明显。

3. 商情调查功能

网络营销中的商情调查具有重要的商业价值。对市场和商情的准确把握，是网络营销中一种不可或缺的方法和手段，是现代商战中对市场态势和竞争对手情况的一种电子侦察。

在激烈的市场竞争条件下，主动地了解商情、研究趋势、分析顾客心理、窥探竞争对手动态是确定竞争战略的基础和前提。通过在线调查或电子咨询调查表等方式，不仅可以省去大量的人力、物力，而且可以在线生成网上市场调研的分析报告、趋势分析图表和综合调查报告。其效率之高、成本之低、节奏之快、范围之大，都是以往其他任何调查形式所做不到的。这就为广大商家提供了一种市场的快速反应能力，为企业的科学决策奠定了坚实的基础。

4. 销售渠道开拓功能

网络具有极强的进击力和穿透力。任何经济壁垒、地区封锁、人为屏障、交通阻隔、资金限制、语言障碍、信息封闭等都阻挡不住网络营销信息的传播和扩散。新技术的诱惑力，新产品的展示力，图文并茂、声像俱显的昭示力，地毯式发布和爆炸式增长的覆盖力，将整合为一种综合的信息进击能力，快速地打通封闭，疏通渠道，打开进击的路线，实现和完成市场的开拓使命。

5. 品牌价值扩展和延伸功能

美国广告专家莱利·莱特预言：未来的营销是品牌的战争。拥有市场比拥有工厂更重要。拥有市场的唯一办法，就是拥有占市场主导地位的品牌。

互联网的出现，不仅给品牌带来了新的生机和活力，而且推动和促进了品牌的拓展和扩散。实践证明：互联网不仅拥有品牌、承认品牌，而且对于重塑品牌形象，提升品牌的核心竞争力，打造品牌资产，具有其他媒体不可替代的效果和作用。

6. 特色服务功能

网络营销具有和提供的不是一般的服务功能，而是一种特色服务功能。服务的内涵和外延都得到了扩展和延伸。顾客不仅可以获得形式最简单的邮件列表，以及 BBS、聊天室等各种即时信息服务，还可以获取在线收听、收视、订购、交款等选择性服务，无假日的紧急需要服务和信息跟踪、信息定制到智能化的信息转移，手机接听服务及网上选购，送货到家的上门服务等。这种服务以及服务之后的跟踪延伸，不仅增强了顾客的满意度，使以顾客为中心的原则得以实现，而且客户成为商家的一种重要的战略资源。

7. 客户关系管理功能

客户关系管理，源于以客户为中心的管理思想，是一种旨在改善企业与客户之间关系的新型管理模式，是网络营销取得成效的必要条件，是企业重要的战略资源。

在网络营销中，通过客户关系管理，将客户资源管理、销售管理、市场管理、服务管理、决策管理融于一体，将原本疏于管理、各自为政的销售、市场、售前和售后服务与业务统筹协调起来，既可跟踪订单，帮助企业有序地监控订单的执行过程；规范销售行为，了解新、老客户的需求，提高客户资源的整体价值；又可以避免销售隔阂，帮助企业调整营销策略。收集、整理、分析客户反馈信息，全面提升企业的核心竞争能力。客户关系管理系统还具有强大的统计分析功能，可以为我们提供“决策建议书”，以避免决策的失误，为企业带来可观的经济效益。

8. 经济效益增值功能

网络营销提高营销者的获利能力，使营销主体提高或获取增值效益。这种增值效益的获得，不仅由于网络营销效率的提高、营销成本的下降、商业机会的增多，更由于在网络营销中，信息量的累加，会使原有信息量的价值实现增值，或提升其价值。

网络营销的明显的资源整合能力，恰恰为这种信息的累加，提供了现实可能性。这是传统营销根本不具备而又无法想象的一种战略能力。

二、网络营销与传统营销的关系

（一）网络营销的优势

1. 从消费者角度看

（1）消费者购物时可以不受时间和空间的限制，可以节省大量的时间、精力和金钱。

(2) 消费者有了更大的选择自由和实惠，他们可以登录生产同一产品的不同企业的网站以获取大量的产品信息，从而有利于做出最佳的购买决策。

(3) 网络营销还可以减少消费者与营销人员直接面对面可能带来的冲突。

(4) 消费者的购物将会变得更为理性。网上购物可以减弱消费者消费上的攀比心理，从而能根据自己的实际需要进行订购，这将有利于减少盲目消费。

2. 从生产者角度看

网络使企业能全方位地展示自己的产品或服务，能方便地对消费者信息进行统计，从而有利于对其产品、款式及价格等做出及时的调整。实施网络营销，企业可以节省销售代理费用，有利于降低库存压力，能大幅度降低促销费用。企业还可以与消费者通过网络进行一对一交流，为消费者提供个性化的服务，有助于企业与消费者建立长期稳定的关系，增加消费者对企业产品的忠诚度和更好地为消费者提供个性化的服务。最后，由于在网络上任何企业都不受自身规模的绝对限制，能平等地获取各种信息和向外界展示自己，这也就为中小企业创造了一个良好的发展空间。

（二）网络营销与传统营销的联系

尽管网络营销有着独特的优势，但是网络营销作为一种新的营销方式或技术手段，终归还是企业整体营销策略中的组成部分，并与传统营销手段相结合形成一个相辅相成、相互促进的营销体系。无论是网络营销还是传统营销，它们基本的营销原理是相同的，其差异仅仅只表现在方法上。

(1) 网络营销没有改变营销的本质。营销的一些核心概念，如需要、欲望和需求、产品、成本和满意、交换和交易、关系和网络、市场、营销者和预期、消费者等，在网络营销中同样存在，同等重要，并发生作用；营销的一些基本原则，如通过质量、服务使客户满意，分析消费者市场和购买行为、行业与竞争者，确定细分市场和选择目标市场等，依然没有改变。

(2) 网络营销与传统营销是相互促进和相互补充的。网络营销同样强调差异化营销与服务营销，传统的分析行业与竞争者、确定细分市场和目标市场的原则，对于网络营销而言同样适用；传统营销的新产品开发战略、竞争战略，依然具有指导意义。

(3) 4P和4C理论依然是网络营销的基础和前提。网络营销同样首先要以研究消费者的需求和欲望为中心，卖消费者想购买的产品，而不是急于制定产品策略；其次，研究消费者为满足其需求所愿付出的成本，而不是首先考虑定价策略；再次，考虑怎样给消费者方便以购买到商品，至于渠道策略是第二位的；最后，加强与消费者的沟通和交流，然后考虑促销策略。虽然网络营销不是简单的营销网络化，但是其仍然没有脱离传统营销理论，4P和4C原则仍在很大程度上适合网络营销理论。

三、网络营销的模式

根据企业有无站点、参与程度和盈利模式等指标，网络营销的模式可以划分为：无站点型、宣传手册型、企业门户型、信息服务型、中介型和网上超市型。

（一）无站点型模式

无站点型是企业没有建立自己的网站，而是利用电子邮件及因特网上的其他资源开展的电子营销活动，属于初级的网络营销。开展的具体营销活动可以有：网上调研、发布供求信息、通过许可电子邮件直接向客户发送信息、网上拍卖、加入专业经贸信息网和行业信息网等。

（二）宣传手册型模式

在有站点的企业当中，这种模式是最简单的一种。属于这种模式的企业站点与公司的内部网没有任何关系，它只是将公司宣传手册中的内容移植到公司的站点上。站点上一般有公司的介绍、产品种类及价格、公司的管理机构、联系地址等方面的内容，除此之外，很少有进一步的内容和服务。另外，那些在其他服务商开设的网上专卖店或网上商城架设企业站点的商务模式，也应该归于这种商业模式。

（三）企业门户型模式

这种模式的企业一般都建立了强大而完善的企业内部网，企业资源计划系统，企业站点提供给客户的门户站点，集成了企业内部网甚至企业外部网的主要资源，使客户在一个站点就能享受到公司提供的所有服务。

（四）信息服务型模式

这种模式的企业一般通过向用户提供免费或收取少量固定费用的服务，来吸引用户尽可能长时间地驻留站点，从而主要通过在线广告盈利。大英百科全书在线站点、雅虎等都属于这种模式的典型代表。

（五）中介型模式

这种模式的企业包括两类：一类是大家常说的 C2C（C To C，客户对客户），它为消费者提供一个交易环境，从而靠收取成交佣金来赢利；另一类是网站经营者通过为供应商提供一个经营环境而盈利的模式，即电子市场，也就是我们常说的 B2B（B To B，商家对商家），典型的有网上拍卖、网上商城。以网上商城为例，网站经营者与供应商建立的是一种双方分工合作共赢的模式，一般由网站经营者独立搭建平台并负责广告宣传推广，而商品及价格由入驻供应商提供，并同时提供各自的质量保证及相应服务。在这种方式中，网站经营者主要靠收取固定的网络空间租借费，或提取一定比例的成交费来盈利。这是一种新兴的电子商务形式，使得供应商能够在因特网上经营产品。

（六）网上超市型模式

与网上商店不同的是，该模式的企业由自己组织货源，并通过在线方式向消费者进行产品的销售，也就是我们常说的B2C（B To C，商家对客户）模式。

四、网络营销策略组合分析

互联网对传统经营方式产生巨大的冲击，网络营销正在形成新的营销理念和策略，但是必须认识到，这一过程不是网络营销将完全取代传统营销的过程，而是网络营销与传统营销整合的过程。在这一过程中，必须要注意对营销策略的灵活运用。

（一）产品策略

在网络环境下，消费者与厂商的直接对话成为可能，消费个性化受到厂商的重视，这使网络营销中的产品呈现出众多新特色。企业在制定产品策略时，应从网络营销环境出发，努力满足不同客户的各种个性化要求，开创符合市场发展潮流的新产品，创造新的市场需求，形成企业自身的优势。

（1）通过分析网上消费者总体特征，从而确定最适合在网上销售的产品。据有关方面统计与分析，网络上最适合的营销产品是流通性高的产品，如书籍报刊、软件信息、音像制品、机票预订等服务。

（2）产品的市场涵盖面要广。市场涵盖面较为宽广，就可以提高交易机会，为企业赢得更多的利润。

（3）企业应利用网络上与客户直接交流的机会为客户提供定制化产品服务，同时，企业应及时了解消费者对企业产品的评价，以便改进和加快新产品的研究与开发。

（二）价格策略

影响和制约企业制定产品价格的因素中无论是市场供求状况、消费者心理还是竞争状况，在网络环境下都同传统营销方式有着很大的差异，这就决定了网上销售的价格弹性较大。因此，企业在制定网上价格策略时，应充分考虑检查各个环节的价格构成，以期做出最合理的价格。

（1）设计、开发一个适合网络环境的自动调价系统，根据季节变动、市场供需情况、竞争产品价格变动、促销活动等因素，在计算最大盈利的基础上对实际价格进行调整，同时还可以开展市场调查，以及时获得有关信息来对价格进行调整。

（2）开发智能型议价系统与消费者直接在网上协商价格，以充分体现网络营销的整体特点。

（3）考虑到网上价格具有公开化的特点，消费者很容易全面掌握同类产品的不同价格，为了避免盲目价格竞争，企业可开诚布公地在价格目录上向消费者介绍本企业价格制定程序，并可将本产品性能价格指数与其他同类产品性能价格指数在网上进行比较，促使消费者做出购买决策。

（三）促销策略

网络促销策略的出发点就是应当利用网络实现与顾客的沟通。这种沟通方式不是传统促销中“推”的形式而是“拉”的形式，不是传统的“强势”营销而是“软”营销。网络使促销的空间限制消失，这明显地体现在网络广告促销方面。网络广告促销不应以传统广告那样进行大面积播送，而应以详尽的产品信息等候消费者自己的选择（“拉”）；应当主要基于信息对消费者进行理性说服，而不应以传统广告一样基于印象对消费者进行联想劝诱；网络广告是一种即时交互式广告，应及时测试它的营销效果，从而在一定程度上克服传统广告效果测试的困难。网络广告以其特有的优势成为企业促销策略的一种新的重要选择，并且它将同其他的促销方式相结合，使促销手段更丰富。

（四）渠道策略

网络将企业和消费者连在一起，给企业提供了一种全新的销售渠道。这种新渠道不仅简化了传统营销中的多种渠道的构成，而且集销售、售前、售后服务，以及商品与客户资料查询于一体，因此具有很大的优势。企业在应用过程中应不断完善这种渠道，以吸引更多的消费者。

（1）结合相关产业的公司，共同在网络上设点销售系列产品。

（2）在企业网站上设立虚拟店铺，通过三维多媒体设计，形成网上优良的购物环境。可设虚拟售货员或网上导购员回答专业性问题，这一优势是一般商店所不能比拟的。

（3）消费者在决定购买后，可直接在线购物，也可通过网上银行、第三方支付平台等付款，企业通过配送系统送货上门进行货物交割。

五、网络营销环境下企业面临的挑战

尽管网络营销有着独特的优势，但是目前也面临着很多问题，这些问题的解决对于网络营销的发展具有重要的意义。

（一）个性化产品的品牌管理方面

（1）网络营销是对传统的标准化产品的冲击。个性化的产品，将成为企业致力追求的目标，而怎样达到目标以更有效地满足个性化的需求，这是每个上网公司面临的一大挑战。

（2）从品牌的全球化管理来看，互联网跨时空的特点，对上网企业的品牌管理提出了挑战，企业必须灵活处理统一形象品牌策略和本地特点区域品牌策略，加强区域管理。

(二) 成本和价格方面

网络营销直接面对消费者，减少了批发商、零售商等中间环节，节省了中间营销费用，降低了营销成本，因此，商品的价格可以低于传统销售方式的价格，从而产生较大的竞争优势。同时也要注意，在互联网上由于价格采取的是“透明”策略，因而价格水平会趋于一致。如何正确定价，对于执行差别化定价策略的公司来说，必须引起重视。

(三) 营销渠道和沟通方面

在网络营销中，渠道不再意味着中间商、分销商等概念，也不再意味着特约加盟店、连锁店。企业可以通过互联网实现消费者的直接联系、沟通、互动，中间商的重要性因此有所降低。建立新的营销渠道管理模式，实现直销、分销的良性结合与互动，建立新的物流管理模式，对于企业而言，都是新的课题。

(四) 促销和方便消费者方面

在促销方式上，网络营销本身可采用电子邮件、网页、网络广告等方式，也可以借鉴传统营销中的促销方式。促销活动一般要求要有新意，能吸引消费者。在方便上，一方面网络营销为消费者提供了足不出户即可挑选购买自己所需的商品和服务的方便，但是另一方面由于消费者不能直接面对商品，会造成消费者缺乏对商品的直观认识，商家的诚实和信用问题——不能保证网上的信息绝对真实，以及网上购物需要等待商家送货或邮寄，从这一点来看，又在一定程度上给消费者带来了不便。

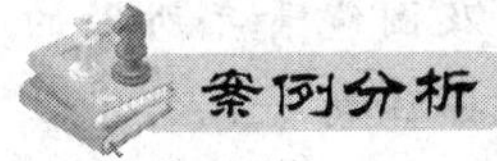

以高取胜——P&G公司的品牌定位

P&G公司在国际市场的产品一向以高价位、高品质著称。P&G公司的一个高级顾问曾经说过：“P&G永不甘于屈居第二品牌的地位，我们的目标是争取第一。”继承P&G公司的这种传统，广州宝洁有限公司在市场中的定位很鲜明，即“一流”“高档”。广州宝洁有限公司设有产品开发部，专门研究如何提高产品的质量、包装技术和工艺技术，力求在满足中国消费者需求方面做得比竞争对手更好。在中国消费者的心目中，P&G已经成为高品质的代名词。

P&G公司打入中国市场的1988年，中国洗发用品市场上的同类产品种类不多，大多数国产产品质量差，包装粗糙，缺乏个性，但价格低廉，进口产品质量虽好，但价格昂贵，很少有人问津。P&G公司将自己的产品定在高价上，价格是国内品牌的3—5倍。比如，1瓶200毫升的飘柔洗发水定价16.5元，比国产同等规格的“梦思”洗发水贵3倍，但比进口品牌便宜1—2元。

由此可见，P&G公司是以高品质、高价位的品牌形象打进中国市场的，这正切中了消费者崇尚名牌的购买心理：对于一种商品，大陆消费者首先要对其产地做出选择：国产的、进口的、还是合资生产的。多年来，与“物美价高”的进口货和“价廉物不美”的国产货相比，合资产品因其价廉物美而备受青睐，往往是优先选择的目标。P&G公司的产品虽然价格稍贵，但其高品质的形象、新颖的包装，却有着强大的竞争力，于是得以在洗发水用品市场上的众多品牌中脱颖而出。自1988年推出“海飞丝”洗发水起，P&G公司接连打响了“飘柔二合一”“潘婷PRO－V”等一个又一个洗发水的品牌。据中国社会科学院社会学所商品社会评价中心与国家统计局社会科技司合作调查的品牌市场占有率数据，大陆1994年洗发水市场占有率的前三名均为P&G公司的产品，其中飘柔占19.1%，潘婷占15.6%，海飞丝占10.9%，P&G公司的洗发产品挤占了45.6%的市场。

抓住新一代——目标市场的选取

P&G公司广告画面多选用年轻男女的形象，展示年轻人追求浪漫的幻想，以及崇尚无拘无束和富有个性色彩的生活画面，并针对年轻人的心理配上如“滋润青春肌肤，蕴含青春美”等广告语。P&G公司选择青年消费群作为其目标市场，是看中了青年人的先导消费作用。

在中国大陆消费者中，消费心理和方式显而易见地发生了较大变化的首先是青年消费者。青年人带动了消费主义运动的兴起，改变了人们传统的生活态度和节俭观念，刺激着人们的消费欲望和财富欲望。青年人求新、好奇、透支消费、追求名牌、喜欢广告、注重自我等心理改变着大陆的消费习惯和行为。

P&G公司选取青年人崇拜的青春偶像以及具有青春活力的年轻女孩作为广告模特；举办“飘柔之星全国竞耀活动”展示年轻女性的真我风采，以及围绕青年所做的一系列促销活动，如“海飞丝关发亲善大行动”等充分表明了它的抓住新一代的定位意图，而它卓著的市场业绩也充分证明了其目标市场定位的正确性。

（资料来源：https：//www. douban. com/note/261327420/）

案例思考：

1. 依照案例分析，P&G公司是如何进行市场细分、目标市场选择和市场定位的？
2. 根据市场定位，P&G公司进行了哪些营销活动？
3. 你觉得P&G公司的营销过程有哪些需要改进的地方？

第八章　现代企业质量管理

学习目标

1. 了解质量的特性与质量管理的发展阶段。
2. 掌握质量、质量管理和全面质量管理的概念。
3. 掌握质量管理的基本要求及运作方法。
4. 熟悉 ISO 9000 系列标准与质量管理体系。
5. 掌握 6Sigma 管理的原理和具体实施的方法。

第一节　质量与质量管理

随着经济的发展，“质量第一”已成为工商界的信念，大力开展质量管理的研究与实践已成为企业在竞争中取胜的主要手段。在我国，随着社会主义市场经济体制的建立和逐步完善，“质量是企业的生命”这一理念已为企业界所认同。

一、质量概述

国际标准化组织（ISO）颁布的《质量管理和质量保证——术语》把质量定义为：“反映实体满足明确的隐含需要的能力的特性总和。”质量是一组固有特性满足要求的程度。最初用于产品，后逐步扩展到服务、过程、体系和组织，以及上述几项的组合。

（一）质量的特性

从质量的概念中可以理解到，质量由一组固有特性组成，并且这些固有特性是以满足顾客及其他相关方面所要求的能力加以表征。质量具有经济性、广义性、时效性和相对性。

1. 质量的经济性

物美价廉实际上是反映人们的价值取向，物有所值就是表明质量有经济性的表征。虽然顾客和组织关注质量的角度是不同的，但对经济性的考虑是一样的。高质量意味着最少的投入，获得最大效益的产品。

2. 质量的广义性

在质量管理体系所涉及的范围内，组织的相关方对组织的产品、过程和体系都可能提出要求。而产品、过程和体系又都具有固有特性，因此质量不仅指产品质量，也可指过程和体系的质量。

3. 质量的时效性

组织的顾客和其他方面对组织和产品、过程和体系的要求和期望是不断变化的，例如，原先被顾客认为是质量好的产品会因为顾客要求的不断提高而不再受到顾客的欢迎。因此，组织应不断调整对质量的要求。

4. 质量的相对性

组织的顾客和其他方面可能对同一产品的功能提出不同的需求，也可能对同一产品的同一功能提出不同的需求，需求不同质量要求也就不同，只有满足需求的产品才能被认为是质量好的产品。

5. 质量的其他特性

通常，产品质量特性还可分为真正质量特性和代用质量特性。直接反映顾客对产品期望和要求的质量特性称为真正质量特性；企业为了满足顾客的期望和要求，相应地制定产品标准、确定产品参数来间接反映真正质量特性，称为代用质量特性。

（二）质量概念的发展

随着经济的发展和社会的进步，人们对质量的需求不断提高，质量的概念也随着不断深化、发展。具有代表性的质量概念主要有：符合性质量、适用性质量和广义质量。

1. 符合性质量

它是以符合现行标准的程度作为衡量依据。符合标准就是合格的产品质量，符合的程度反映了产品质量的一致性。这是长期以来人们对质量的定义，认为产品只要符合标准，就满足了顾客需求。规格和标准有先进和落后之分，过去认为是先进的，现在可能是落后的。落后的标准即使百分之百地符合，也不能认为是质量好的产品。同时，规格和标准不可能将顾客的各种需求和期望都规定出来，特别是隐含的需求与期望。

2. 适用性质量

它是以适合顾客需要的程度作为衡量依据。从使用角度定义产品质量，认为产品的质量就是产品适用性，即产品在使用时能成功地满足顾客需要的程度。

适用性的质量概念，要求人们从使用要求和满足程度两个方面去理解质量的实质。

质量从符合性发展到适用性，使人们逐渐把顾客的需求放在首位。顾客对他们所消费的产品和服务有不同的需求和期望。

3. 广义质量

国际标准化组织总结质量的不同概念加以归纳提炼，并逐渐形成人们公认的名词术语，即质量是一组固有特性满足要求的程度。这一定义的含义是十分广泛的，既反映了要符合标准的要求，也反映了要满足顾客的需要，综合了符合性和适用性的含义，21世纪的质量概念、质量意识、质量文化、质量战略，以及质量在世界经济与社会发展中的地位和作用都将有深刻的变化。2000年版ISO 9000族国际标准给出的关于质量的概念是广义的，代表了当前的最新认识。

二、质量管理的概述

（一）质量管理的定义

质量管理是指在质量方面指挥和控制组织的协调活动。在质量方面的指挥和控制活动，通常包括制定质量方针和质量目标及质量策划、质量控制、质量保证和质量改进。质量管理可从以下几个方面来理解。

（1）质量管理是通过建立质量方针和质量目标，并为实现规定的质量目标进行质量策划，实施质量控制和质量保证，开展质量改进等活动予以实现的。

（2）组织在整个生产和经营过程中，需要对诸如质量、计划、劳动、人事、设备、财务和环境等各个方面进行有序的管理。由于组织的基本任务是向市场提供符合顾客和其他相关方要求的产品，围绕着产品质量形成的全过程实施质量管理是组织的各项管理的主线。

（3）质量管理涉及组织的各个方面，是否有效地实施质量管理关系到组织的兴衰。组织的最高管理者应正式发布本组织的质量方针，在确立质量目标的基础上，按照质量管理的基本原则，运用管理的系统方法来建立质量管理体系，为实现质量方针和质量目标配备必要的人力和物质资源，开展各项相关的质量活动，这也是各级管理者的职责。

所以，组织应采取激励措施激发全体员工积极参与，充分发挥他们的才干和工作热情，造就人人争做贡献的工作环境，确保质量策划、质量控制、质量保证和质量改进活动顺利地进行。

（二）质量管理活动要素

1. 质量方针

质量方针是指由组织的最高管理者正式发布的、该组织总的质量宗旨和质量方向。质量方针是组织经营总方针的组成部分，是组织管理对质量的指导思想和承诺。质量方针的基本要求应包括供方的组织目标与顾客的期望和需求，也是供方质量行为的准则。

2. 质量目标

质量目标是组织在质量方面所追求的组织质量方针的具体体现。目标既要先进，又要可行，以便实施和检查。通常对组织的相关职能和层次分别规定质量目标。

3. 质量策划

质量策划致力于制订质量目标，并规定必要的运行过程和相关资源，以实现质量目标。它的关键是制订质量目标并设法使其实现。

4. 质量控制

质量控制致力于满足质量要求，适用于对组织任何质量的控制，除生产外，还包括设计、原料采购、服务、营销和人力资源配置等，其目的在于保证质量满足要求，为此要解决要求或标准是什么、如何实现、需要对哪些进行控制等问题。质量控制是一个设定标准，根据质量要求测量结果，判断是否达到预期要求，对质量问题采取措施进行补救并防止再发生的过程。总之，质量控制是确保生产出来的产品满足要求的过程。

5. 质量保证

质量保证致力于提供质量要求会得到满足的信任。这里指对达到预期质量要求的能力提供足够的信任。保证质量满足要求是质量保证的基础和前提，质量体系的建立和运行是提供信任的重要手段。组织规定的质量要求包括产品的过程和体系的要求必须完全反映顾客的需求，才能给顾客以足够信任。质量保证分为内部和外部保证两种，内部质量保证是组织向自己的管理者提供信任，外部质量保证是组织向顾客或其他相关方提供信任。

6. 质量改进

质量改进的目的在于增强满足质量要求的能力。由于要求是多方面的，所以质量改进的对象可能会涉及组织的质量管理体系、过程和产品等方面。同时，由于各方面的要求不同，为确保有效性、效率性或可追溯性，组织应注意识别需改进的项目和关键质量要求，考虑所需的过程，以增强质量体系满足质量要求的能力。

（三）质量管理的发展阶段

质量管理的发展，按照所依据的手段和方式来划分，大致经过了四个阶段。

1. 质量检验阶段

在这一阶段，人们对质量管理的理解还只限于质量的检验。也就是说，通过严格检验来控制和保证转入下道工序和出厂的产品质量。

（1）操作者的质量管理。20 世纪以前，产品的质量检验主要依靠手工操作者的手艺和经验对产品的质量进行鉴别和把关。

（2）工长质量管理。1918 年，美国出现了以泰勒为代表的科学管理运动，强调工长在保证质量方面的作用。于是执行质量管理的责任就由操作者转移到工长身上。

（3）检验员的质量管理。1940 年，由于企业生产规模的不断扩大，这一职能由工长转移到专职检验员。大多数企业都设置了专职的检验部门，配备有专职的检验人员。用一定的检测手段负责全厂的产品检验工作。专职检验的特点就是“三权分立”，即有人专职制定标准，有人负责制造，有人专职检验产品质量。这种做法的实质是在产品中挑废品、划等级。这样做虽然对保证出厂产品质量方面有一定的成效，但也有不可克服的缺点：①出现质量问题容易扯皮、推诿，缺乏系统的观念；②只能事后把关，而不能在生产过程中起到预防、控制作用，待发现废品时已经成为事实，无法补救；③对产品的全数检验，有时在技术上是不可能做到的，如破坏性检验，有时在经济上是不合理、不合算的，如检验工时长、检验费用高等。随着生产规模的不断扩大和生产效率的不断提高，这些缺点也就显得越来越突出。

2. 统计质量控制阶段

由于第二次世界大战对军需品的特殊需要，单纯的质量检验已不能适应战争的需要。因此，美国就组织了数理统计专家去解决国防工业中的实际问题。这些数理统计专家就在军工生产中广泛应用数理统计方法进行生产过程的工序控制，产生了非常显著的效果，保证和改善了军工产品的质量。后来又把它推广到民用产品之中，这给各个公司带来了巨额利润。这一阶段的特点是利用数理统计原理在生产工序间进行质量控制，预防产生不合格产品并检验产品的质量。在方式上，责任者也由专职的检验员转移到专业的质量控制工程师和技术人员。这标志着事后检验的观念改变为预测质量事故的发生并事先加以预防的观念。

由于这个阶段过于强调质量控制的统计方法，人们误认为质量管理就是统计方法，是统计学家的事情，因而在一定程度上限制了质量管理统计方法的普及和推广。

3. 全面质量管理阶段

全面质量管理起源于美国，后来开始在一些工业发达国家推行。20 世纪 60 年代后期，日本又有了新的发展。全面质量管理，就是企业全体人员及有关部门同心协力，把专业技术、经营管理、数理统计和思想教育结合起来，建立起产品的研究设计、生产制造、售后服务等活动全过程的质量保证体系，从而用最经济的手段，生产出用户满意的产品。核心是强调提高人的工作质量，保证和提高产品的质量，达到全面提高企业和社会经济效益的目的。

4. 质量管理的新发展

随着时间的前进，在质量管理的实践活动中以及质量管理专家的积极作用下，出现了一些对质量管理的发展和进步产生巨大作用的管理方法。

（1）零缺陷理论。1979 年，美国质量管理专家菲利浦·克劳斯比（Philip B. Crosby）在《质量免费——确定质量的艺术》一书中提出并确立了“第一次就把事情做对”和“零缺陷”理论。“零缺陷”的基本原则是：①明确需求；②做好预防；③一次做对；④科学衡量。

（2）ISO 9000 族标准。ISO 9000 族标准是国际标准化组织颁布的全世界范围内通用的关于质量管理和质量保证方面的系列标准，主要是为了促进国际贸易而发布的，是买卖双方对质量的一种认可，是贸易活动中建立相互信任关系的基石。现在许多国家把 ISO 9000 族标准转化为自己国家的标准，鼓励、支持企业按照这个标准来组织生产，进行销售。符合 ISO 9000 族标准已经成为在国际贸易上买方对卖方的一种最低限度的要求，其基本管理思想包括：强调领导在质量管理和质量保证中的作用；强调各级人员责任落实、分工明确、职位统一、协调一致；强调过程因素的控制；强调预防为主；强调质量和效益的统一；强调满足顾客对产品的需求。

（3）6Sigma 管理。6Sigma 是 20 世纪 80 年代由美国摩托罗拉公司为了应对自己的市场被同类日本企业蚕食而创立的一种质量改进方法，在通用电气、联合信号等一些世界级企业中实施并取得了令人瞩目的成就后，广泛被人们接受并应用于实际。6Sigma 是通过对流程的持续改进，以提高质量水平，提高顾客满意度，降低风险和成本的一种质量改进方法，其目标就是追求完美。

6Sigma 管理总结了二十多年来全面质量管理的成功经验，吸纳了近十年来提高顾客满意度以及企业经营或绩效方面新的管理理念和方法，将质量与生产力改进的原则有机地贯穿于提高企业核心竞争力的管理体系之中，极大地推进了质量模式的创新和质量管理水平的提高。6Sigma 是全面质量管理在质量改进方面的新发展，是对近百年来质量管理，特别是质量改进理论的继承性发展。

（4）卓越绩效模式。卓越绩效模式是 20 世纪 80 年代后期美国创建的一种世界级企业成功的管理模式，其核心是强化组织的顾客满意意识和创新活动，追求卓越的经营绩效。卓越绩效模式得到了企业界和管理界的公认，几乎所有经济发达和强劲发展的国家和地区都建立了各自的卓越绩效模式。

第二节　全面质量管理

一、全面质量管理的内容

（一）全面质量管理的概念

20 世纪 50 年代后期，由于科学技术的突飞猛进、人类对产品质量要求的提高，以及行为科学学派的兴起，原有的质量管理概念和方法开始不相适应，逐步产生了全面质量管理的概念。

1956 年，美国通用电气公司质量总经理爱德华·费根鲍姆（Edward A. Feigenbaum）首先提出了“全面质量管理（TQC，Total Quality Control）”的概念。他于 1961 年出版的《全面质量管理》一书中首先对 TQC 做出了如下的定义：“全面质量管理是为了能够在最经济的水平上，考虑到充分满足用户要求的条件下进行市场研究、设计、生产和服务，把企业内各部门研制质量、维持质量和提高质量的活动构成为一体的一种有效体系。”费根鲍姆认为，执行质量职能是公司全体人员的责任，公司的全体人员都应承担质量的责任；为保证产品满足用户要求，企业不仅要控制产品制造过程，而且还要对产品质量产生、形成、实现的全过程进行质量管理；解决问题的方法多种多样，不仅限于检验和数理统计方法；质量应当是最经济的水平与充分满足顾客要求的完美统一，离开经济效益和质量成本去谈质量是没有实际意义的。

在20世纪的最后十几年中，经过长期而广泛的实践、积累、总结和升华，全面质量管理成为全球企业界的共同实践。全面质量管理逐渐由早期的TQC演变为TQM（Total Quality Management)，它已经不再局限于质量职能领域，已演变为一套以质量为中心的、综合的、全面的管理方式和管理理念。所以，1994年版ISO 9000族标准中将全面质量管理（TQM）定义为："一个组织以质量为中心，以全员参与为基础，目的在于通过让顾客满意和本组织所有成员及社会受益而达到长期成功的管理途径。"该含义强调，TQM是对一个组织进行管理的途径，除了这种途径以外还有别的管理途径；质量概念不仅包括产品质量，而且还包括全部管理目标，如提高产品质量、缩短生产周期、降低采购成本等；TQM的思想是以全面质量为中心，全员参与为基础，目的是追求组织的持久成功，使顾客、社会、员工、供方或合作伙伴等相关方持续满意和受益。

（二）全面质量管理的基本要求

我国专家总结实践中的经验，提出了"三全一多样"的观点，认为推行TQM，必须要满足"三全一多样"的基本要求，即全过程的质量管理、全员的质量管理、全企业的质量管理、多方法的质量管理。

1. 全过程的质量管理

任何产品或服务的质量，都有一个产生、形成和实现的过程。从全过程的角度来看，质量产生、形成和实现的整个过程是由多个相互联系、相互影响的环节所组成的，每一个环节都或轻或重地影响着最终的质量状况。为了保证和提高质量就必须把影响质量的所有环节和因素都控制起来。为此，全面质量管理强调必须体现如下两个思想：

(1) 预防为主、不断改进的思想。优良的产品质量是设计和生产制造出来的，而不是靠事后的检验决定的，事后的检验面对的是已经既成事实的产品质量。根据这一基本道理，全面质量管理要求把管理工作的重点，从事后把关转移到事前预防上来；从管结果转变为管过程，实行预防为主的方针，把不合格品消失在它的形成过程之中，做到防患于未然。

(2) 为顾客服务的思想。顾客有内部和外部之分：外部的顾客可以是最终的顾客，也可以是产品的经销商或再加工者；内部的顾客是企业的部门和人员。实行全过程的质量管理要求企业所有各个工作环节都必须树立为顾客服务的思想。内部顾客满意是外部顾客满意的基础。

2. 全员的质量管理

产品和服务质量是企业各方面、各部门、各环节工作质量的综合反映。企业中任何一个环节，任何一个人的工作质量都会不同程度地直接或间接地影响产品质量或服务质量。因此，产品质量人人有责，人人关心产品质量和服务质量，人人做好本职工作，全体参加质量管理，才能生产出顾客满意的产品。要实现全员的质量管理，应当做好三个方面的工作。

(1) 必须抓好全员的质量教育和培训。教育和培训的目的有两个方面：①加强职工的质量意识，牢固树立“质量第一”的思想；②提高员工的技术能力和管理能力，增强参与意识。

在教育和培训过程中，要分析不同层次员工的需求，有针对性地开展教育和培训。

(2) 要制订各部门、各级各类人员的质量责任制，明确任务和职权，各司其职，密切配合，以形成一个高效、协调、严密的质量管理工作的系统。这就要求企业的管理者要勇于授权、敢于放权。授权是现代质量管理的基本要求之一。其原因在于：第一，顾客和其他相关方能否满意、企业能否对市场变化做出迅速反映决定了企业能否生存，而提高反应速度的重要和有效的方式就是授权；第二，企业的职工有强烈的参与意识，同时也有很高的聪明才智，赋予他们权力和相应的责任，也能够激发他们的积极性和创造性。在明确职权和职责的同时，还应该要求各部门和相关人员对于质量做出相应的承诺。当然，为了激发他们的积极性和责任心，企业应该将质量责任与奖惩机制挂起钩来。只有这样，才能够确保责、权、利三者的统一。

(3) 要开展多种形式的群众性质量管理活动，充分发挥广大职工的聪明才智和当家做主的进取精神。群众性质量管理活动的重要形式之一是质量管理小组。除了质量管理小组之外，还有很多群众性质量管理活动，如合理化建议制度、与质量相关的劳动竞赛等。总之，企业应该发挥创造性，采取多种形式激发人员参与的积极性。

3. 全企业的质量管理

全企业的质量管理可以从纵横两个方面来加以理解。从纵向的组织管理角度来看，质量目标的实现有赖于企业的高层、中层、基层管理乃至一线员工的通力协作，其中尤以高层管理能否全力以赴起着决定性的作用。从企业职能间的横向配合来看，要保证和提高产品质量，必须使企业研制、生产、销售、服务、反馈和改进质量的所有活动构成为一个有效的整体。全企业的质量管理可以从两个角度来理解。

(1) 从组织管理的角度来看，每个企业都可以划分成高层管理、中层管理和基层管理。“全企业的质量管理”就是要求企业各管理层次都有明确的质量管理活动内容。当然，各层次活动的侧重点不同。高层管理侧重于质量决策，制定出企业的质量方针、质量目标、质量政策和质量计划，并统一组织、协调企业各部门、各环节、各类人员的质量管理活动，保证实现企业经营管理的最终目的；中层管理则要贯彻落实领导层的质量决策，运用一定的方法找到各部门的关键、薄弱环节或必须解决的重要事项，确定出本部门的目标和对策，更好地执行各自的质量职能，并对基层工作进行具体的业务管理；基层管理则要求每个职工都要严格地按标准、按规范进行生产，相互间进行分工合作，互相支持协助，并结合岗位工作，开展群众合理化建议和质量管理小组活动，不断进行作业改善。

（2）从质量职能角度看，产品质量职能是分散在全企业的有关部门中的，要保证和提高产品质量，就必须将分散在企业各部门的质量职能充分发挥出来。

但由于各部门的职责和作用不同，其质量管理的内容也是不一样的。为了有效地进行全面质量管理，就必须加强各部门之间的组织协调，并且为了从组织上、制度上保证企业长期稳定地生产出符合规定要求、满足顾客期望的产品，最终必须要建立起全企业的质量管理体系，使企业的所有研制、维持和改进质量的活动构成为一个有效的整体。建立和健全企业质量管理体系，是全面质量管理深化发展的重要标志。

可见，全企业的质量管理就是要以质量为中心，领导重视、组织落实、体系完善。

4. 多方法的质量管理

影响产品质量和服务质量的因素也越来越复杂：既有物质的因素，又有人的因素；既有技术的因素，又有管理的因素；既有企业内部的因素，又有随着现代科学技术的发展，对产品质量和服务质量提出了越来越高要求的企业外部的因素。要把这一系列的因素系统地控制起来，全面管好，就必须根据不同情况，区别不同的影响因素，广泛、灵活地运用多种多样的现代化管理办法来解决质量问题。

目前，质量管理中广泛使用各种方法，统计方法是重要的组成部分。除此之外，还有很多非统计方法。常用的质量管理方法有所谓的老七种工具，具体包括因果图、排列图、直方图、控制图、散布图、分层图、调查表；还有新七种工具，具体包括关联图法、KJ 法、系统图法、矩阵图法、矩阵数据分析法、PDPC 法、矢线图法。除了以上方法外，还有很多方法，尤其是一些新方法近年来得到了广泛的关注，具体包括：质量功能展开（QFD）、故障模式和影响分析（FMEA）、6Sigma 管理、水平对比法(Benchmarking)、业务流程再造（BPR）等。

二、全面质量管理的运作方法

根据前述全面质量管理的定义，我们也可以把 TQM 看成一种系统化、综合化的管理方法或思路，企业要实施全面质量管理，必须遵循一定的原则并且按照一定的工作程序运作。

（一）实施全面质量管理应遵循的原则

1. 领导重视并参与

企业领导应对企业的产品（服务）质量负完全责任，因此，质量决策和质量管理应是企业领导的重要职责。国内外实践已证明，开展全面质量管理，企业领导首先必须在思想上重视，必须首先强化自身的质量意识，必须带头学习、理解全面质量管理，必须亲身参与全面质量管理，必须亲自抓，一抓到底。这样，才能对企业开展全面质量管理形成强有力的支持，促进企业的全面质量管理工作深入扎实、持久地开展下去。

2. 抓住思想、目标、体系、技术四个要领

全面质量管理是一种科学的管理思想，它体现了与现代科学技术和现代生产相适应的现代管理思想。因此，在推行全面质量管理过程中，必须在思想上摆脱旧体制下长期形成的各种固定观念和小生产习惯势力的影响，树立起质量第一、提高社会效益和经济效益为中心的指导思想，树立起市场的观念、竞争的观念、以顾客为中心的观念，以及不断改进质量等其他一系列适应市场经济和知识经济时代的新观念。在此基础上，不断强化质量意识，综合地、系统地不断改进产品和服务的质量，持续满足顾客的要求。

全面质量管理必须围绕一定的质量目标来进行。通过明确的目标，引导企业方方面面的活动，激发企业全体职工的积极性和创造性，进而衡量和监控各方面质量活动的绩效。没有目标的行动是盲目的行动，也很难深入持久，很难取得实效，甚至可能造成内耗和浪费。只有确立明确的质量目标，才有可能针对这个目标综合地、系统地推进全面质量管理工作。

企业的质量目标是通过一个健全而有效的体系来实现的。质量管理的核心是质量管理体系的建立和运行。通过建立和运行质量管理体系可以使影响产品和服务质量的所有因素，包括人、财、物、管理等，以及所有环节，涉及企业中所有部门和人员，都处于控制状态，在此基础上，就可以确保质量目标的实现。其次，通过建立和运行质量管理体系，可以使企业所有部门围绕质量目标形成一个网络系统，相互协调地为实现质量目标努力。

全面质量管理是一套能够控制质量、提高质量的管理技术和科学技术。它要求综合、灵活地运用各种有效的管理方法和手段，从而有效地利用企业资源，生产出顾客满意的产品。目前，全面质量管理的很多方法和技术都引起了广泛的重视，并且在实践中发挥了重要的作用，包括统计质量控制技术和方法、水平对比法、质量功能展开、6Sigma 管理等。

3. 切实做好各项基础工作

如前所述，全面质量管理是全过程的质量管理，是从市场调研一直到售后服务的系统管理。全面质量管理要切实取得实效，必须首先做好各项基础工作。所谓全面质量管理的基础工作，是指开展全面质量管理的一些前提性、先行性的工作。基础工作搞好了，全面质量管理就能收到事半功倍的效果，就有利于取得成效。反之，基础工作搞得不好，不管表面工作如何有声有色，都如同建立在沙洲上的大厦，随时都有坍塌的危险。

4. 做好各方面的组织协调工作

开展全面质量管理，必须进行组织协调，综合治理。首先必须明确各部门的质量职能，并建立健全严格的质量责任制。全面质量管理不是哪个部门的事情，也不是哪几个人的事情，而是同产品质量有关的各个工作环节的质量管理的总和。同时，这个总和也不是各个环节活动的简单相加，而是一个围绕着共同目标协调作用的统一体。

因此，为了使顾客对产品质量满意，就必须明确各有关部门在质量管理方面的职能并规定其职责以及围绕一定的质量目标所承担的具体工作任务。如果各部门所各自承担的质量职责没有得到明确的规定，全面质量管理的各项工作就不可能得到有效的执行。

此外，还必须建立一个综合性的质量管理机构，从总体上协调和控制上述各方面的职能。这一综合性机构的任务，就是要把各方面的活动纳入质量管理体系的框架中，使质量管理体系有效地运转起来，从而以最少的人员摩擦、最少的职能重叠和最少的意见分歧来获得最大的成果。

质量管理体系开始运行之后，还要通过一系列的工厂对质量管理体系进行监控，保证使之按照规定的目标持续、稳定地运行。这方面的工作包括质量成本的分析、报告，质量管理体系审核，以及对顾客满意程度的调查等。宏观的质量认证制度、质量监督制度也是促进企业全面质量管理工作的有效手段。

5. 讲求经济效益

把技术和经济统一起来提高质量能带来企业和全社会的经济效益。在企业中推行全面质量管理，能够减少整个生产过程及各个工序的无效劳动和材料消耗，降低生产成本，生产出顾客满意的产品，增强企业竞争能力，实现优质、高产、低耗、盈利，提高企业的经济效益，促进企业发展壮大。从宏观的角度讲，这也可以节约资源，减少浪费，增加社会财富，为全社会带来效益。

（二）实施全面质量管理的五步法

1. 决策

这是一个决定做还是不做决策的过程。对于很多企业来说，由于存在各种各样的驱动力，所以他们有实施全面质量管理的愿望，常见的动因有：企业有成为世界级企业的远景构想；企业希望能够保持领导地位和满足顾客需求；也有的企业是由于面临不利的局面，如顾客不满意、丧失了市场份额、竞争的压力、成本的压力等。全面质量管理的实施能够帮助企业摆脱困境，解决问题，因此，全面质量管理越来越受到世界范围内企业的关注。当然，为了能够做出正确的决策，企业的高层领导者必须全面评估企业的质量状况，了解所有可能的解决问题的方案，并在此基础上进行决策。

2. 准备

一旦做出决策后，企业就应该开始准备：

（1）高层管理者需要学习和研究全面质量管理，对于质量和质量管理形成正确的认识。

（2）建立组织，具体包括组成质量委员会，任命质量主管和成员，培训选中的管理者。

（3）确立远景构想和质量目标，并制订为实现质量目标所必需的长期计划和短期计划。

（4）选择合适的项目，成立团队，准备作为试点开始实施全面质量管理。

3. 开始

这是具体的实施阶段。在这一阶段，需要进行项目的试点，在试点中逐渐总结经验教训。根据试点中总结的经验，来着手评估试点单位的质量状况，主要从四个方面进行：顾客忠诚度、不良质量成本、质量管理体系及质量文化。在评价的基础上发现问题和改进机会，然后进行有针对性的改进，包括人力资源、信息等。

4. 扩展

在试点取得成功的情况下，企业就可以向所有部门和团队扩展。但在扩展中要注意以下问题：

（1）每个重要的部门和领域都应该设立质量委员会、确定改进项目并建立相应的过程团队。

（2）还要对团队运作的情况进行评估。为了确保团队工作的效果，应该对团队成员进行培训，还要为团队建设及团队运作等方面提供指导。

（3）管理层还需要对每个团队的工作情况进行全面的测评，从而确认所取得的效果。扩展过程需要有一定的时间，这项活动的顺利进行，要求高层领导者强有力的领导和全员的参与。

5. 综合

在经过试点和扩展之后，企业就基本具备了实施全面质量管理的能力。为此，需要对整个质量管理体系进行综合。通常需要从目标、人员、关键业务流程，以及评审和审核这四个方面进行整合和规划。

（1）目标。企业需要建立各个层次的完整的目标体系，包括战略（这是实现目标的总体规）、部门的目标、跨职能团队的目标，以及个人的目标。

（2）人员。企业应该对所有的人员进行培训，并且授权给他们让其进行自我控制和自我管理，同时要鼓励团队协作。

（3）关键业务流程。企业需要明确主要的成功因素，在成功因素的基础上确定关键业务流程。通常来讲，每个企业都有 4—5 个关键业务流程，这些流程往往会涉及几个部门。为了确保这些流程的顺畅运作和不断完善，应该建立团队负责每个关键业务流程，并且要指派负责人。团队运作的情况也应该进行测评。

（4）评审和审核。除了对于团队和流程的运作情况进行测评外，企业还需要对整个组织的质量管理状况进行定期的审核，从而明确企业在市场竞争中的地位，及时发现问题，寻找改进的机会。在评审时通常要关注四个方面：市场地位、不良质量成本、质量管理体系和质量文化。

（三）全面质量管理的基本方法——PDCA 循环

1. PDCA 循环

PDCA 循环是全面质量管理的基本方法，最早是由美国质量管理专家威廉·爱德华兹·戴明（William Edwarok Deming）提出来的，所以又称为“戴明环”。PDCA 四个字母及其在 PDCA 循环中所代表的含义如下：

（1）P（plan）——计划，确定方针和目标，确定活动计划。

（2）D（do）——执行，实地去做，实现计划中的内容。

（3）C（check）——检查，总结执行计划的结果，注意效果，找出问题。

（4）A（action）——处理，总结处理检查的结果，肯定成功经验并加以推广、标准化，总结失败的教训避免再出现，未解决问题进入下一循环。

2. PDCA 循环的特点

（1）大环套小环。如果把整个组织的工作作为大的 PDCA 循环，那么各个部门、小组还有各自小的 PDCA 循环，上一级 PDCA 循环是下一级 PDCA 循环的根据，反过来下一级 PDCA 循环是上一级 PDCA 循环的贯彻落实和具体表现，通过循环把组织各项工作有机联系起来，共同促进。

（2）阶梯式上升。PDCA 循环不是在同一水平上循环，每循环一次，就解决一部分问题，取得一部分成果，质量水平就提高一步。到了下一次循环，又有了新的目标和内容，从而不断阶梯式上升。

（3）科学管理方法的综合应用。PDCA 循环应用以质量管理七种工具为主的统计处理方法以及工业工程（IE）中工作研究的方法作为进行工作和发现、解决问题的工具。

第三节　ISO 9000 系列标准与质量管理体系

一、ISO 9000 族标准的产生和发展

随着质量对世界性经济活动的影响越来越显著，人们已经逐渐认识到，质量开始成为各国企业关心的新的重点。由此，一些工业发达国家率先制定出有关质量保证的国家标准，质量和质量保证国际标准就是在此基础上发展起来的。

（一）质量管理和质量保证标准产生的基础

1. 以提高企业信誉求发展

随着市场竞争的加剧和顾客质量要求的提高，各国企业都非常重视产品质量和顾客要求。以质量求生存、以信誉求发展的企业质量方针已成为许多企业获取最佳经济效益的重要手段，并在实践中取得了显著的效果。为了能向顾客提供企业具有生产优质产品能力的证据，以争取获得认证合格标志。认证的依据，就是供需双方认同的质量管理和质量保证标准。

2. 产品的安全性要求

当产品的生产或使用涉及人身安全时，企业都必须按政府的有关法规开展质量保

证活动，并提供设计、生产过程等方面得以有效控制的证据，接受有关机构的审核、评价。对企业质量管理体系进行审核、评价的依据就是质量管理和质量保证标准。

3. 解脱产品责任的要求

所谓“产品责任”，是用于描绘企业对因其产品造成的与人员伤害、财产损坏或其他损害有关的损失赔偿责任的通用术语。一些国家为此专门制定了法律，在产品因质量问题危害了人身安全或造成财产损失时，企业将承担赔偿的法律责任。由此促使企业开展质量管理和质量保证活动，严格质量控制，重视质量审核，以便一旦发生质量纠纷时，能拿出一整套证据，证明产品是严格按照质量保证规范生产的，且按照这种规范生产的质量是可信的，质量事故的责任不在生产企业。企业增加开展质量管理和质量保证活动的费用，可换来避免巨额赔偿的好处。质量管理和质量保证标准及其认证证书就是企业说明其质量控制有效的法律依据。

4. 产品可靠性的要求

现代科学技术的迅猛发展，使产品的技术复杂性越来越高，由此也对产品的可靠性提出了更高的要求，迫使企业不断完善质量管理体系。

5. 国际贸易的需要

产品打入国际市场或进行国际合作生产，质量信誉是关键的前提。为使顾客有充分的信心购买企业的产品，要求各国的质量管理和质量保证标准能协调一致，以便能认可产品质量水平和企业质量管理体系的有效性。在国际合作生产中，合作方也常亲自或请第三方企业进行质量保证能力的审核、评价，其依据也是质量管理和质量保证标准。

基于上述各种原因，各国相继制定了质量管理的国家标准，并于 1979 年由英国率先向国际标准化组织提出了制定有关质量保证国际标准的建议，得到了 ISO 的响应。

（二）ISO 9000 族标准

1979 年英国标准学会（BSI）向 ISO 提交了一份建议，希望在 ISO 成立一个技术委员会，以制定有关质量保证技术和实践的国际标准。这一建议立即得到批准，ISO 理事会于当年决定，在原 ISO/CERTICO（保证委员会）第二工作组的基础上，单独建立质量保证技术委员会，即 ISO/TC 176，并于 1980 年正式成立。后来，因其工作范围扩大到质量管理，故于 1987 年改名为“质量管理和质量保证技术委员会”。

ISO/TC 176 成立后，以英国和加拿大质量管理实践为主要参考依据加紧对国际标准的制定，于 1986 年颁布了第一个国际标准 ISO 8402《质量——术语》，1987 年又颁布了举世瞩目的 ISO 9000 族质量管理和质量保证国际标准，即：

ISO 9000 质量管理和质量保证标准——选择和使用指南。

ISO 9001 质量体系——设计/开发、生产、安装和服务的质量保证模式。

ISO 9002 质量体系——生产和安装的质量保证模式。

ISO 9003 质量体系——最终检验和试验的质量保证模式。

ISO 9004 质量管理和质量体系要素——指南。

ISO 9000 族标准是企业进行质量管理的宝贵财富。在订货时 ISO 9000 族标准是需方对供方质量保证要求的依据，是实行产品质量认证和质量体系认证的基础。在国际贸易中，按 ISO 9000 族标准进行质量管理的企业，将得到采购商的信任，有利于产品进入国际市场。正是由于上述原因，ISO 9000 族标准一经发布就得到世界工业界的承认，受到各国的普遍重视和欢迎，并被各国标准化机构采纳，成为 ISO 标准中推广最好、最迅速的一个标准。

（三）1994 年版 ISO 9000 族标准

为了能使 ISO 9000 族标准保证反映的是优秀的实践经验，保证稳定以便于培训和连续使用，为所有的企业使用——无论这些企业的大小、专业或产品有何不同，ISO/TC 176 在对 ISO 9000 族标准进行修订时坚持如下准则：

（1）不改变标准的基本结构，因为这一标准总体上是成功的。

（2）改进某些要素的表示方法，以利于企业更好地理解和使用。

（3）根据最优秀的实践经验对标准予以更新，特别是在管理责任方面，把重点放在改进上。

（4）保证标准之间的连贯性，保持标准的稳定性以便于标准的连续使用。

1994 年 7 月 1 日正式出版了 ISO 9000 族标准的第一修订版。在此基础上又推出了：

ISO 9000－2 质量管理和质量保证标准第二部分 ISO 9001、ISO 9002、ISO 9003 的实施指南。

ISO 9000－3 质量管理和质量保证标准第三部分 ISO 9001 在软件开发、供应和维护中的使用指南。

ISO 9004－2 质量管理和质量体系要素第二部分服务指南。

ISO 9004－3 质量管理和质量体系要素第三部分流程性材料指南。

ISO 9004－4 质量管理和质量体系要素第四部分质量改进指南。

ISO 9004－5 质量管理和质量体系要素第五部分质量计划指南。

ISO 9004－6 质量管理和质量体系要素第六部分项目管理的质量管理指南。

ISO 9004－7 质量管理和质量体系要素第七部分技术状态管理指南。

ISO 9004－8 质量管理和质量体系要素第八部分质量原理及其管理实践应用指南。

（四）2000 年版 ISO 9000 族标准

1. 2000 年版 ISO 9000 族标准的指导思想

为了进一步改善 ISO 9000 族标准的市场满意程度，ISO/TC 176 决定对 1994 年版 ISO 9000 族标准进行彻底修改，即 2000 年大改版。2000 年版 ISO 9000 族标准的指导思想是：

（1）应与 ISO 14000 环境管理标准保持一致。

（2）应建立在过程模式的基础上。

（3）应能根据组织的具体情况进行剪裁。

（4）应方便使用，易于理解，语言和术语应精练。

（5）应能促进组织的自我评价。

（6）应克服 1994 年版 ISO 9000 族标准偏重于加工制造业的倾向，面向各种类型和规模的组织，并易于操作。

（7）ISO 9001 应加强对持续改进和预防不符合的要求。

（8）ISO 9001 应注重有效性，ISO 9004 应注重效率和有效性。

（9）ISO 9004 应能使所有受益者（顾客、员工、所有者、供方和社会）受益。

2. 2000 年版 ISO 9000 族基本标准

2000 年版 ISO 9000 族标准中，主要内容都纳入四项基本标准，其余的均是支持这四项基本标准的一些其他技术报告。

（1）ISO 9000：2000“质量管理体系——基本理论与术语”，取代了原来的 ISO 8402:1994 以及 ISO 9000－1：1994 中的一部分内容。

（2）ISO 9001：2000“质量管理体系——要求”，取代了 ISO 9001：1994。当 2000 年版 ISO 9000 族标准正式发布时，ISO 9002：1994 和 ISO 9003：1994 作废，原采用这两个标准的组织可以通过（不包括某些要求）对标准的适用范围进行限定的方式使用 ISO 9001：2000。

（3）ISO 9004：2000“质量管理体系——业绩改进指南”，提供了质量管理体系的全面指南，以改进组织的总体表现，但不是 ISO 9001：2000 的实施指南。

（4）ISO 10011：2000“质量体系审核指南”，提供了管理和实施内部与外部质量管理体系审核的指南。

为了使用者的利益，在制定 2000 年版 ISO 9000 族标准时，ISO/C 176 与 ISO/TC 207 的工作进行了协调，从而使 ISO 9000 与 ISO 14000 两大国际标准有更大的兼容性。

由已经发布的 ISO/DIS 9000：2000 族标准可以看出，2000 年版的 ISO 9000 族标准较 1994 年版 ISO 9000 族标准更简洁、更强化、更完善，整体结构的改变及全新质量管理概念的引入，使 ISO 9000 从产品质量的时代跨入了过程质量的时代。

二、ISO 9000 族标准质量管理的八项原则

国际标准化组织将当前国际上流行的质量管理理念加以分析总结，用高度概括、易于理解的语言，归纳出质量管理的八项原则。它体现了质量管理的基本规律，适用于组织的全部管理和所有类型的产品或组织，是建立质量管理体系的理念基础。

（一）以顾客为关注焦点

组织依存于其顾客，因此组织应当理解当前和未来的需求，满足顾客需求并争取超越顾客期望。

（二）领导作用

领导者确立组织统一的宗旨和方向，他们应当创造并保持使员工能充分参与实现组织目标的内部环境。

（三）全员参与

各级人员都是组织之本，只有他们的充分参与，才能使他们的才干为组织带来收益。

（四）过程方法

将活动和相关的资源作为过程进行管理，可以更高效地得到期望的结果。

（五）管理的系统方法

将相互关联的过程作为系统加以识别、理解和管理，有助于组织提高实现目标的有效性和效率。

（六）持续改进

持续改进总体业绩应当是组织的一个永恒目标。

（七）以事实为基础进行决策

有效决策是建立在数据和信息分析的基础上的。

（八）与供方互利的关系

组织与供方是相互依存的，互利的关系可增强双方创造价值的能力。

ISO 9000 族标准的八项原则反映了全面质量管理的基本思想和原则，但并不能代表质量管理的最高水平。组织在达到 ISO 9000 族标准的要求之后，还需要持续地、不断地改进，不断进步并用更高的标准和要求来指导组织的工作。

三、质量体系认证国际承认制度

应发展中国家的要求，ISO 理事会于 1992 年通过了第 28 号决议，要求合格评定委员会（CASCO）提交一份有关如何促进与取得合格评定活动相互承认的报告。CASCO 于 1993 年 5 月召开了一次有关合格评定的国际研讨会，会后向理事会提交了一份报告，要求建立国际承认体系。根据这份报告，ISO 理事会通过了 1993 年第 23 号决议，批准建立国际承认体系的制度，并为此成立了“质量体系评定和承认特别委员会”(QSAR)。

QSAR 国际承认体系的建立意味着，如果一个供应商的质量管理体系在 ISO/EEC QSAR 系统中的某个认证/注册机构被注册，那么，无论这个注册机构、这个供应商，以及其顾客的地理位置是在世界的任何方位，其顾客都要承认这一注册的有效性。由此可见，QSAR 国际承认体系为全世界的合格评定活动提供了协调一致的条件，从而促进了国际贸易。

ISO 9000 族标准是达到技术方面世界兼容、便利跨国贸易的途径，该标准的发展为全球贸易提供了技术上的支持。

第四节　6Sigma 管理

一、6Sigma 及 6Sigma 管理概述

6Sigma 是根据俄国数学家 P. L. Chebyshtv 的理念形成的，Sigma 基本定义是指“标准偏差”。根据他的计算：1Sigma 有 68%的合格率，2Sigma 有 95%的合格率，3Sigma 达到 99.73%的合格率，而 6Sigma 的合格率为 99.999 66%，即 6Sigma 在质量上表示每百万产品中只有 3.4 件是次品（非常接近零缺点要求）。事实上，6Sigma 的含义并不简单地指上述这些内容，而是一整套系统的理论和实践方法。6Sigma 强调把所有的运作都放在一个过程中进行提高，同时运用 6Sigma 工具，可以清楚地知道自己处于什么水准，提高多少。

6Sigma 应用于生产流程，它着眼于揭示每百万个产品当中有多少缺陷或失误，这些缺陷或失误包括产品本身，以及产品生产的流程、包装、转运、交货延期、系统故障、不可抗力等。

6Sigma 要求不断改善产品、品质和服务，他们制订了目标、工具和方法来达到目标和客户完全满意的要求。在过程上他们提供了黑带和绿带等有经验工程人员和顾问推行整个计划，并成为品质改善的先锋。简单地说，6Sigma 是一种商业流程，企业通过设计、监督其每日商业活动而显著提高其底线收益，将资源的浪费降至最少，同时提高顾客满意度。

自从 6Sigma 管理模式在摩托罗拉和通用电气两大公司推行并取得立竿见影的效果后，立即引起了世界各国的高度关注，各大企业也纷纷效仿引进和推行 6Sigma 管理，从而在全球掀起了一场“6Sigma 管理”浪潮。

二、6Sigma 管理的原理

（一）微观含义——统计学管理

Sigma（σ）是希腊字母，在数理统计中表示“标准偏差”。σ用来表征任意一组数据或过程中的离散程度，是评估产品和生产过程特性波动大小的统计量，可作为测量列中单次测量不可靠性的评定标准。σ值小，测量数据的可靠性就大，即测量精度高；反之，测量精度就低。由于σ的大小可以反映质量水平的高低，所以 6Sigma 采用“σ水平”的尺度来衡量绩效。

σ质量水平是将过程输出的平均值、标准差与顾客要求的目标值联系起来进行比较，是过程满足顾客要求能力的一种度量。σ水平越高，过程满足顾客要求的能力越强，出现缺陷的可能性越小。实际上，过程输出质量特性的颁布中心与规格中心重合的可能性很小，且只能维持很短的时间，这时计算出的过程能力称为短期过程能力。在生产中，即使是最佳的过程随着时间推移也会存在波动或漂移，长期的质量水平就要将各种短期的情况综合起来考虑。总体值增大，缺陷概率变大的情况称为长期过程能力。计算过程长期运行缺陷概率时，一般考虑将产品状态分布的中心向左或向右移动 1.5σ。

（二）宏观含义

1. 真诚地以顾客为关注中心

获得高的顾客满意度是企业所追求的目标之一，顾客只有在其需求得到充分满足后，才会满意和忠诚。6Sigma 管理一切以顾客满意和创造顾客价值为中心。

2. 基于数据和事实驱动的管理方法

6Sigma 将“由事实管理”的理念提到了一个更高的层次。一开始就澄清什么是衡量企业业绩的尺度，然后应用统计数据和分析方法来建立对关键变量的理解和优化结果。

3. 聚焦于流程改进

流程是采取行动的地方和成功的关键。设计产品和服务、度量业绩、改进效率和顾客满意度，甚至经营企业等都是流程。精通流程是在给顾客提供价值时建立竞争优势的有效方法。

4. 有预见的积极管理

有预见的积极管理意味着关注易于忽略的业务运作，确定远大的目标并经常加以检视，确定清晰的工作优先次序，注重于预防问题而不是疲于处理已发生的危机。6Sigma 用动态的、有预见的、积极的管理方式，促使组织在当今追求几乎完美的质量水平的竞争环境下能够快速发展。

5. 无边界合作

无边界合作并不意味着无条件个人牺牲，而是需要确切理解最终用户和流程中工作流向的真正需求。更重要的是，它需要有使用各种顾客和流程知识使各方同时受益的态度。它建立在广泛沟通的基础上，创造出一种能真正支持团队合作的管理结构和环境。

6. 追求完美，容忍失误

两者似乎自相矛盾，但从本质上却是互补的。如果有比现在更低成本、更高质量、更好的服务，接近完美的可能方法，却又害怕失误，就永远不会进行新尝试，就不会向前发展，甚至后退。

可以看出 6Sigma 不仅仅是统计学的概念，而且实践中可以利用它作为解释数据的工具。6Sigma 是一种解决问题的方法和技术，利用企业的人力资本、数据、计量工具和统计方法确认重要的关键因素，能够在减少浪费和缺陷的同时又能够提高顾客满意度，增加企业的利润。6Sigma 在更宽广的含义上是一种文化，它要求高层管理人员对 6Sigma 的实施高度负责，并将这种精神渗透到整个企业中去，它要求不断对企业的信条和完成工作的传统方法的行为进行质疑，它还要求有紧迫感并且意识到，为了解决那些降低企业获利和顾客满意度的问题，就要与关键人员一起参与到执行 6Sigma 的活动中来，这就需要对企业文化的改变。6Sigma 还是一种处世哲学，标准就是“完美”，它总结出的业务方法能使工作更精确，失误降到最低。

三、6Sigma 管理的实施方法

目前，业界对 6Sigma 管理的实施方法还没有一个统一的标准。大致上以摩托罗拉公司提出并取得成功的“七步骤法”（Seven Step Method）作为参考。

（一）找问题

把要改善的问题找出来，当目标锁定后便召集有关员工，成为改善的主力，并选出首领，作为改善责任人，跟着便制定时间表跟进。

（二）研究现时生产方法

收集现时生产方法的数据，并做整理。

（三）找出各种原因

集合有经验的员工，利用头脑风暴法（Brain Storming）、控制图（Control Chart）和鱼骨图（Cause and Effect Diagram），找出每一个可能发生问题的原因。

（四）计划及制订解决方法

再利用有经验的员工和技术人才，通过各种检验方法，找出各解决方法，当方法设计完成后，便立即实行。

（五）检查效果

通过数据收集、分析、检查其解决方法是否有效和达到什么效果。

（六）把有效方法制度化

当方法证明有效后，便制订为工作守则，各员工必须遵守。

（七）检讨成效并发展新目标

当以上问题解决后，总结其成效，找出解决问题的方案。

四、6Sigma 改进

6Sigma 是一套行之有效的解决问题和提高企业绩效的系统的方法论，而推动企业不断持续改进的具体实施模式为 DMAIC。分别代表了改进的五个阶段，即界定(Define)、测量（Measure)、分析（Analyze)、改进（Improve）和控制（Control)。6Sigma 项目选定之后，团队中不同的成员一起合作，依照这个过程的五个步骤，可以有效地实现 6Sigma 突破性改进。团队的工作从一个问题的陈述到执行解决方案，中间包含许多活动，通过 DMAIC 过程的活动方式，团队成员可发挥最有效的作用，完成项目使命。

DMAIC 是在总结了几十年来全面质量管理的实践经验的基础上产生的，是包含了项目管理技术、统计分析技术、管理方法等方面技术综合而成的系统方法。DMAIC 强调以顾客（外部、内部）为关注焦点，并将持续改进与顾客满意以及企业经营目标紧密地联系起来；强调以数据的语言来描述产品或过程业绩，依据数据进行管理，并充分运用定量分析和统计思想；追求的是打破旧有习惯、有真正变化的和结果带有创新的问题解决方案，以适应持续改进的需要；它强调面向过程，并通过减小过程的变异或缺陷实现降低风险、成本与缩短周期等。

五、中国的 6Sigma 管理

近几年来，6Sigma 管理在西方企业中备受推崇，取得了巨大的成效。虽然国内有些大企业如海尔等对实施 6Sigma 管理做了些尝试，但对绝大多数的中国企业来说，6Sigma 管理还仅仅停留在理论的认知水平上。造成这种现象的原因主要是因为国内企业的科学管理基础薄弱，许多基础的管理工作都没有做好，6Sigma 管理推行更是无从谈起；同时也有一些大企业认为自己在本行业已经做得很好，6Sigma 管理好像没有很大的必要；更有甚者认为自身企业连生产营销都没搞好，哪还有时间和精力来搞什么 6Sigma；等等。其实越是这样经营困难的企业，越需要实施 6Sigma 管理来解决现存的问题。而那些自认为已经做得够好的企业，实际上改进的余地还相当的大。

尽管6Sigma管理在中国还处在萌芽阶段，但我们相信随着中国经济的发展繁荣以及中国企业管理水平的日益提高，6Sigma管理在中国必将会得到广泛的应用。

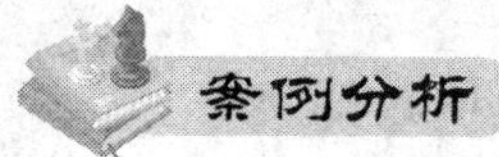

案例分析

海信47年真经：技术、质量、诚信、责任

《礼记》中说："人生十年曰幼，二十曰弱，三十曰壮，四十曰强。"47年前，海信从白手起家到拥有三个中国驰名商标——海信、科龙、容声；从年销售额十几万元人民币到80亿美元；从依靠引进国外技术到自主研发不断推出有较强市场竞争力的产品；从只能做"家门口"的市场到产品远销世界各地；从单纯的OEM贴牌到海外自主品牌占比超过30%……海信从蹒跚起步向着全球一流公司的目标奋斗47年。

可以说，经过海信几代人的实践和努力，"技术""质量""诚信""责任"这"八字真经"是海信人认为"不惑"理念的描述，而这些理念的坚持也将是实现全球化目标的保证。

40多年前，海信几乎没有像样的技术，第一台电视是几个人四处找零件拼凑起来的。今天，海信形成了具有海信特色的技术研发体系，在多媒体技术、家电、智能交通、移动通信、光通信等多个领域的核心技术都有所突破，在工业设计、电路开发、纵向产业链整合等方面拉大了与国内很多同行的距离，不断逼近行业标杆。2008年，海信与世界著名公司几乎同步向市场推出全球领先的直下式LED背光产品，这就是一个重要标志。

目前，海信坚持技术的氛围已经牢固形成，尤其是近10年，在占销售额5%以上的研发投入和数千研发人员的努力下，研发水平明显提升，为参与国际竞争提供了有利的条件。未来15—20年，是海信实现后来居上，奋起赶超的关键战略机遇期。

"质量不能使企业一荣俱荣，却足以使企业一损俱损"，这既是海信在40多年经营中积累的宝贵经验，也是海信长期坚持的质量理念。成就一流的产品质量，需要有精湛、高效的制造水平，也意味着更精细的产品和更短的交货周期；成就一流的产品质量，需要有优良的产品功能和性能，也意味着满足顾客更多的需求和更少的使用费用；成就一流的产品质量，需要有更加环保的产品技术，也意味着更少的耗能、更少的污染；成就一流的产品质量，意味着全球的海信经销商有更好的赢利；一流的产品质量成就的是人类社会的福祉和利益。

海信一直强调，人无信不立。对企业而言，要讲品牌，先讲品德。善待客户、善待合作伙伴、善待员工，严格履行契约，严惩弄虚作假者，使得海信不仅拥有稳定的客户关系，也铸就了和谐的员工关系。尤其是在席卷全球的金融海啸中，诚信经营为海信带来了发展的新机。在澳洲，海信品牌销售同比实现162%的跨越式增长，中高端定位的品牌形象已经被广大澳洲消费者所接受；在北美，成功进入美国、加拿大若干主流大型连锁渠道，2009年北美销售逆势增长110%；在非洲，与战略伙伴一起设立工厂，发展本土化经营。

英国有句名言：你想知道汽车能开多久而非能开多快时，你便进入中年。我们也一直在思考，海信的长远发展在哪里？海信是为国内市场的快速增长沾沾自喜，还是应该在全球市场的艰难起步中壮志未酬？几年前，海信要求主要产品的市场占有率分析必须在全球市场做比较。现在，海信更是明确要求资源保障要优先海外市场。因为海信已经形成这样的共识：海信的长远发展在海外，国际化品牌战略将是海信未来发展的根本！

（资料来源：http：//www. mie168. com/read. aspx.）

案例思考：

1. 海信经营成功的经验说明了什么？
2. 谈谈你对企业国际化战略与质量的关系的理解。

第九章　现代企业财务管理

学习目标

1. 了解企业资金运动。
2. 掌握资产、负债和所有者权益的概念和内容。
3. 熟悉企业的财务流程。
4. 掌握成本分析与控制的概念、基本方法和意义。
5. 掌握财务效果分析的概念、方法和意义。

第一节　资金运动、资产、负债与所有者权益

一、企业资金运动

资金运动又称价值运动，是企业中以货币表现的经济活动。理论上，资金运动指的是资金的筹集、使用、耗费、回收和分配的循环与周转。资金运动的起点是资金来源，终点是资金运用形成的经营成果。

资金只有在不断地运动中才能实现增值的目的。资金在运动过程中具有并存性、继起性、补偿性与增值性等特点。资金运动并存性是指资金在循环周转中，几种占用形态并存；继起性是指资金在循环周转中顺序地从一种形态转化为另一种形态，资金并存是继起的条件，继起运动的结果又形成并存；补偿性是指资金在循环周转中消耗的数额必须在经营收入中获得补偿；增值性是指所获得的经营收入，除补偿耗费的资金数额外，还应有多余。

二、资产

（一）资产的定义和特征

资产是指企业过去的交易或事项形成的由企业拥有或可控制的资源，预期会给企业带来经济利益的资源。根据定义，资产具有以下几个方面的特征。

（1）资产预期会给企业带来经济利益。如果某一项目预期不能给企业带来经济利益，就不能将其确认为企业的资产，前期已经确认为资产的项目，如果不能再为企业

带来经济利益，也不能再将其确认为企业的资产。

(2) 资产应为企业拥有或控制的资源。通常在判断资产是否存在时，所有权是考虑的首要因素。但在有些情况下，虽然某些资产不为企业所拥有，即企业并不享用其所有权，但企业控制这些资产，同样表明企业能够从这些资产中获取经济利益。

(3) 资产是由企业过去的交易或者事项形成的。只有过去的交易或事项才能产生资产，企业预期在未来发生的交易或事项不形成资产。

(二) 资产的分类

资产根据不同的标准可以分为不同的类别。根据耗用期限的长短，可分为流动资产和长期资产。其中，长期资产还可以根据具体形态做进一步的分类，根据是否具有实体形态，可分为有形资产和无形资产。目前，我国会计实务中，将资产分为流动资产、长期投资、固定资产、无形资产、递延资产等类别。

(1) 流动资产。流动资产是指可以在一年或者超过一年的一个营业周期内变现或耗用的资产，一般包括库存现金及银行存款、应收及预付款项、存货等。

(2) 长期投资。长期投资是指不准备在一年内变现的投资，包括长期性的股票投资等。

(3) 固定资产。固定资产是指使用年限在一年以上，单位价值在规定标准以上，并在使用过程中保持原来物质形态的资产，包括房屋及建筑物、机器设备、运输设备、工具器具等。

(4) 无形资产。无形资产是指企业长期使用而没有实物形态的资产，包括专利权、非专利技术、商标权、著作权、土地使用权等。

三、负 债

(一) 负债的定义和特征

负债是指过去的交易、事项形成的现有义务，履行该义务预期会导致经济利益流出企业。负债是企业承担的，以货币计量的在将来需要以资产或劳务偿还的债务。它代表着企业偿债责任和债权人对资产的求索权。根据定义，负债具有如下几个方面的特征。

(1) 负债是企业承担的现时义务。负债必须是企业承担的现时义务，这是负债的一个基本特征。其中，现时义务是指企业在现行条件下已承担的义务。未来发生的交易或者事项形成的义务，不属于现时义务，不应当确认为负债。

这里所指的义务可以是法定义务，也可以是推定义务。其中，法定义务是指具有约束力的合同或法律法规规定的义务，通常在法律意义上需要强制执行。例如，企业购买原材料形成的应付而暂时未付的货款，企业向银行借入款项形成的借款，企业按照税法规定应当缴纳的税款等，均属于企业承担的法定义务，需要依法予以偿还。推定义务是指根据企业多年来的习惯做法、公开的承诺或者公开宣布的政策而导致企业将承担的责任，这些责任使利益相关者形成了企业将履行义务解脱责任的合理预期。例如，某企业多年来制定有一项销售政策，对于售出商品提供一定期限的售后保修服务，这种将为售出商品提供的保修服务就属于推定义务，应当将其确认为一项负债。

(2) 负债的清偿预期会导致经济利益流出企业。预期会导致经济利益流出企业也是负债的一个本质特征。只有企业在履行义务时会导致经济利益流出企业的，才符合负债的定义，如果不会导致企业经济利益流出的，就不符合负债的定义。在履行现时义务清偿负债时，导致经济利益流出企业的形式多种多样。例如，用现金偿还或以实物资产形式偿还；以提供劳务形式偿还；部分转移资产、部分提供劳务形式偿还；将负债转为资本等。

(3) 负债是由过去的交易或事项形成的。负债应当由企业过去的交易或事项所形成。换句话说，只有过去的交易或事项才形成负债。企业将在未来发生的承诺、签订的合同等交易或者事项，不形成负债。

(二) 负债的分类

负债一般按其偿还速度或偿还时间的长短划分为流动负债和长期负债两类。

流动负债是指将在一年或超过一年的一个营业周期内偿还的债务，主要包括短期借款、应付票据、应付账款、预收账款、应付职工薪酬、应交税费、应付股利等。

长期负债是指偿还期在一年或超过一年的一个营业周期以上的债务，包括长期借款和长期应付款等。

四、所有者权益

(一) 所有者权益的定义和特征

所有者权益是指资产扣除负债后由所有者应享的剩余利益，即一个会计主体在一定时期所拥有或可控制的具有未来经济利益资源的净额，又称为净资产。所谓净资产，在数量上等于企业全部资产减去全部负债后的余额，即：

资产－负债＝所有者权益

企业的所有者和债权人均是企业资金的提供者，因而所有者权益和负债（债权人权益）两者均是对企业资产的要求权，但两者之间又存在着明显的区别。所有者权益与负债比较，一般具有以下四个基本特征。

(1) 所有者权益在企业经营期内可供企业长期、持续地使用，企业不必向投资人返还资本金。负债则必须按期返还给债权人利息和本金，成为企业的债务负担。

(2) 企业所有人凭其对企业投入的资本，享受分配税后利润的权利，所有者权益是企业分配税后净利润的主要依据。债权人除按规定取得利息和本金外，无权分配企业的盈利。

(3) 企业所有人有权行使企业的经营管理权，或者授权管理人员行使经营管理权。债权人并没有经营管理权。

(4) 企业的所有者对企业的债务和亏损负有无限的责任或有限的责任，而债权人与企业的其他债务不发生关系，一般也不承担企业的亏损。

(二) 所有者权益的内容

所有者权益的来源包括所有者投入资本、直接计入所有者权益的利得和损失、留存收益等。

所有者投入资本是指所有者在企业注册资本的范围内实际投入的资本。投入资本按照所有者的性质不同，可以分为国家投入资本、法人投入资本、个人投入资本和外方投入资本。投入资本按照投入资产的形式不同，可以分为货币投资、实物投资和无形资产投资。

直接计入所有者权益的利得和损失，是指不应计入当期损益、会导致所有者权益发生增减变动的、与所有者投入资本或者向所有者分配利润无关的利得或损失。其中，利得是指由企业非日常活动所形成的、会导致所有者权益增加的、与所有者投入资本无关的经济利益的流入，损失是指由企业非日常活动所发生的、会导致所有者权益减少的、与向所有者分配利润无关的经济利益的流出。

留存收益是指归所有者所共有的、由收益转化而形成的所有者权益，主要包括盈余公积和未分配利润。

第二节 现代企业财务流程

一、财务流程的定义

财务流程是指企业财务部门为实现财务会计目标而进行的一系列活动。它包含数据的采集、加工、存储和输出，是连接业务流程和管理流程的桥梁。财务流程的设计思想、数据采集效率、加工的正确性和有效性，将直接关系到企业管理活动的质量和效率。

二、财务流程的内容

了解企业的财务流程不仅是企业财务人员的责任，对于非财务人员尤其是企业的管理人员来说也至关重要。管理人员只有熟悉企业的财务流程，才能对企业财务管理各个环节乃至整个企业的管理做出正确的决策。目前稍有规模或管理水平的企业均采用信息化管理，只要凭证制作无误，其他环节均由计算机完成，如科目汇总表核算程序下的凭证—汇总—明细账—总账—各种报表流程等。以科目汇总表核算程序为例，企业财务流程具体内容如下。

（一）根据原始凭证或原始凭证汇总表填制记账凭证

原始凭证是在经济业务发生或完成时取得或填制的，用以记录或证明经济业务的发生或完成情况的文字凭据。原始凭证是进行会计核算工作的原始资料和重要依据，是会计资料中最具有法律效力的一种文件，如飞机票、火车票、企业购买商品或材料时从供货单位取得的发票（或领料单、出库单）等。但要注意，工作令号、购销合同、购料申请单等不能证明经济业务发生或完成情况的各种单证不能作为原始凭证并据以记账。

记账凭证是会计人员根据审核无误的原始凭证按照经济业务事项的内容加以归类并据以确定会计分录后所填制的会计凭证。它是登记账簿的直接依据。记账凭证的填制是会计核算中的基础环节之一，正确、及时、完整地填制记账凭证是正确、及时地提供会计信息的保证。

（二）根据记账凭证登记现金日记账和银行存款日记账

日记账，亦称序时账，是按经济业务发生时间的先后顺序，逐日逐笔登记的账簿。日记账应当根据办理完毕的收、付款凭证，随时按顺序逐笔登记，最少每天登记一次。

现金日记账和银行存款日记账通常是由出纳员根据审核后的有关收、付款凭证，逐日逐笔顺序登记的。登记日记账的基本要求是：现金日记账和银行存款日记账由出纳人员专门负责登记，必须做到反映经济业务的内容完整，登记账目及时，凭证齐全，账证相符，数字真实、准确，书写工整，摘要清楚明了，便于查阅，不重记、不漏记、不错记，按期结算，不拖延积压，按规定方法更正错账，从而使账目既能明确经济责任，又清晰美观。

（三）根据记账凭证登记明细分类账

分类账簿是指对全部经济业务事项按照会计要素的具体类别而设置的分类账户进行登记的账簿。分类账簿按照反映的经济业务详细程度不同分为总分类账和明细分类账。其中，总分类账是企业经济业务的总括核算，为企业经济管理和经营决策提供总括的全面的核算资料；明细分类账是为企业经济管理和经营决策提供明细分类核算资料。明细分类账提供的信息更为详细，例如，企业的“原材料”账户为总分类账，如果该企业需要钢铁为原材料，则“钢铁”即为“原材料”账户下的明细分类账。

如果企业的规模小，业务量不多，可以不设置明细分类账，直接将逐笔业务登记总账。实际会计实务要求会计人员每发生一笔业务就要登记入明细分类账中。

(四)根据记账凭证汇总、编制科目汇总表

科目汇总表,亦称“记账凭证汇总表”,是指定期对全部记账凭证进行汇总,按各个会计科目列示其借方发生额和贷方发生额的一种汇总凭证。依据借贷记账法的基本原理,科目汇总表中各个会计科目的借方发生额合计与贷方发生额合计数应该相等,因此,科目汇总表具有试算平衡的作用。科目汇总表是科目汇总表核算形式下总分类账登记的依据。

科目汇总表的编制时间,应根据各企业、单位业务量而定。业务较多的可以每日汇总,业务较少的可以定期汇总,但一般不得超过10天。科目汇总表上还应注明据以编制的各种记账凭证的起讫字号,以备进行检查。

(五)根据科目汇总表登记总分类账

在科目汇总表核算形式下,财务人员根据科目汇总表上的账户和金额登记总分类账。

(六)期末,根据总分类账和明细分类账编制资产负债表和利润表

资产负债表是反映企业某一特定日期(月末、季末、中期期末、年末)财务状况的报表,如公历每年12月31日的财务状况。资产负债表列示了企业在特定日期的资产、负债、所有者权益情况,表中各项目反映的均是有关账户的余额,且每个项目均需填列“年初数”和“期末数”两栏。资产负债表“年初数”栏内各项目的数字,应根据上年末资产负债表中“期末数”栏内所列的相应数字填列。如果本年度资产负债表规定的各个项目的名称和内容与上年度不一致,应对上年年末资产负债表各项目的名称和数字按照本年度的规定进行调整,填入本年资产负债表“年初数”栏内。资产负债表“期末数”栏内各项目数字,一般根据总账和有关明细账填列。但应注意,资产负债表中有些项目与账户名称不是同一个概念,其与相应账户的内容也不完全相同,因此,这些项目的数字不能直接根据账户的期末余额填列,而应根据有关项目的特定要求,对账簿的资料进行整理、加工、分析和计算后才能填列,例如,资产负债表里的“货币资金”项目应根据“库存现金”“银行存款”“其他货币资金”账户的余额合计填列。

利润表是反映企业在一定会计期间(月份、季度或年度)经营成果的报表。利润表各个项目均需填列“本期金额”和“上期金额”两栏。利润表中“本期金额”栏反映各项目本期实际发生数。如果上年度利润表与本年度利润表的项目名称和内容不一致,应对上年度利润表的名称和数字按本年度的规定进行调整,填入报表的“上期金额”栏。利润表“本期金额”“上期金额”栏内各项数字,除“每股收益”项目外,应当按照相关科目的发生额分析填列。例如,营业收入项目,根据“主营业务收入”“其

他业务收入”科目的发生额加总填列。科目汇总表核算程序下的财务流程图如图9－1所示。

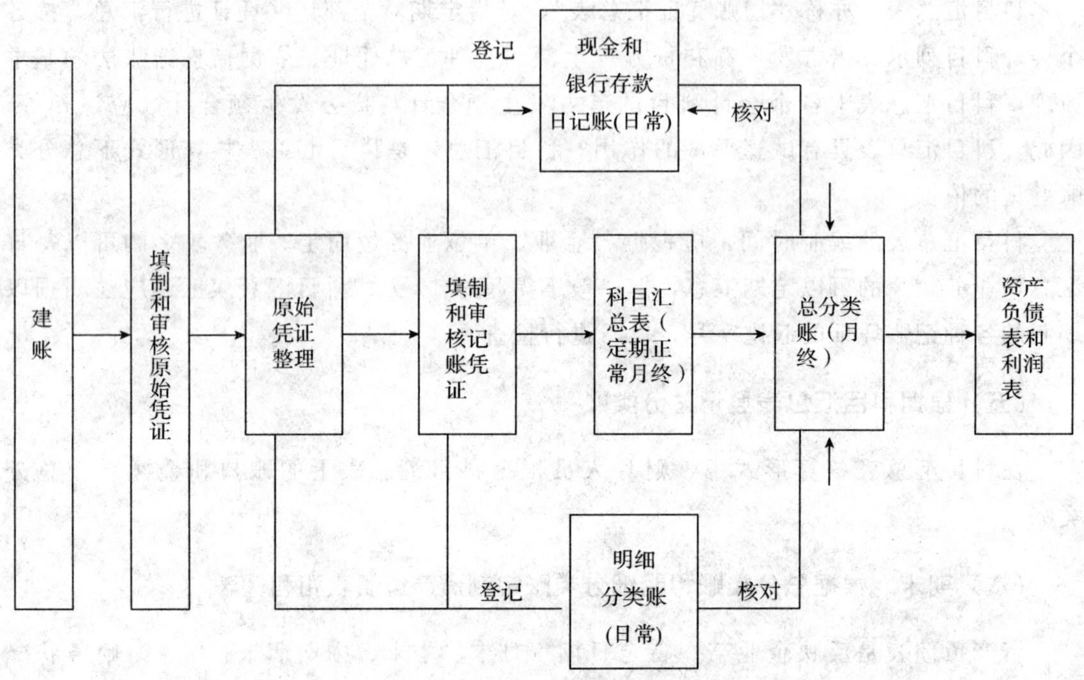

图 9-1 科目汇总表核算程序下的财务流程图

第三节 成本分析与控制

一、成本的经济实质、作用和分类

(一) 成本的经济实质

马克思曾科学地指出了成本的经济性质：“按照资本主义方式生产的每一个商品 W 的价值，用公式来表示是 $W=C+V+M$。如果从这个产品价值中减去剩余价值 M，那么，在商品中剩下来的价值，只是一个在生产要素上耗费的资本价值 $C+V$ 的等价物或补偿价值。”

在社会主义市场经济中，产品的价值仍然由三个部分组成：已耗费的生产资料转移的价值（C）；劳动者为自己劳动所创造的价值（V）；劳动者为社会劳动所创造的价值（M）。从理论上讲，前两个部分（$C+V$）是商品价值中的补偿部分，它构成商品的理论成本。

综上所述，可以将成本的经济实质概括为生产经营过程中所耗费的生产资料转移的价值和劳动者为自己劳动所创造的价值的货币表现，也就是企业在生产经营中所耗费的资金总和。

（二）成本的作用

成本的经济实质决定了成本在经济管理工作中具有十分重要的作用。

1. 成本是补偿生产耗费的尺度

企业是自负盈亏的商品生产者和经营者，其生产耗费是用自身的生产成果，即营业收入来补偿的，而成本就是衡量这一补偿份额大小的尺度。企业在取得营业收入后，必须把相当于成本的数额划分出来，用以补偿生产经营中的资金耗费，这样才能维持资金周转按原有规模进行。

2. 成本是综合反映企业工作质量的重要指标

成本是一项综合性的经济指标，企业经营管理中各方面工作的业绩，都可以直接或间接地在成本上反映出来。例如，生产工艺的合理程度、原材料消耗节约与浪费、劳动生产率的高低等，都可以通过成本直接或间接地反映出来。

3. 成本是制定产品价格的一项重要因素

在商品经济中，产品价格是产品价值的货币表现。产品价格应大体上符合其价值，无论是国家还是企业，在指定产品价格时都应遵循价值规律的基本要求。但在现阶段，人们还不能直接计算产品的价值，而只能计算成本，通过成本间接地、相对地掌握产品的价值，因此，成本就成了制定产品价格的重要因素。

4. 成本是企业进行决策的重要依据

企业进行生产经营决策要考虑的因素很多，成本是主要因素之一。这是因为，在价格等因素一定的前提下，成本的高低直接影响企业盈利的多少；而较低的成本能够使企业在市场竞争中处于有利地位。

（三）成本的分类

根据不同的标准，成本可以做出以下几种分类。

1. 根据成本与产品之间的关系，可分为产品生产成本和期间费用

在工业企业，产品的生产成本一般包括直接材料、直接燃料和动力、直接人工和制造费用。

（1）直接材料指直接用于产品生产、构成产品实体的原料、主要材料以及有助于产品形成的辅助材料费用。

（2）直接燃料和动力指直接用于产品生产的各种直接燃料和动力费用，如汽油和电等。

(3) 直接人工指直接参加产品生产的工人的薪酬费用，如生产工人的工资、奖金和津贴等。

(4) 制造费用指间接用于产品生产的各项费用，以及虽直接用于产品生产，但不便于直接计入产品成本，因而没有专设成本项目的费用（如机器设备的折旧费用）。制造费用包括企业内部生产单位（分厂、车间）的管理人员薪酬费用、固定资产折旧费、取暖费、水电费等。

期间费用则包括销售费用、管理费用和财务费用。

(1) 销售费用是指企业在产品销售过程中发生的费用，以及为销售本企业产品而专设的销售机构的各项经费，包括展览费、广告费、包装费和专设销售机构人员的薪酬等。

(2) 管理费用指企业为组织和管理企业生产经营所发生的各项费用，包括业务招待费、工会经费和劳动保险费等。

(3) 财务费用指企业为筹集生产经营所需资金而发生的各项费用，包括利息支出、汇兑损失以及相关的手续费等。

2. 根据成本和业务量之间的关系，可分为变动成本和固定成本

变动成本是指其总额随着业务量的变动而呈正比例变动的成本。例如，直接材料、直接人工、包装材料等都属于变动成本。

需要注意的是，变动成本和固定成本都存在着相关范围的问题，也就是说，在相关范围之间，变动成本总额与业务量之间保持着完全的线性关系，在相关范围之外它们之间的关系可能是非线性的。例如，企业生产产品，通常在生产的最初阶段产量较低，生产还处于一种不成熟状态。随着产量增加，工人对生产过程逐渐熟悉，可能使单位产品的直接材料、直接人工逐渐降低。

固定成本是指其总额在一定时期和一定业务量范围内，不受业务量增减变动影响而保持不变的成本，如机器设备的租金、固定资产的折旧等。

3. 根据生产费用计入产品成本的方式，可分为直接计入成本和间接计入成本

直接计入成本是指可以分清哪种产品所耗用、可以直接计入某种产品成本的费用。间接计入成本是指不能分清哪种产品所耗用、不能直接计入某种产品成本，而必须按照一定标准分配计入有关的各种产品成本的费用。

二、成本分析和成本控制概述

（一）成本分析概述

1. 成本分析的概念和意义

成本分析是指利用成本核算资料及其他有关资料，全面分析成本水平及其变动情

况，研究影响成本升降的各个因素及其变动原因，寻找降低成本的途径。

成本分析是成本管理的重要组成部分，通过成本分析可以正确认识和掌握成本变动的规律性，不断挖掘企业的内部潜力，降低产品成本，提高企业的经济效益；通过成本分析才可以对成本计划的执行情况进行有效的控制，对执行结果进行评价，肯定成绩，指出问题，揭示成本升降变动情况及其原因，为编制成本计划和制定经营决策提供重要依据。

2. 成本分析的原则

（1）全面分析与重点分析相结合的原则。企业应全面分析成本水平及其变动情况，研究影响成本升降的各个因素及其变动原因。但考虑成本效益原则，应对比重较大的项目进行重点分析。

（2）专业分析与群众分析相结合的原则。

（3）纵向分析与横向分析相结合的原则。

（4）事后分析与事前、事中分析相结合的原则。

成本分析的三个阶段是相辅相成的，各自发挥着不同的作用。成本的事前分析可使企业在成本计划的执行过程中有成本控制的目标；事中分析则可以使成本目标得以实现；事后分析可以总结经验教训，以便开展下一个循环的成本控制。但三者之间也有主次之分。在一般情况下，事前分析和事中分析的作用大于事后分析，但事后成本分析对于检查成本计划的执行情况评价、工作业绩等方面都有着事前成本分析和事中成本分析不可替代的作用。事前的成本分析包括在成本预测的内容当中，事后的成本分析包括在成本控制的内容当中。

（二）成本控制概述

1. 成本控制的概念和意义

成本控制是指运用以成本会计为主的各种方法，预定成本限额，按限额开支成本和费用，以实际成本和成本限额进行比较，衡量经营活动的成绩和效果，并以例外管理原则纠正不利差异，以提高工作效率，实现以至超过预期的成本限额。

建立健全成本控制系统，实施成本控制，对于充分发挥成本管理职能，提高企业的经营管理水平和经济效益具有重要意义。

（1）实施成本控制是保证企业完成既定成本目标的重要手段。目标成本的完成，需要企业采用多项切实可行的措施。其中，进行成本控制是保证目标成本完成的一项主要措施。通过成本控制，可以及时揭示生产过程中成本指标脱离计划的差异，从而采取措施纠正偏差，保证既定目标的完成。

（2）实施成本控制是降低成本、增加盈利、提高经济效益的重要途径。盈利是企业的主要目的，成本的高低对于企业盈利水平的影响很大。降低产品或劳务的成本，就意味着相应增加企业的盈利。因此，对于凡是同产品或劳务成本有关的经济业务，都应建立完善的成本控制制度和成本控制方法，其控制手段越严谨、完善，效果越好。另外，通过成本控制，不仅可以降低产品成本，而且还可以节约材料物资的消耗量。

(3) 成本控制在企业各控制系统中起着综合的控制作用。在企业的生产经营过程中，存在着各种不同形式的复杂经济关系和各种不同的管理控制系统，如生产技术控制系统。这些控制系统都是局部性的，并不能反映和控制生产经营的全部，也不能用一个统一的计量单位来综合反映和控制生产经营活动，并进行概括、对比和分析。由于成本控制是用统一的货币计量单位来对企业的生产经营活动进行反映和控制，因而，它具有很强的综合性，在整个企业的控制系统中起着综合的控制作用。

2. 成本控制的分类

成本控制的内容非常广泛，但是，这并不意味着事无巨细地平均使用力量。成本控制应该有计划有重点地区别对待。各行各业不同企业有不同的控制重点。控制内容一般可以从成本形成过程和成本费用分类两个角度加以考虑。

(1) 按成本形成过程分类。可分为产品投产前的控制、制造过程中的控制和流通过程中的控制。

制造过程是成本实际形成的主要阶段。绝大部分的成本支出在这里发生，包括原材料、人工、能源动力、各种辅料的消耗、工序间物料运输费用、车间以及其他管理部门的费用支出。

流通过程包括产品包装、厂外运输、广告促销、销售机构开支和售后服务等费用。在目前强调加强企业市场管理职能的时候，很容易不顾成本地采取种种促销手段，反而抵消了利润增量，所以也要进行定量分析。

(2) 按成本费用的构成分类。可分为原材料成本控制、工资费用控制、制造费用控制和企业管理费用控制。

在制造业中，原材料费用占了总成本的很大比重，一般在60%以上，高的可达90%，是成本控制的主要对象，其控制活动可从采购、库存管理和消耗三个环节着手。

控制工资成本的关键在于提高劳动生产率。

制造费用开支项目很多，主要包括折旧费、修理费、辅助生产费用、车间管理人员工资等，虽然它在成本中所占比重不大，但因不引人注意，浪费现象十分普遍，是不可忽视的一项内容。

企业管理费用指为管理和组织生产所发生的各项费用，开支项目非常多，也是成本控制中不可忽视的内容。

3. 成本控制的原则

(1) 集中控制与分散控制相结合的原则。集中控制是指成本控制工作应在企业负责经营管理的分管领导的领导下，由成本控制归口部门（通常是财务部门）负责统一控制、统一协调和统一核算。分散控制是指企业本部各个职能部门及基层单位根据其自身的职责分工，对应负责的成本费用进行控制。

企业的成本控制是由各个部门、各个单位和有关人员来共同完成的。企业应根据企业的发展状况不断调整确定集中与分散的合适的度，力求达到既能调动各部门、各单位在成本控制工作中的积极性，又能使财务部门充分发挥其协调、监控功能的最佳状况。

(2) 成本效益原则。成本效益原则，是指因推行成本控制而发生的成本不应超过因缺少控制而丧失的收益。实施成本控制活动自身一般也会发生一些费用，这些费用一般称为控制成本。实施成本控制的目的就是通过切实可行和有效的控制活动，给企业带来较大的经济效益，即控制收益。如果控制收益大于控制成本，则该项控制活动是合算的，因而该项控制活动是必要的。否则，在一般情况下，该项控制活动就是不合算的，也就没有必要进行。

成本效益原则在很大程度上决定了只在重要领域中选择关键因素加以严格控制，而不对所有成本都进行同样周密的控制。

成本效益原则要求贯彻重要性原则。应把注意力集中于重要事项，对成本细微尾数、数额很小的费用项目和无关大局的事项都可以从略。

成本效益原则要求在成本控制中贯彻“例外管理”原则，对正常成本费用支出，可以从简控制，而格外关注各种例外情况。例如，对脱离标准的重大差异展开调查，对超出预算的支出建立审批手续等。

(3) 及时性原则。成本控制的及时性原则是指在成本控制系统中，应能及时揭示成本控制过程中产生的实际与控制标准之间的偏差，并能及时消除偏差，恢复正常，以减少失控期间的损失。

要注重缩短反馈控制的周期，及时提供成本控制的信息。同时要根据成本效益原则，对于一些重要的、金额较大的信息应及时提供；而对于一些金额较小、重要性较低的信息可定期提供。

(4) 适应性原则。企业的生产经营活动是复杂多变的，成本控制的适应性原则是指随着时间的推移和内外部条件的变化，成本控制能适应这种变化，并能在变化的条件下较好地发挥控制作用。

在建立成本控制系统时应综合考虑多种因素，不能顾此失彼。应对外界条件可能发生的变化做出充分的估计。在估计困难时，不但要考虑企业内部的因素，还要考虑企业外部的因素。

(5) 因地因时制宜的原则。成本控制的方法和措施很多，各种方法和措施的适用性也不相同。由于每个企业所在的地理位置、所处的发展阶段以及企业文化、员工素质、组织机构、生产条件、管理水平、产品的特点、管理的要求等都不完全相同，因此，没有一个普遍适用于所有企业的成本控制方法和措施。企业应针对本企业的具体情况选择采取相应的有效措施。

三、成本分析和控制的内容与方法

(一) 成本分析的内容与方法

1. 成本分析的主要内容

成本分析的主要内容包括成本计划完成情况的分析和主要产品单位成本分析等。

(1) 成本计划完成情况的分析。成本计划完成情况的分析，可分别按产品品别分析和按成本项目分析。

①按产品品别分析，是指按每种产品的成本所进行的分析。在按产品品别进行分析时，应计算如下几个指标：全部商品产品成本降低额和降低率，可比产品成本和不可比产品成本降低额和降低率，每种产品成本的降低额和降低率。

②按成本项目分析，是指将按成本项目反映的全部商品产品的实际总成本与按成本项目反映的实际产量计划总成本相比较，计算每个成本项目成本降低额和降低率对总成本的影响。

(2) 主要产品单位成本分析。对全部商品和产品的成本计划完成情况进行总括分析后，还应对主要产品的单位成本进行具体的分析，从而确定成本升降的原因，提出进一步改进的措施。产品单位成本分析一般是先将产品单位成本的实际数与计划等指标进行比较，计算其差异额和差异率，然后在此基础上，分析各主要成本项目产生差异的原因。

2. 成本分析的方法

在进行成本分析中可供选择的技术方法（也称数量分析方法）很多，企业应根据分析的目的、分析对象的特点、掌握的资料等情况确定应采用哪种方法进行成本分析。在实际工作中，通常采用的技术分析方法有对比分析法、因素分析法和相关分析法等几种。

(1) 对比分析法。对比分析法是根据实际成本指标与不同时期的指标进行对比，来揭示差异，分析差异产生原因的一种方法。在对比分析中，可采取实际指标与计划指标对比，本期实际与上期（或上年同期，历史最高水平）实际指标对比，本期实际指标与国内外同类型企业的先进指标对比等形式。

通过对比分析，可大致了解企业成本的升降情况及其发展趋势，查明原因，找出差距，提出进一步改进的措施。在采用对比分析时，应注意本期实际指标与对比指标的可比性，以使比较的结果更能说明问题，揭示的差异才能符合实际。若不可比，则可能使分析的结果不准确，甚至可能得出与实际情况完全不同的相反的结论。在采用对比分析法时，可采取绝对数对比、增减差额对比或相对数对比等多种形式。

(2) 因素分析法。因素分析法是将某一综合性指标分解为各个相互关联的因素，通过测定这些因素对综合性指标差异额的影响程度的一种分析方法。

在成本分析中采用因素分析法，就是将构成成本的各种因素进行分解，测定各个因素变动对成本计划完成情况的影响程度，据此对企业的成本计划执行情况进行评价，并提出进一步改进的措施。

(3) 相关分析法。相关分析法是指在分析某个指标时，将与该指标相关但又不同的指标加以对比，分析其相互关系的一种方法。

企业的经济指标之间存在着相互联系的依存关系，在这些指标体系中，一个指标发生了变化，受其影响的相关指标也会发生变化。例如，将利润指标与产品销售成本相比较，计算出成本利润率指标，可以分析企业成本收益水平的高低。再如，产品产量的变化，会引起成本随之发生相应的变化，利用相关分析法可以找出相关指标之间规律性的联系，从而为企业成本管理服务。

(二) 成本控制的方法

生产过程中的成本控制，就是在产品的制造过程中，对成本形成的各种因素，按照事先拟定的标准严格加以监督，发现偏差就及时采取措施加以纠正，从而使生产过程中各项资源的消耗和费用开支限定在标准规定的范围之内。成本控制的基本工作程序如下。

1. 制定成本标准

成本标准是成本控制的准绳。成本标准首先包括成本计划中规定的各项指标。但成本计划中的一些指标都比较综合，还不能满足具体控制的要求，这就必须规定一系列具体的标准。确定这些标准的方法大致有两种：预算法和定额法。

预算法就是用制定预算的办法来制定控制标准。有的企业基本上是根据季度的生产销售计划来制定较短期的（如月份）费用开支预算，并把它作为成本控制的标准。采用这种方法特别要注意从实际出发来制定预算。

定额法就是建立起定额和费用开支限额，并将这些定额和限额作为控制标准来进行控制。在企业里，凡是能建立定额的地方，都应把定额建立起来，如材料消耗定额、工时定额等。实行定额控制的办法有利于成本控制的具体化和经常化。

2. 监督成本的形成过程

这就是根据控制标准，对成本形成的各个项目，经常地进行检查、评比和监督。不仅要检查指标本身的执行情况，而且要检查和监督影响指标的各项条件，如设备、工艺、工具、工人技术水平、工作环境等。所以，成本日常控制要与生产作业控制等结合起来进行。

成本日常控制主要表现在以下方面。

(1) 材料费用的日常控制。影响材料成本的因素有采购、库存费用、生产消耗、回收利用等，所以控制活动可从采购、库存管理和消耗三个环节着手。

（2）工资费用的日常控制。工资在成本中占有一定的比重，增加工资又被认为是不可逆转的。控制工资与效益同步增长，减小单位产品中工资的比重，对于降低成本有重要意义。控制工资成本的关键在于提高劳动生产率，它与劳动定额、工时消耗、工时利用率、工作效率和工人出勤率等因素有关。

（3）制造费用的日常控制。制造费用开支项目很多，主要包括折旧费、修理费、辅助生产费用和车间管理人员工资等。虽然它在成本中所占比重不大，但因不引人注意，浪费现象十分普遍，是不可忽视的一项内容。

（4）企业管理费控制。企业管理费指为管理和组织生产所发生的各项费用，开支项目非常多，也是成本控制中不可忽视的内容。

上述这些都是绝对量的控制，即在产量固定的假设条件下使各种成本开支得到控制。在现实系统中还要达到控制单位成品成本的目标。

上述各生产费用的日常控制，不仅要有专人负责和监督，而且要使费用发生的执行者实行自我控制，还应当在责任制中加以规定。这样才能调动全体职工的积极性，使成本的日常控制有群众基础。

3. 及时纠正偏差

针对成本差异发生的原因，查明责任者，分清情况，分轻重缓急，提出改进措施，加以贯彻执行。对于重大差异项目的纠正，一般采用下列程序。

（1）提出课题。从各种成本超支的原因中提出降低成本的课题。这些课题首先应当是那些成本降低潜力大、各方关心、可能实行的项目。提出课题的要求，包括课题的目的、内容、理由、根据和预期达到的经济效益。

（2）讨论和决策。课题选定以后，应发动有关部门和人员进行广泛的研究和讨论。对重大课题，可能要提出多种解决方案，然后进行各种方案的对比分析，从中选出最优方案。

（3）确定方案实施的方法步骤以及负责执行的部门和人员。

（4）贯彻执行确定的方案。在执行过程中也要及时加以监督检查。方案实现以后，还要检查方案实现后的经济效益，衡量是否达到了预期的目标。

第四节　财务效果分析

一、财务分析概述

（一）财务分析的概念和作用

财务分析，又称财务效果分析，是以会计核算和报表资料及其他相关资料为依据，采用一系列专门的分析技术和方法，对企业财务状况和经营成果进行分析与评价的经济管理活动。财务分析是为企业的投资者、债权人、经营者及其他关心企业的组织或个人了解企业过去，评价企业现状，预测企业未来，做出正确决策提供准确的信息或依据的经济应用学科。做好财务分析工作具有以下重要意义。

1. 财务分析是评价财务状况、衡量经营业绩的重要依据

通过对企业财务报表等核算资料进行分析，可以了解企业偿债能力、营运能力和盈利能力，便于企业管理当局及其他报表使用人了解企业财务状况和经营成果，并通过分析将影响财务状况和经营成果的主观因素与客观因素、微观因素与宏观因素区分开来，以划清经济责任，合理评价经营者的工作业绩，并据此奖优罚劣，以促使经营者不断改进工作。

2. 财务分析是合理实施投资决策的重要步骤

投资者及潜在投资者是企业外部重要的报表使用人，而企业会计核算和报表资料及其他相关资料的某些局限性，使其必须借助财务分析来评价一个企业，以决定自己的投资方向及投资数额。投资者通过对企业的财务分析，可以决定投资额度，了解利润水平并决定付款条件。

3. 财务分析是挖掘潜力、改进工作、实现理财目标的重要手段

企业理财的根本目标是努力实现企业价值最大化（股东财富最大化），通过财务指标的计算和分析能了解企业的盈利状况和资金周转状况，不断挖掘企业改善财务状况、扩大财务成果的内部潜力，以便从各方面揭露矛盾、找出差距、寻找措施，促进企业生产经营活动，按照企业价值最大化（股东财富最大化）的目标实现良性循环。

（二）财务分析的依据

开展财务分析需要依据一定的财务数据和其他信息，这些数据和信息除了公开披露的财务报表外，还包括财务报表附注、管理层的解释和讨论、审计师意见、其他公告(预警、预亏等)、社会责任报告、媒体和专家评论，以及监管部门处理公告等。由于分析的主体不同，获得信息的具体难度也不尽相同，但分析者应尽可能地收集可能获得的各种信息，防止片面性。

财务报表是财务分析最主要的、最直接的依据。依据财务报表得出有效的分析结论需要具备两个前提条件：一是财务报表具有反馈价值，能够如实反映过去；二是财务报表具有前瞻价值，一贯、稳定，具有可预测性。但财务会计本身存在固有的局限性，财务会计对经营业绩和财务状况的反映是速写，存在着可能偏离实际业绩和状况的因素。这些因素包括：会计准则的统一性限制了企业的个性化报告；管理层有选择会计政策的自由；管理层选择会计估计的可能偏差和误导；交易事项对会计结果的影响可受人为操纵等。影响财务报表质量的因素很多，如会计准则和监管、财务数据估计和预测的准确性、审计的有效性等。

由于以上原因，使得财务报表存在以下三个方面的局限性。

(1) 财务报告没有披露公司的全部信息，管理层拥有更多的信息，得到披露的只是其中的一部分。

(2) 已经披露的财务信息存在会计估计误差，不一定是真实情况的准确计量。

(3) 管理层的各项会计政策选择，使财务报表会扭曲公司的实际情况。

因此，在进行财务分析时要做好以下三个方面的工作。

(1) 全面系统地收集各类信息。

(2) 对有关分析资料要注意口径是否一致，剔除不可比因素。

(3) 从实际出发，坚持实事求是，反对主观臆断。

二、财务分析方法

人们在长期的实践中形成了一整套科学的技术方法，用以揭示财务信息的联系及变动趋势。这些方法主要包括比较分析法和比率分析法。

(一) 比较分析法

比较分析法是将某项财务指标与性质相同的指标标准进行对比，来揭示财务指标的数量关系和数量差异的一种方法。

通过财务指标对比，计算出变动值的大小，是其他分析方法运用的基础，比较后的差异反映差异大小、差异方向和差异性质。比较分析法的重要作用在于揭示财务指标客观存在的差距以及形成这种差距的原因，帮助人们发现问题，挖掘潜力，改进工作。根据分析内容的不同，比较分析法可以单独使用，也可以与其他分析方法结合使用。选择适当的评价标准是比较分析法的重要一环。图 9-2 是揭示比较分析法的基本分析框架。

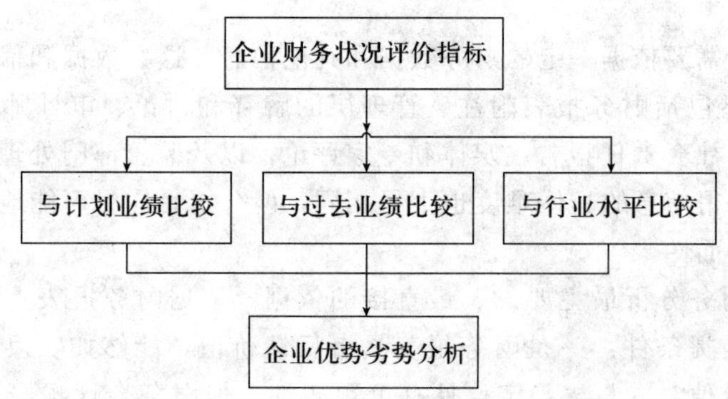

图 9-2 比较分析法的基本分析框架

必须重视的是，比较分析法的运用必须有一个明确的比较标准。关于这个标准，一般有以下不同的分类。

1. 经验标准

经验标准是依据大量且长期的实践经验而形成的财务比率值。

例如，西方国家20世纪70年代的财务实践就形成了流动比率的经验标准为2∶1，速动比率的经验标准为1∶1等。事实上，所有的这些经验标准主要是就制造业企业的平均状况而言的，不是适用于一切领域和一切情况的绝对标准。在具体应用经验标准进行财务分析时，还必须结合一些更为具体的信息。

经验标准并非一般意义上的平均水平。换句话说，财务比率的平均值，并不一定就构成经验标准。一般而言，只有那些既有上限又有下限的财务比率，才可能建立起适当的经验比率。

2. 行业标准

行业标准是以企业所在行业的特定指标作为财务分析对比的标准。

在实际工作中，具体的使用方式有多种。行业标准可以是同行业公认的标准，也可以是同行业先进水平，或者行业财务状况的平均水平。通过与行业标准相比较，可以说明企业在行业中所处的地位和水平，有利于揭示本企业与同行业其他企业的差距，也可用于判断企业的发展趋势。

实务中需要注意的是：同行业内的两个公司并不一定是十分可比的，因多元化经营带来的困难和可能存在的会计差异。还必须注意不同的经济发展时期对行业标准的影响。例如，在经济萧条时期，光明公司的利润率从15%下降为9%，而同期该企业所在行业的平均利润率由12%下降为3%，那么该企业的盈利状况还是相当好的。

3. 预算标准

预算标准主要是指实行预算管理的企业所制定的预算指标。这个标准的优点是符合战略及目标管理的要求，对于新建企业和垄断性企业尤其适用。但该标准也存在相关的不足层面，如外部分析通常无法利用、预算的主观性问题等。

如果企业的实际财务数据与目标相比有差距，应尽快查明原因，采取措施改进，以便不断改善企业的财务管理工作。

4. 历史标准

历史标准是企业过去某一时期（如上年或上年同期）该指标的实际值。

历史标准具体的运用时有多种，可以选择本企业历史最高水平作为标准，也可以选择企业正常经营条件下的业绩水平，或取以往连续多年的平均水平作为标准。在财务分析实践中，还经常与上年实际业绩做比较。

例如，绝对数比较，如光明公司上年产品单位成本10元，本年产品单位成本为9.5元；增减数比较，如光明公司本年成本比上年降低0.5元；指数比较，如光明公司本年成本比上年降低5%。

通过这种比较，可以确定不同时期有关指标的变动情况，了解企业生产经营活动的发展趋势和管理工作的改进情况。采用比较分析法进行财务分析和评价，应注意财务指标与标准的可比性，也就是说，实际财务指标与标准指标的计算口径必须一致，即实际财务指标和标准指标在内容、范围、时间跨度、计算方法等方面必须一致。

（二）比率分析法

比率分析法是将同一期内的彼此存在关联的项目进行比较，得出它们的比率，以说明财务报表所列各有关项目的相互关系，分析评价企业财务状况和经营水平的一种方法。

一般认为，比率分析法与比较分析法相比更具有科学性、可比性，揭示了数据之间的内在联系，同时也克服了绝对值给人们带来的误区，适用于不同经营规模企业之间的对比。财务比率主要有结构比率、效率比率和相关比率三种类型。

1. 结构比率

结构比率主要用于计算部分占总体的比重。其计算公式为：

结构比率 = 某个组成部分数额 / 总体数额

例如：

直接材料费用比率=（直接材料费用/总成本费用）×100％

直接人工费用比率=（直接人工费用/总成本费用）×100％

通过结构比率指标，可以考察总体中某个部分的形成和安排是否合理，从而协调各项财务活动。

2. 效率比率

效率比率用于计算某项经济活动中所费与所得的比例，反映投入与产出的关系。如成本费用利润率、总资产报酬率、净资产收益率等。利用效率比率指标，可以进行得失比较，从而考察经营成果，评价经济效益。

3. 相关比率

相关比率主要是用以计算在部分与整体关系、所费与所得关系之外具有相关关系的两项指标的比率，反映有关经济活动之间的联系。这一类比率包括：反映偿债能力的比率，如流动比率、资产负债率等；反映营运能力的比率，如应收账款周转率、存货周转率等；反映盈利能力的比率，如净资产收益率等。利用相关比率指标，可以考察有关联的相关业务安排是否合理，以保障企业生产经营活动能够顺利进行。

需要说明的是，在财务分析评价中，比率分析法往往与比较分析法结合起来使用，从而更加全面、深入地揭示企业的财务状况、经营成果及其变动趋势。

三、基本的财务比率分析

财务报表中有大量的数据，可以组成许多有意义的财务比率。这些比率涉及企业经营管理的各个方面。这些财务比率大体上可以分为三类：偿债能力比率、资产管理比率和盈利能力比率。

为了便于说明财务比率的计算和分析方法，本章将使用光明股份有限公司（以下简称“光明公司”）的财务报表数据作为举例。该公司的简易资产负债表和利润表见表9-1和表9-2所示（数据均为假设数据，假设依据为计算简便）。

表 9-1　简易资产负债表

编制单位：光明公司　　　　20××年××月××号　　　　单位：万元

资产	年末余额	年初余额	负债及股东权益	年末余额	年初余额
流动资产：			流动负债：		
货币资金	50	25	短期借款	60	45
应收账款	398	199	应付账款	100	109
存货	119	326		…	…
……	…	…	其他流动负债	3	5
其他流动资产	8	0	流动负债合计	300	220
流动资产合计	700	610	非流动负债：		
非流动资产：			长期借款	450	45
长期股权投资	30	0			
固定资产	1 238	955	其他非流动负债	0	15
无形资产	6	8	非流动负债合计	750	580
……	…	…	负债合计	1 050	800
……	…	…	股东权益：		
……	…	…	股本	200	200
其他非流动资产	3	0		…	…
非流动资产合计	1 300	1 070	股东权益合计	950	880
资产总计	2 000	1 680	负债及股东权益总计	2 000	1 680

表 9-2　利润表

编制单位：光明公司　　　　20××年度　　　　单位：万元

项目	本年金额	上年金额
一、营业收入	3 000	2 850
减：营业成本	2 644	2 503
营业税金及附加	28	28
销售费用	22	20
管理费用	46	40
财务费用	110	96
资产减值损失	0	0
加：公允价值变动收益	0	0
投资收益	6	0
二、营业利润	156	163
加：营业外收入	45	72
减：营业外支出	1	0

项目	本年金额	上年金额
三、利润总额	200	235
减：所得税费用	64	75
四、净利润	136	160

（一）偿债能力比率

1. 流动比率

流动比率是全部流动资产与流动负债的比值。其计算公式为：

流动比率 = 流动资产 ÷ 流动负债

根据光明公司的财务报表数据：

本年流动比率＝700÷300＝2.33

上年流动比率＝610÷220＝2.77

流动比率假设全部流动资产都可以用于偿还短期债务，表明每 1 元流动负债有多少流动资产作为偿债的保障。光明公司的流动比率降低了 0.44（2.77－2.33），即为每 1 元流动负债提供的流动资产保障减少了 0.44 元。

流动比率是相对数，排除了企业规模不同的影响，更适合同业比较以及本企业不同历史时期的比较。流动比率的计算简单，应用广泛。

2. 资产负债率

资产负债率是负债总额占资产总额的百分比，其计算公式为：

资产负债率 =（负债 ÷ 资产）× 100％

根据光明公司的财务报表数据：

本年资产负债率＝（1 050÷2 000）×100％＝53％

上年资产负债率＝（800÷1 680）×100％＝48％

资产负债率反映总资产中有多大比例是通过负债取得的。它可以衡量企业在清算时保护债权人利益的程度。资产负债率越低，企业偿债越有保证，贷款越安全。资产负债率还代表企业的举债能力。一个企业的资产负债率越低，举债越容易。如果资产负债率高到一定程度，没有人愿意提供贷款了，则表明企业的举债能力已经用尽。

（二）资产管理比率

资产管理比率是衡量公司资产管理效率的财务比率。常用的有：应收账款周转率、存货周转率、流动资产周转率和总资产周转率等。下面简单介绍两个比率。

1. 存货周转率

存货周转率是营业收入与存货的比值。也有三种计量方式，其计算公式为：

存货周转次数 = 营业收入 ÷ 存货

存货周转天数 = 365 ÷(营业收入 ÷ 存货)

根据光明公司的财务报表数据：

本年存货周转天数＝365÷（3 000/119）＝14.5（天）

上年存货周转天数＝365÷（2 850/326）＝41.8（天）

2. 总资产周转率

总资产周转率是营业收入与总资产之间的比率。

总资产周转次数表示总资产在一年中周转的次数。其计算公式为：

总资产周转次数(率) = 营业收入 ÷ 总资产

根据光明公司的财务报表数据：

本年资产周转次数＝3 000/2 000＝1.5（次）

在营业利率不变的条件下，周转的次数越多，形成的利润越多，所以它可以反映盈利能力。它也可以理解为 1 元资产投资所产生的营业额。产生的营业额越多，说明资产的使用和管理效率越高。习惯上，总资产周转次数又称为总资产周转率。

（三）盈利能力比率

1. 营业利润率

营业利润率是指净利润与营业收入的比率，通常用百分数表示，其计算公式为：

营业利润率 =（净利润 ÷ 营业收入）×100％

根据光明公司的财务报表数据：

本年营业利润率＝（136÷3 000）×100％＝4.533 3％

上年营业利润率＝（160÷2 850）×100％＝5.6140％

变动＝4.533 3％－5.614 0％＝－1.080 7％

“营业收入”是利润表的第一行数字，“净利润”是利润表的最后一行数字，两者相除可以概括企业的全部经营成果。它表明 1 元营业收入与其成本费用之间可以“挤”出来的净利润。该比率越大则企业的盈利能力越强。

2. 资产利润率

资产利润率是指净利润与总资产的比率，它反映公司从 1 元受托资产（不管资金来源）中得到的净利润。其计算公式为：

资产利润率 =（净利润 ÷ 总资产）×100％

根据光明公司的财务报表数据：

本年资产利润率＝（136÷2 000）×100％＝6.800 0％

上年资产利润率＝（160÷1 680）×100％＝9.523 8％

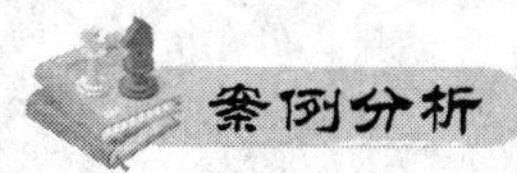

成本分析的意义——惠普优化成本结构的举措

马克·赫德（Mark Hurd）说“我们正在努力使成本结构更低”，说的是他作为CEO加盟惠普第一年所做的一项主要工作。他又说“公司仍然必须削减成本结构，从而更能赢利和增长”，说的是他两年后对惠普的成本结构还不满意。

惠普的竞争对手——联想的高级副总裁兼大中华区总裁陈绍鹏说：“联想的成本结构还不合理。为了提高运营效率，这是联想做出的艰难决定。”他指的是，2007年4月联想宣布的全球裁减1 400名员工。

魏江雷，惠普品牌市场部总监，也谈成本结构。他说，惠普2005年对内部部门重新做了一些整合，优化架构、优化成本结构。

经理人挂在嘴边的成本结构，有两层含义。

其一，是企业经营总成本的构成，以及这些构成部分占总成本的比例。

比如，2006财年，惠普的总成本为850.98亿美元，其构成部分和比例是：产品成本（552.48亿美元，64.92%）、服务成本（139.3亿美元，16.37%）、融资利息（2.49亿美元，0.29%）、研究与开发（35.91亿美元，4.22%）、销售行政及管理费（112.66亿美元，13.24%）、分期偿还所收购的无形资产（6.04亿美元，0.71%）、重组费用（1.58亿美元，0.19%）、补偿给被收购企业的研究开发费（0.52亿美元，0.06%）。

其二，是总成本占销售收入的比例。2006财年，惠普的销售收入为916.58亿美元，这个比例则是92.84%。

成本分析的意义何在？分析成本结构可以帮助经理人看清楚，在他管理的团队、业务、公司中，哪部分花的钱多了，哪部分少了。

如果你是马克·赫德，就需要看一看，产品成本超过了总成本的六成，是不是有点多了？能否提高生产效率，降低产品成本？销售行政及管理费居第三位，是研究开发费的3倍，是不是有点多了？研究开发费是不是有点少了？

成本分析帮助经理人看清楚，实现100块钱（或者1块钱）的销售收入，需要投入多少钱的成本费用。比如惠普每实现100美元的销售收入，就得投入93美元，每1美元销售需要花费93美分来获得。

成本分析帮助经理人看清楚，自己与竞争对手有没有差距，差距在哪里。虽然从销售收入看，惠普2006财年一举超过了它的竞争对手IBM，取代它成为世界上最大的信息技术公司，但是从成本结构看，它与IBM还有一定的差距。

这正是马克·赫德“仍然必须削减成本结构”的原因。

（资料来源：http：//www. docin. com/p—1146730913. html）

案例思考：

1. 成本分析对惠普的意义在哪里？
2. 成本分析应用在不同行业中要注意哪些方面？

第十章　现代企业人力资源管理

学习目标

1. 掌握人力资源、人力资源管理的概念及其职能。
2. 掌握工作分析的步骤方法以及工作说明书的编写。
3. 了解人力资源规划的任务、内容、程序。
4. 掌握人力资源供求预测方法以及综合平衡的方法。
5. 掌握员工招聘测试的主要方法和员工招聘的方式。

第一节　人力资源管理概述

一、人力资源概述

(一) 人力资源的含义

企业的经营管理活动需要投入各种资源。无论是传统的企业资源三分说（劳动力、资金和土地），还是现代企业资源的七分说（人力、金钱、原材料、机器设备、产销方法或技术、时间和信息），都认为人力资源是企业经营管理的一种重要资源。

所谓人力资源，是指包含在人体内的一种劳动能力，它是表现在劳动者身上的、以劳动者的数量和质量表示的资源，是企业经营中最活跃、最积极的生产要素。人的劳动能力包括体能和智能两个方面，体能是指对劳动负荷的承载能力和消除疲劳的能力。由于人体是劳动能力存在的载体，所以人力资源便表现为具有劳动能力的人口。从企业经营管理的角度看，劳动能力可以分为做事能力、影响能力和管理能力。打字、绘图等属于做事能力，每个企业都需要熟练掌握业务技能、胜任工作、拥有高技能的人才。有些人对别人的影响远远大于别人对他的影响，这样的人被称为领导人或领袖，一个企业同样需要具有影响力的领导人物来提高组织的凝聚力和向心力。确定目标、制定政策、设置机构、评价绩效、培养下属等属于管理工作，所有的企业都需要能把企业治理得井然有序的管理人才。而把人作为一种资源就必须注意研究人所具有的主要特征。

（二）人力资源的特点

1. 能动性

人具有思想、感悟和主观能动性。能够积极主动地、有目的地、有意识地认识世界和改造世界。人力资源的能动性，体现为在认识世界、改造世界的过程中人是处于主体地位的。人通过教育和各种培训，努力学习理论知识和实际技能，刻苦锻炼意志和身体，能够提高自己的劳动素质和能力；选择职业时，人作为劳动力的所有者可以自主择业；敬业、爱业、积极工作，创造性地劳动，这是人力资源能动性的最主要方面。

2. 时效性

人在生命周期的不同阶段的体能和智能是不同的，如幼年期、青壮年期、老年期，各阶段的劳动能力有所不同。因而人力资源在各个时期可利用程度也不同，在开发人力资源时要重视其内在的规律性。

3. 智力性

人是科学文化的载体，这是人力资源区别于其他资源的重要特征。人不仅可以利用智力改造世界，而且可以在改造世界的同时增加智慧。人的这种智慧可以传播和积累。

4. 社会性

人类劳动是群体性劳动，员工们置身于企业之中，企业在一定的社会环境下生存和发展。所以，人力资源管理要注意组织文化建设，注重人与人、个体与群体、人与社会的关系及利益的协调与整合。

5. 可变性

人力资源的使用过程体现在人的劳动过程，而人在劳动过程中会因为特定环境、特定情境不同而影响到劳动效果。即使在相同的外部条件下，人力资源作用的发挥也具有一定的可变性，会因为自身心理状态不同创造的价值大小可能也会不同。与此同时，人力资源的生成不是自然而然的过程，组织在与人力资源互动过程之中，组织需要有组织、有计划地培养与开发。

6. 可开发性

20世纪60年代，美国经济学西奥多·舒尔茨（Theodore Schultz）认为迁移、教育和培训是人力资源开发的主要手段，而且人力资源开发具有投入少、产出大的特点。人力资源因其再生性而具有无限开发的潜能和价值，而且人力资源的使用过程就是开发过程，可以连续不断地开发与发展。

（三）人力资源的分类

人力资源可以从不同的角度进行分类。在美国，传统分类法将人力资源分为白领和蓝领两类。白领包括专业技术人员、经理和行政人员、销售人员和职员；蓝领包括技工、操作工、非农业劳动力、服务业工人、农业工人。新的分类法将人力资源分为行政长官、经理及行政管理人员、专业人员、职员、熟练工人及技工、非熟练工及半熟练工。

在我国，现行的统计将企业员工分为六类：工人、学徒、工程技术人员、管理人员、服务人员、其他人员。

(四) 人力资源的重要性

企业经营所需要的资源可以分为人力资源和物力资源两大类。从经济学的观点来看，人力资源在社会经济发展过程中处于第一资源的重要地位。下面用公式来进一步说明这一观点：

$$产出=f（资本，劳动量）$$

式中，f 为生产函数。

广而言之，资本包括物力资本（机器、厂房、设备等）与一切应用于生产的有形自然资源（矿藏、水利等）；劳动量包括所有投入生产的技术、专业、行政管理等人力资源。人力在经济活动中占有两个地位：其一就是直接供应劳动力；其二就是决定生产函数 f 的形态，使得能以最佳组合运用一切有形和无形的资本与资源，发挥最高效率，获得最适当的产出。前者重量，后者重质。

美国经济学家西奥多·舒尔茨（Theodore W. Schultz）在20世纪50年代创建的人力资本理论认为，要促进经济持续增长，就要确定物力资本和人力资本的最佳投资比例。物力资本和人力资本虽然都是生产性投资，相比之下，人力资本却显得更为重要，在社会经济发展的过程中，如果没有一定质量和数量的劳动者，物力投资再多，技术水平再高也无济于事。

二、人力资源管理

(一) 人力资源管理的兴起

人力资源管理的概念是在20世纪60年代开始形成并逐步被人们广泛接受的。它的产生主要是随着市场由卖方市场向买方市场过渡，企业经营管理活动逐渐发展为以销售为中心，于是企业里懂营销的人员在企业生存和发展过程中就越来越重要，使人在企业中的作用突现出来。特别是20世纪80年代以后，科学技术日新月异，各种文化相互渗透、相互融合，市场竞争日益白热化，不少企业被淘汰。在全球的竞争条件下，企业生存和发展的决定因素是人，未来只属于那些能够把握变革的管理者，而要把握变革，管理者就必须能调动员工的积极性，让员工把公司当成自己的企业一样来干。于是，西方人本主义管理的理念与模式逐步凸显起来。所谓人本主义管理就是以人为中心的管理。人力资源被视为组织的首要资源，人力资源管理在现代企业盛行起来。

(二) 人力资源管理的概念

人力资源管理是指一定管理主体为了实现组织的战略目标，利用现代科学技术和管理理论，对不断获得的人力资源所进行的整合、奖酬、调控、开发诸环节的总和。其结果，能提高组织的生产率和竞争力，同时，也能提高员工的工作、生活质量和增加工作满意感。主要可以从以下几个方面去理解：

(1) 人力资源管理是指为了完成管理工作中涉及人或人事方面的任务所需要掌握的各种概念和技术。它包括：工作分析；制订人力需求计划并开展人员招聘工作；对求职者进行甄选；引导并培训新员工；工资、奖金管理；福利的提供；工作绩效评价；沟通；培训与开发；培育员工的献身精神。

(2) 人力资源的开发与管理是指运用现代化的科学方法，对与一定物力相结合的人力进行合理的培训、组织与调配，使人力、物力经常保持最佳比例，同时对人的思想、心理和行为进行恰当的诱导、控制和协调，充分发挥人的主观能动性，使人尽其才，事得其人，人事相宜，以实现组织的目标。

(3) 人力资源管理是组织在充分了解组织内人力资源动机的基础之上，利用合适的激励手段和方法激发出组织需要的人力资源动机，以满足人力资源动机为目的，对人力资源的行为进行改进和调整，在提高员工工作满意度的同时，达成组织目标的过程。

(4) 人力资源管理研究人、事（岗位和工作）、人之间的关系、事之间的关系，以及人和事的结合。

(三) 人力资源管理的基本职能

人力资源管理的目的是有效地运用人力资源实现企业的目标。由这个目的衍生出人力资源管理的五项职能：

(1) 获取。包括人力资源规划、员工招聘。

(2) 整合。这是使员工之间和睦相处、协调共事、取得群体认同的过程，是员工融入组织，使个人认知与组织理念、个人行为与组织规范的同化过程。

(3) 奖酬。一个经过认真考虑和精心设计的奖酬系统，会根据员工在实现企业目标过程中做出的贡献给予适当的、公平的奖酬，公平合理的奖酬又反过来激励员工为企业做出更大的贡献。包括薪酬管理、福利管理和激励计划等。

(4) 调控。包括员工绩效考核与素质评估，在此基础上决定员工的晋升、调动、奖惩、离退、解雇等，对员工实行公平的动态管理。

(5) 开发。包括员工培训、职业生涯设计。

第二节 工作分析

一、工作分析概述

在进行工作分析之前，有必要先明确“任务”“职责”“职位”“职务”“职业”等人力资源管理中常用的专业术语。

(1) 任务是指为达到某一具体目的所进行的一项活动，如打印一份文件。

(2) 职责是指由一个人承担的一项或多项任务组成的活动，如打字员的职责包括打字、校对、机器维修等任务。

(3) 职位是指一个人承担的一项或一组职责，如企业的财务部门设置财务总监、主办会计、出纳等职位。在组织中职位的数量，通常也称为编制，与成员的数量相等，有多少职位就有多少人。

(4) 职务是指一组主要职责相似的职位，即同类职位的集合。根据组织规模和工作性质的要求，可以一职务一职位，也可以一职务多职位，如总经理是一职一位，生产调度员可以是一职多位。

(5) 职业是指个人服务社会，并作为主要生活来源的工作。

所谓工作分析就是对组织中某个特定工作职位的目的、任务或职责、权力、隶属关系、工作条件、任职资格等相关相信进行收集与分析，以便对职位的工作做出明确的规定，并确定完成该工作所需要的行为、条件、人员的过程。

工作分析是人力资源规划的基础，它提供的信息有助于企业招聘合格的员工；有助于确定员工的绩效考核标准；有助于确定实现公平报酬；有助于加强对员工的技能培训；确保所有的工作职责都落实到人。

二、工作分析的步骤与方法

(一) 工作分析的步骤

企业在进行工作分析时必须确定收集什么信息，如何收集信息，怎样整理、分析所收集的信息，最后将信息做成文件。为此，应当按照以下步骤进行。

(1) 成立工作分析小组。企业可以组成由外聘专家、内部主管及工作人员参加的工作小组，编制工作计划，确定工作分析信息的用途，制订调查方案。

(2) 收集与工作有关的背景资料。背景资料包括企业组织机构图、管理系统图及企业进行 ISO 9000 质量体系认证等资料。收集企业这方面的资料主要用于了解各个部门的岗位以及各岗位上的人数和大致的工作职责。

(3) 收集工作分析的信息。这是为正确编写工作说明书提供依据。为达此目的，需要使用下面介绍的工作分析方法。

(4) 整理、分析所收集到的工作信息。这些工作包括：仔细审核、整理获得的各种信息；创造性地分析、发现有关工作和工作人员的关键成分；归纳、总结出工作的必需材料和要素。

(5) 编写工作说明书和工作规范。工作说明书是对有关工作职责、工作活动、工作条件、已有工作环境等工作特性方面的信息所进行的书面描述。工作规范则是全面反映工作对企业人员的品质、特点、技能及工作背景等方面要求的书面文件。工作说明书和工作规范可分为两份文件来写，也可以合并在一份工作说明书之中。

(二) 工作分析的方法

1. 资料分析法

为了降低工作分析的成本，应当尽可能利用现有资料，如企业进行 ISO 9002 质量体系认证的材料、企业组织机构图、企业岗位责任制和工资制度等方面的一些资料。这样就能对每项工作的任务、责任、权力、工作负荷、任职资格等有一个大致的了解，为进一步调查奠定基础。

2. 问卷调查法

问卷调查法是获取工作信息的一种比较好的方法，经过精心设计的调查问卷可以获得大量关于工作分析的信息。

问卷调查法的优点是：调查面广；成本低、速度快；规范化、数据化。其缺点就是问卷设计较费时、费力。

3. 访谈法

在收集工作分析信息进行访谈时，可采用三种方式：

(1) 对员工进行个人访谈。

(2) 对同工种员工进行群体访谈。

(3) 对管理层进行访谈。

访谈时可拟订一份具有指导性的提纲，围绕工作目标、工作内容、工作性质与范围和所负责任等内容进行。

4. 观察法

这是指在工作现场运用感觉器官或其他工具，观察员工的工作过程、行为、内容、特点、性质、工具、环境等并用文字或图表形式记录下来，然后进行分析与归纳总结。观察法适用于标准化的，以体力活动为主的工作。

5. 现场工作日记法

这种方法要求员工每天记现场工作日记，将自己所从事的每一项活动按照时间顺序以日记的形式记录下来，这样就可以提供一个比较完整的工作图景。

上述方法都是收集工作分析信息最为常用的方法，而且在实际工作中，通常是结合在一起使用的。

三、工作说明书和工作规范的编写

工作说明书是关于员工实际在做什么、如何做，以及在什么条件下做的一种书面文件。工作规范是说明了员工为了圆满完成工作所必须具备的知识、技能和能力等。它们的编写并没有一个标准化的模式，一般包括以下内容：

(1) 工作标识：主要包括工作名称、隶属部门、工作编号和编写日期等。

(2) 工作综述：描述工作的总体性质。

(3) 工作职责与任务：它是关于工作责任和各种任务的详细罗列。

(4) 工作权限：指界定工作承担者的权限范围，包括决策的权限、对其他人实施监督的权限、对下属的任用权限，以及经费预算的权限等。

(5) 工作的绩效标准：说明企业期望员工在执行工作说明书中的每一项任务时所应达到的标准。

(6) 工作联系：说明工作承担者与组织内外的其他人之间的联系。

(7) 工作环境：指工作场所的物质条件，包括噪声水平、危害程度等。

(8) 工作规范：这是根据工作内容拟订的最低要求的任职资格，主要包括教育、工作经验、技能、生理、性格等方面的要求。可以作为工作说明书的一个附录，也可以是单独的一份文件。

关于工作说明书和工作规范每家企业都可以有不同的写法，例如，企业规模不同，详尽简略也不相同。但是，一般说来工作标识、工作综述，工作职责都是应该包括的。编写时，企业也可以参考一些标准化的工作说明，如《中华人民共和国职业分类大典》，这是由劳动和社会保障部、国家质量技术监督局和国家统计局编制并颁布的，对每一职业类别的工作内容都有界定，可供参考。

第三节 人力资源规划

人力资源规划是预测企业未来的人才需求情况，并通过相应计划的制订和实施使供求关系协调平衡的过程。人力资源管理部门可根据此过程所获得的数据资料制定相应的政策，从而保证未来人力资源的数量和质量。

一、人力资源规划的任务

(1) 根据企业总的整体战略发展规划和中长期经营计划，研究市场变化趋势，确定企业各层次人力需求。

(2) 研究未来企业组织变革的可能性，确定由于机械设备的变更、企业活动范围的扩大而导致组织原则与形态的变更，进而推定未来的人力需求的变动情形。

(3) 分析现有人力的素质、年龄结构与性别结构、变动率及缺勤率、工作情绪的消长趋势等状况，决定完成各项生产经营工作所需的各种类别和等级的人力。

(4) 研究分析就业市场的人力供需状况，确定可以从社会人力供给中直接获得到的或者须与教育及培训机构合作预先为之培养的各种类别和等级的人力。

(5) 使人力资源规划体系中的各项具体的计划保持平衡，并使之与企业的发展规划和经营计划能够相互衔接。

二、人力资源规划的内容

人力资源规划的内容包括总体规划和各项业务计划。

人力资源的总体规划是有关计划期内人力资源开发利用的总目标、总政策、总体实施步骤及总预算的安排，而人力资源规划所属的业务计划包括人员补充计划、人员使用计划、人才接替及提升计划、教育培训计划、评价及激励计划、劳动关系计划、退休解聘计划等。每一项具体业务计划也都由目标、政策、步骤及预算等。

三、人力资源规划的程序

人力资源规划工作一般分为六个步骤。

(1) 企业的战略决策分析：包括对不同的产品组合、市场组合、竞争重点、经营区域、生产技术组织条件、生产规模等对人力需求的不同要求的分析。

(2) 企业的经营环境分析：主要是对构成外部人力供给的多种制约因素，诸如人口、交通、文化教育、法律、人力竞争、择业期望等因素的分析。

(3) 企业现有人力资源的状况分析：主要包括对企业现有的人力数量、分布、利用及潜力状况、流动比率等进行统计。

(4) 人力资源供求预测：包括对各种人力的需求预测、企业内部人力供给和外部供给的预测、供求之间的差异分析等。

(5) 总体规划和所属各项业务计划的制订及平衡：这是企业人力资源开发与管理的行动纲领。

(6) 计划的实施和控制：主要是指在计划的执行过程中，进行动态的监督、分析和调整。

四、人力资源供求预测

人力资源供求预测是从企业发展战略目标出发，在调查人力资源现状的基础上，根据国内外环境发展的趋势和可能提供的条件，对未来人力资源的供求状况做出的一种估计，这一估计确定了企业未来所需的人力数量、质量、规格，以及如何优化配置。因此，这是人力资源规划中技术性较强的关键性工作。

（一）人力资源需求预测

1. 人力资源需求预测的内容

（1）人力需求量预测主要是根据企业的内外环境和发展战略，预测计划期内所需要的人力数量。

（2）人力资源环境预测主要包括：①社会经济发展（产业结构、行业结构及整个社会结构的变化）预测；②科技发展（新技术、新工艺、新材料、新设备的发展趋势）预测；③社会发展（人口、教育、生态、社会基础结构的变化）预测；④企业发展预测等。

（3）人力合理结构预测由以下部分组成：①专业结构预测、学历结构预测；②年龄结构预测、职称结构预测等部分组成。

基本要求是确定企业人力合理的比例结构，实现人力群体的最佳功能。

（4）人力减员量预测和补充量预测主要是推断在计划期内企业的自然减员、调出和内部晋升的数量，可能得到的人力补充量。

2. 人力资源需求预测的方法

预测的方法可分为两部分。

（1）总量预测：根据企业经营规模及技术进步对总的人力需求进行预测。方法有生产函数预测法、统计推断法等。

（2）分类预测：即按不同类别或不同部门分别预测，然后再汇总。方法有定额法、任务分析法、经验比例法等。

（二）人力资源供给预测

人力资源供给预测主要是对企业在未来发展的过程中各类人力余缺状况的一种估计，是制订人力资源规划的重要内容之一。它包括内部、外部两个方面。

1. 企业内部人力供给预测

人力资源供给预测应首先从内部开始，最常用的方法有马尔可夫模型和人员接替模型。

2. 企业外部人力供给预测

影响企业外部人力供给状况的因素很多，如人口和体制背景、教育状况、国家就业政策和分配政策、用人单位竞争状况、就业者的心理和价值取向等，预测时要充分考虑这些因素的影响，深入劳动力市场和人才市场进行调查研究。预测的方法应以定性方法与定量方法相结合，才能收到较好的预测效果。常用的方法有德尔菲法、时间序列预测法、因果预测法等。

五、人力资源规划的综合平衡

（一）人力的供求平衡

人力供给与人力需求可能出现如下的不平衡：人力不足或人力过剩；两者兼而有之的结构性失衡，即某些类别的人力不足，而某类别的人力过剩。

在进行人力的供求平衡时，常常可以采取如下做法：如人员不足，首先在企业内部调剂、提拔；其次可以考虑外部招聘。同时可以采取调整晋升政策、培训开发、职位轮换、任务转包、招聘临时工、加速自动化等一系列措施。在人力过剩时，则可组织转岗培训、缩短工作时间、辞退临时工、实行提前退休、开办三产等，利用多种渠道妥善安置员工。

（二）总体规划与各项具体计划之间的平衡

人力资源规划的总目标是通过执行各项具体计划实现的，因此应当将总目标分解为各项具体计划的分目标，并制定相应的政策，规定具体的措施和步骤。在实际操作过程中，坚决贯彻局部服从整体的原则，保证系统的整体优化。

同时，各项具体计划之间也应注意相互平衡协调，例如，人员培训计划与工资报酬计划之间、晋升计划与工资报酬计划之间、人员招聘计划与退休解聘计划之间等，都必须相互协调配套。

第四节　员工招聘

员工招聘是指企业寻找、吸收那些有能力、又有兴趣到本企业任职人员的过程。招聘人员的过程受企业环境因素的制约。进入21世纪，企业面对的是更加复杂多变的国内国际环境，面向竞争更加激烈的市场，如国际经济一体化，跨越国界的区域性经济合作，企业经营多角化，新科学新技术日新月异，世界日益信息化，等等。因此，能招聘到所需的高质量的人才，意义十分重大，关系到整个员工队伍的素质，直接影响到生产经营活动的成败。

一、人员招聘的原则

（一）计划性原则

对于新建的企业，按照国家法令、法规和政策，根据企业不同阶段对人力的需求，制订分阶段的人员招聘计划；对于已投人正常运行的企业，为了应付解决随人事变化、生产经营变化，甚至行业变化而来的人员短缺问题，也必须制订人力需求计划来指导员工招聘工作。如果企业的人力资源管理部门只采取紧急招聘的无计划的短期行为来满足企业对人力的需求，那将会使企业的人员招聘工作陷入不断应付的被动局面，无法满足企业发展对人力资源的需求。

（二）公正性原则

企业在招聘过程中应采取一视同仁、任人唯贤、择优录用的态度，使应聘人员有平等的竞争机会，否则，不仅会影响录用人员素质及日后绩效，而且严重损害企业形象，不利于企业发展。

（三）科学性原则

制定科学的岗位用人标准和规范，作为企业考核选拔人员的客观依据；形成一套科学的考核方法体系，保证招聘工作的公正性；制定出一套科学而实用的操作程序，使招聘工作有条不紊地进行，提高工作效率。

（四）能级对应原则

人员招聘是组织为了甄别并选择适合特定岗位、职能、职责的人员的管理活动，由于不同的工作岗位会要求特定人力资源的知识、技能、能力，而人力资源的个异性决定了人力资源群体的能级高低，为了保证组织目标的顺利达成，组织的岗位与人力资源素质必须能级结构相适应和协调。

二、人员招聘的程序

根据人员选聘的上述基本原则，应当严格按一定的程序实施招聘选拔工作。

（1）对招聘的人员将要从事的工作进行分析，即进行岗位分析和岗位评价，以确定所招聘人员必须具备的条件。

（2）由企业的人力资源管理部门提出招聘计划的报告。

（3）由企业的人力资源管理部门公布招聘简章，其内容包括招聘的范围、对象、工种、条件、数量、性别比例、待遇和方法等。

（4）根据自愿的原则，在划定的范围内接受招聘对象报名。

（5）员工甄选管理。甄选是人员招聘中关键的一个环节，甄选质量的高低直接决定选出来的应聘者是否能达到企业的要求；甄选也是技术性最强的一个环节，甄选的最终目的是通过笔试、结构化面试、无领导小组讨论等考核方式，对应聘人员素质进行综合测评，将不符合要求的应聘者淘汰，挑选出符合要求的应聘者供企业进一步筛选。

（6）对考试合格的人员进行体检。

（7）连同考试材料、体检表、本人档案，以及本人提交的其他有关材料一并报送企业人事主管。

（8）批准录用后，发录用通知书，签订劳动合同。

三、测试、选拔与录用

（一）员工招聘测试方法

常用的员工招聘测试方法有：笔试、面试、心理测试、情景模拟等。

（1）笔试是指通过纸笔测验的形式对被试者的知识广度、知识深度和知识结构进行考查的一种方法。这种方法可以有效地测验应聘者的基本知识、专业知识、管理知识、相关知识，以及综合分析、文字表达等方面的能力。通常，笔试合格者才能取得面试和下一轮测试的资格。

（2）面试是一种要求被试者用口头语言回答问题，以便了解被试者心理素质和潜在能力的测试方法。面试的重点内容包括：仪表风度、专业知识与特长、工作经验、求职动机、人际交往与沟通技巧、应变能力、分析判断能力、个人兴趣与爱好、与职位的匹配性等。面试可以面对面地观察和了解应聘者，一些小企业就此可以做出是否录用的决策。

（3）心理测试。主要包括：职业能力倾向性测试、个性测试、价值观测试、职业兴趣测试、智商测试、情商测试等。心理测试在国外应用广泛，国内的一些企事业单位在选拔高级管理人员时也开始采用。这里仅介绍一下情商测试。情商，即情绪智商，是 20 世纪 90 年代由美国心理学家提出的新概念。他们经研究发现，人的情商对成功起到了关键性的作用。情商包含了五个方面的内容：①自我意识，即认识自身的情绪；②控制情绪，即妥善管理情绪；③自我激励；④认知他人的情绪；⑤人际交往技巧。

（4）情景模拟是指根据被试者可能承担的任务，编制一套与该职位实际情况相似的测试项目，将被试者安排在模拟的、逼真的工作环境中，要求被试者处理可能出现的各种问题，用多种方法来测试其心理素质、潜在能力的一系列方法。主要形式有公文处理、角色扮演、管理游戏、无领导小组讨论和即席发言等。

（二）员工选拔

员工选拔就是从应聘者中选出企业需要的人的过程。由于这一步将直接决定最后所录用的人，因而是招聘过程中最关键的一步，也是技术性最强的一步，在这一过程中需要运用多种上述提到的测试方法。

（三）员工的录用

员工的录用过程主要包括：试用合同的签订，员工的初始安排、试用、正式录用。

四、员工招聘的方法

招聘即是指安置、确定和吸引有能力的申请者的活动过程。招聘分为企业内部招聘和外部招聘。

（一）内部招聘

内部招聘包括内部晋升和内部转岗聘任。内部晋升是指当企业内部的管理岗位出现空缺后，从内部提拔（晋升）一些合适的人员来填补职位空缺。这是企业常用的方法。这种提拔建立在比较了解的基础上，往往更注重员工的能力，而不是学历。内部晋升给员工提供了发展的机会，能培养员工的奉献精神，对增强企业的凝聚力非常有利。但由于选择的范围小，特别是那些规模较小的企业，可能选不到合适的人员到需要的岗位上。内部转岗聘任是指当企业内部出现职位空缺后，企业从内部从事其他岗位工作的员工中选择合适的人员来填补该空缺职位。企业进行内部转岗聘任时，所聘任员工的职务级别没有变化，只是工作岗位发生了变化。企业内部招聘主要是指内部晋升。内部招聘并不能真正解决企业人力资源短缺的状况。

内部晋升的优点是：

(1) 让员工看到努力工作，踏踏实实干，不断提高能力，就有提升的机会，可以使个人目标和组织目标结合起来。

(2) 已经在企业工作一段时间的人被提拔起来后，更不容易辞职，能成为企业留得住的人才。

(3) 熟悉本企业的情况，能迅速进入角色，担负起责任，减少培训费用等。

内部晋升的缺点是人员选择范围比较小，往往很难找到合适的人。

（二）外部招聘

企业员工需要经常不断地从外部招聘，特别是当企业处于高速成长期时，或需要大量用人之际。企业外部招聘常用的方法有：

(1) 广告招聘。广告招聘通过在媒体刊登招聘启事向公众发送公司的就业需求信息。这是最常用的一种招聘方法。

(2) 招聘会。这是为用人单位的招聘人员和求职者而设计的现场招聘活动，是一种用来吸引大量求职者来应聘的招聘方法。这种招聘方法的最大好处是可以在短时间内见到大量的求职者。招聘会的举办单位有政府、学校、职业介绍机构、商会等。

(3) 校园招聘。校园招聘指由企业派人到学校招聘毕业生中的求职者。最常见、最节省的校园招聘方法是派人到学校开设就业讲座，介绍企业的情况和政策，让学生对企业有更多的了解，吸引学生到企业来招聘。

(4) 实习。这是一种特殊的招聘形式，它是指企业给学生安置一个临时性的工作，但不必承担永久聘用学生的义务，学生毕业后也不必接受企业的固定职位。例如，旅游景点的导游可以用旅游学校的学生，经常轮换。

(5) 中介公司。这是专门为企业招聘中高层经理人才和高级专业技术人才的职业介绍机构。企业通过中介公司招聘时，应向中介公司支付费用。

(6) 网上招聘。即通过国内外知名的人才网站进行招聘。

第五节 人力资源开发

人力资源开发是指发现、发展和充分利用人的创造力，以提高企业劳动生产率和经济效益的活动。人力资源开发的成功与否直接影响到企业总目标的实现。

一、人力资源开发的基本途径

人力资源开发的基本途径是从劳动生产力函数引申出来的。劳动生产力函数的表达式为：

$$F_0 = f\ (N,\ Q,\ M,\ B)$$

式中，F_0 是指企业的劳动生产力；N 是指企业内人员数量；Q 是指企业内人员素质水平；M 是指企业激励程度；B 是指企业协调状况；f 是指劳动生产力函数。

人力资源开发的目标在于最大限度地提高 F_0。从这个函数可以导出人力资源开发的四个基本途径。

（一）人力投入

人力投入是指选择适量并满足需要的人力资源，投入到企业的生产经营活动中去。

劳动生产力与人力投入数量的关系如图 10-1 所示。在曲线 abcd 的 ab 段，随着人力投入的增加，企业劳动生产力呈上升趋势；在 bc 段，企业的劳动生产力达到最高水平；在 cd 段，劳动生产力又开始下降，主要原因是人力投入越多，管理成本越高，企业组织的灵活性下降。最佳的人力数量区域与行业有关。

投入适量人力，以达到最佳规模经济效益，是人力资源开发的第一个途径，但其前提是必须有事可做，不能无目的地投入，另外还必须有相应的资金保证，使人均技术装备水平达到一定程度。各企业要根据自身条件及特点来选择适量的人力。

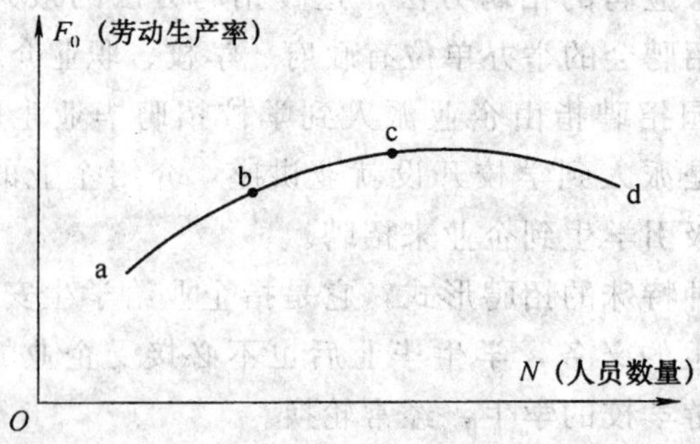

图 10-1 劳动生产力与人力投入数量

(二) 人力配置

人力配置是将投入的人力安排到企业中最需要又最能发挥其才干的岗位上，以保持生产系统的协调。

系统的生产力，不是每个人生产力的简单相加，在很大程度上取决于人们的结合状况，即协调状况。一个劳动者在不同的生产领域中有不同的边际产出。合理配置人力，就是调整和优化企业的劳动组合，使生产经营各环节人力均衡，使人岗匹配，有利于每个人作用的充分发挥。这是人力资源开发的极其重要的途径之一。

(三) 人力发展

人力发展是指通过教育培训，提高劳动者素质。

早在 20 世纪 60 年代，据美国经济学家舒尔茨统计，美国 1900—1957 年物质资本投资增加 4.5 倍，产生的利润为 3.5 倍；教育投资增加 8.5 倍，产生的利润达 17.5 倍。可见，人力投资效益大大高于物质方面投资的效益。

教育经济学的研究成果表明：如与文盲相比，一个具有小学文化程度的劳动者，可提高劳动生产率 43%；中学文化程度的可提高 108%；大专以上文化程度的可提高 300%。

可见，人力发展是最有效的人力资源开发的途径。从宏观上，应大力发展教育，提高全民族素质。从微观上，企业应重视员工培训，舍得智力投资，有了高素质的员工，就有了强大的竞争力，有了发展的基础。

(四) 人员激励

人员激励是指激发人的热情，调动人的积极性，使其潜在的能力充分发挥出来。企业激励水平越高，员工积极性越高，企业的劳动生产力也就越高。劳动生产力开始随激励水平的提高迅速上升，但到一定程度后，逐渐减缓增长，直至趋于某一水平，这是因为人的精力有限。应当说明的是，劳动者素质越高，激励效果越好。对一个文化程度很低的劳动者来说，激励的极限是以体力为限；而知识和技能较高的劳动者，当积极性充分调动起来时，可以发明创造，激励效果就非常之大了。由此可见，人员激励也是人力资源开发的重要途径之一。

以上人力资源开发的四条途径虽然性质不同，但紧密相连，缺一不可。从这几个方面入手，就能保证企业内的人员数量合理，配置优化，整体素质提高，最大限度地发挥人力资源的作用。

二、人员激励

激励，从管理学角度来说，就是激励热情，调动人的积极性。人的潜在能力是否能得到发挥，工作是否有成效，不仅取决于使用配置的客观情况是否合理，更重要的是要受到人的主观积极性的影响。影响个人（或集体）的工作成效的因素主要有三个：

个人（或集体）的能力、个人（或集体）的积极性、所处的环境条件。实践证明，通过科学的激励方法提高人的主观积极性，能把人的潜在能力充分发挥出来，大大提高生产力。

（一）现代人员激励理论

近半个世纪以来，西方管理学家、心理学家和社会学家们，在动机激发模式的基础上，从不同的角度研究了怎样激励人的问题，提出了许多人员激励理论。这些理论大致可以分为三类：内容型激励理论、过程型激励理论和行为改造型激励理论。

1. 内容型激励理论

该理论着重研究激发动机的因素，认为人的劳动行为是有动机的，而动机的产生是为了满足人的某种需要。人的需要包括自然需要和社会需要两个方面。人的自然需要靠外存的物质生活资料去满足，人的社会需要则要通过社会或他人对自己的评价和从工作成就中去满足。因此，适当的物质和精神激励，可以激发人的劳动动机，促使人通过劳动来满足各方面的需要。由于该理论的内容是围绕着如何满足需要进行研究的，所以又称为需要理论。内容型激励理论主要包括马斯洛的“需要层次理论”、赫茨伯格的“双因素理论”、麦克利兰的“激励需求论”等。

2. 过程型激励理论

该理论着重研究从动机的产生到具体采取行为的心理过程，试图弄清人对付出劳动、功效要求和奖酬价值的认识，以达到激励的目的。其观点是，当人们有需要，又有实现目标的可能时，其积极性才能高，激励水平取决于期望值和效价的乘积；人的工作动机，不仅受其所得绝对奖酬的影响，而且受相对奖酬的影响。这类理论主要包括：弗鲁姆的“期望理论”和亚当斯的“公平理论”等。

3. 行为改造型激励理论

该理论以操作性条件反射论为基础，着眼于行为的结果。认为当行为的结果有利于个人时，行为会重复出现；反之，行为则会削弱或消退。研究的目的是为了改造和修正行为。这类理论主要包括斯金纳的“强化理论”、凯利的“归因论”等。

学习和借鉴这些理论，对领会激励的深刻内涵，形成人员激励的机制，正确运用科学的激励方法，做好人员激励工作，具有很大的现实意义。

（二）激励的途径和手段

在管理实践中，激励的手段主要有物质激励和精神激励两种。

1. 物质激励

常用的物质激励形式主要是工资、奖金和福利等。

工资是员工定额劳动的报酬，奖金是员工超额劳动的报酬。这两部分对于员工劳动行为的激励作用都不可忽视。从能力的角度看，取得工资说明员工具备担任目前岗位职务的能力，取得奖金意味着具有超过担任目前工作的能力。由于它们决定着人们基本需要的满足状况，同时由于它们影响到对自己能力的评价，所以它们又在一定程度上影响到人的精神需要的满足状况，如社会交往、文化娱乐、继续教育，甚至社会地位等。

除了工资和奖金，福利也是一个较重要的激励手段。福利问题解决不好，往往直接给员工造成家庭负担过重和后顾之忧，导致员工不能安心工作。

在我国目前的经济和生活水平状况下，物质激励仍然是最基本、也是最有效的激励手段。然而，知道物质激励的作用，并不说明就能达到激励的效果。科学、公正、合理的工资和奖金分配制度、福利制度等是达到有效激励的基础，这就要求人力资源管理部门制定公平合理的、客观的劳动成果评价标准，在真正体现按劳分配的基础上，才能激发员工的积极性和竞争意识，取得良好的激励效果。

2. 精神激励

精神激励的主要形式包括表彰与批评、吸引员工参与管理和满足员工的成就感等。精神激励的内容十分丰富，常用的有以下几种。

(1) 目标激励：把员工个人的目标与组织的目标协调一致，通过目标激励可以使员工的自身利益与组织的集体利益相吻合，也可以使员工看到自身的价值，感到有奔头，获得一种满足感。

(2) 荣誉激励：对员工的成绩公开承认，并授予象征荣誉的奖品、光荣称号等，可以满足员工的自尊需要及成就感，达到激励的目的。

(3) 培训激励：通过培训可以提高员工达到目标的能力，使员工感到组织对他的重视，既满足了员工求知的需要，又调动了工作积极性。

(4) 晋升激励：通过提升员工到更重要的岗位上，给员工以希望，满足自我实现的需要。

(5) 参与激励：通过制度和措施，使员工在企业的重大决策和管理事务中发挥作用，培养员工的参与意识，激发他们的工作动机。

(6) 环境激励：创造一个良好的环境，即优美的工作与生活的物质环境、良好的上下级关系和融洽的同事之间的关系，从而使员工心情舒畅、精神饱满地工作。

物质激励和精神激励都必须特别注意：两者必须有机地结合起来，在不同的历史阶段、不同的环境条件下，采取恰当的“激励组合”；两者都以激发员工的劳动积极性为目的，就必须通过人事考核、绩效考核等科学的方法，客观评价人的行为表现和工作成果，才能收到实效。

三、员工培训

(一) 人员培训

在科学技术迅猛发展的今天，知识更新加快，因此，要不断提高员工队伍素质，以适应现代生产技术对人力资源水平不断提高的要求，企业员工素质的提高。一方面取决于个人努力，在工作中具有钻研和探索精神；另一方面需要组织实施有计划、有步骤的培训。因此，员工培训是人力资源管理的重要内容。企业开展员工培训应遵循以下原则：

（1）知识技能培训与企业文化培训兼顾的原则。既要给员工传授其完成本职工作所必需的基本技能，又要有企业目标、企业精神、企业制度等企业文化方面的培训。

（2）全员培训和管理层培训相结合原则。全员培训是有计划、有步骤地对在职人员进行培训，目的是提高全员素质。管理层培训对企业的兴衰成败，对提高企业核心竞争力有重大的影响。

（3）考核和择优奖励原则。考核是保证培训质量的必要措施，受训人员的积极性、考核成绩可记入档案，与今后的奖励、晋升挂钩。

（二）人员培训的内容

人员培训的内容包括思想政治教育、基础文化知识教育、技术业务培训、管理知识培训、法律政策及制度培训等方面。

（1）思想政治教育包括政治观教育，如爱祖国、爱企业的教育，四项基本原则的教育，形势政策教育等；人生观教育，如共产主义理想教育、职业道德教育、为人民服务教育、文化传统教育等。

（2）基础文化知识教育包括各类文化课程和基础知识课程教育、学历教育等。

（3）技术业务培训包括有关专业知识方面的培训、有关工艺规程和技术技能方面的培训、各类岗位及技术等级的相关知识等。

（4）管理知识培训包括有关管理原理、管理思想、管理方法、管理手段和管理技巧方面的培训。

（5）法律政策及制度培训包括社会主义法制教育、企业规章制度和纪律教育、安全思想、安全制度及安全技术等方面的培训。

（三）人员培训的形式

1. 企业人员培训应注意的问题

企业人员培训教育不同于普通教育，有它自身的特点，主要表现在以下几个方面：

（1）培训教育的对象是在职人员，培训教育不应脱离生产经营实际。

（2）员工培训要有针对性。

（3）形式可以灵活多样，既可以搞脱产，又可以搞半脱产或业余形式的；可利用广播和电视授课，以适应各类人员的不同需要。

2. 人员培训教育的形式很多，大致可做如下划分：

（1）按培训对象的范围划分，有全员培训、工人操作技术培训、专业技术人员培训、管理人员培训、领导干部培训等。

（2）按培训时间的阶段划分，可有职前培训（即就业培训）、在职培训、职外培训等。

(3) 按培训时间的长短划分，有脱产、半脱产、业余等。

(4) 按培训单位的不同划分，有企业自己培训、委托大专院校或社会办学机构培训、企业同大专院校等联合办学培训等。

(5) 按教学手段不同划分，可有面授、函授、广播电视授课、远程教学等。

此外，还有许多有效的培训形式，如岗位练兵、技术操作比赛、现场教学等。

企业或组织应根据培训对象的不同层次，实施培训的不同时间、地点，以及培训的不同内容和性质，从实际出发，制订人员培训计划。

(四) 新员工的培训

新员工被企业录用后的第一件事就是熟悉环境，掌握工作要求和工作技能，尽快进入角色，担当起企业分配给他们的任务。新员工培训包括两个主要层次，公司层次的一般培训和部门层次的岗位培训。

公司层次的一般培训通常由人力资源部门负责，培训内容是与所有员工相关的共同问题。部门培训通常由新员工所在的具体部门负责，培训内容针对新员工具体部门和具体工作，包括应知和应会两个部分。应知部分包括工作说明书、业务流程、工作规范、岗位工作基础知识和岗位工作相关知识等，应会是指岗位工作所应该具备的基本技能，通过实际工作锻炼或实习来掌握。

(五) 在职员工的培训

对在职员工的培训是企业培训工作的主要方面，通常有以下几个方面：

(1) 岗位培训。岗位培训的形式多种多样，如师傅带徒弟，企业自己办培训班，委托专业的职工培训中心、培训机构协助进行等。

(2) 专题培训。当企业准备实施企业资源计划（ERP），或需进行 ISO 9000 族质量管理体系认证，或准备建立新的车间等情况时，都必须进行专题培训，以保证其顺利实施。

(3) 不脱产学习。企业应鼓励员工利用业余时间参加一般文化教育，如函授、夜大等学历教育和一些根据自身情况选择的培训项目。例如，有些企业规定凡参加与工作有直接关系的学习并达到预期要求的，企业可以报销全部或部分学费。

(4) 脱产学习。这种培训方式主要用来培养企业紧缺人员，或为企业培养高层次技术、管理人才，这样培训的人才往往更符合企业的需要，留得住，用得上。

(六) 管理人员的培训

管理人员的培训方法主要有：

(1) 参加 MBA 培训。此类培训主要针对企业经营管理的高层管理者，MBA 课程设置“宽、新、实”，注重实践环节，重视具有综合能力的复合型人才的培训，使管理人员具有决策能力，以及开拓进取、艰苦创业的事业心与责任感。

(2) 短期管理训练。短期强化训练是管理人员培训的一种流行的方式，即把管理人员短期集中数天，按照明确规定的科目训练。许多亚洲企业相信管理训练有助于降低员工流动率，提高他们的忠诚度和生产效率，因而大量聘请训练顾问。

(3) 轮流任职。安排有培养前途的管理人员轮流任职，有助于管理人员学会全面思考问题，确认更适合他们的岗位，公司的高级职务可以由对各部门问题都比较了解的人担任。

(4) 资深主管讲授。企业对年轻、优秀的管理人员可以安排一些资深主管进行言传身教。

案例分析

位于西部地区的某铝业公司是一家大型炼铝企业，它坐落在一个偏远的小地方，离最近的小城镇60公里，离最近的中型城市160公里，离最近的大城市足有750公里。因其地理位置偏僻，该铝业公司只能主要依靠有限的当地劳动力维持正常生产。1996—1997年，员工主动辞职的人数超过该公司历史上的任何时期。在这期间，公司为满足对人员配备的要求，人力资源部门匆忙招聘了大量的新员工，由于当地劳动力缺乏，人力资源部门不得不降低录用标准，使得人员配备的质量大幅度下降。另外，招聘人员的结构也不合理，如单身员工过多、易流动的员工过多等，经常出现很多员工只工作了几个月就辞职而去，人力资源部门新招聘来一名员工顶替前一位辞职人员的工作才几个月，就不得不再去招聘新的顶替者。人力资源部门为了招聘到合适的人选常常疲于奔命。

炼铝是一种连续作业工艺，其主要特点之一是生产技术水平要求稳定。任何一个生产技术水平稳定的企业都要求劳动力水平的相对稳定，这种稳定来源于劳动力队伍的相对稳定和企业对员工的质量与数量需求的满足。由于该公司对人员需求的估计不准确，常常造成人力资源供需矛盾，影响工厂的生产。

(资料来源：http：//zhidao. baidu. com/link? url=1g)

案例思考：

(1) 该公司在员工供求中遇到哪些问题？原因是什么？

(2) 如果你是该公司的人力资源部经理，你将采取哪些对策、措施来保持员工的供需平衡？

参考文献

[1] 曲建国，方艳．现代企业管理［M］．2版．北京：清华大学出版社，2013.

[2] 周梅妮，黄黎平．现代企业管理［M］．北京：北京理工大学出版社，2013.

[3] 安景文．现代企业管理［M］．北京：北京大学出版社，2012.

[4] 陈玲．现代企业管理［M］．北京：清华大学出版社，2015.

[5] 刘磊．现代企业管理［M］．2版．北京：北京大学出版社，2014.

[6] 刘会福，蒋晶．现代企业管理［M］．广州：中山大学出版社，2013.

[7] 陈文汉．现代企业管理［M］．北京：机械工业出版社，2014.

[8] 谢和书，陈君．现代企业管理——理论·案例·技能［M］．2版．北京：北京理工大学出版社，2015.

[9] 俞明南，易学东，付焕兰．现代企业管理［M］．6版．大连：大连理工大学出版社，2014.

[10] 中国注册会计师协会．财务成本管理［M］．北京：中国财政经济出版社，2015.

[11] 李春波．企业战略管理［M］．北京：清华大学出版社，2011.

[12] 于莉，王吉方．企业管理［M］．北京：电子工业出版社，2012.

[13] 王素梅．现代企业管理［M］．北京：机械工业出版社，2014.

[14] 安维，孙建升. 现代企业管理［M］．2版．北京：中国金融出版社，2010.